图书在版编目(CIP)数据

养老机构医养费用支付模式研究 / 杨巍等著 . —北京：中国社会科学出版社，2021.3

（泰康大健康法制论丛）

ISBN 978-7-5203-7895-6

Ⅰ.①养… Ⅱ.①杨… Ⅲ.①养老院—医疗费用—支付方式—研究—中国 Ⅳ.①D669.6

中国版本图书馆 CIP 数据核字(2021)第 027799 号

出 版 人　赵剑英
责任编辑　梁剑琴
责任校对　王　龙
责任印制　郝美娜

出　　版　中国社会科学出版社
社　　址　北京鼓楼西大街甲 158 号
邮　　编　100720
网　　址　http：//www.csspw.cn
发 行 部　010-84083685
门 市 部　010-84029450
经　　销　新华书店及其他书店

印刷装订　北京市十月印刷有限公司
版　　次　2021 年 3 月第 1 版
印　　次　2021 年 3 月第 1 次印刷

开　　本　710×1000　1/16
印　　张　15.5
插　　页　2
字　　数　262 千字
定　　价　88.00 元

凡购买中国社会科学出版社图书，如有质量问题请与本社营销中心联系调换
电话：010-84083683

养老机构医养费用支付模式研究

杨巍　等◎著

中国社会科学出版社

本书受中央高校基本科研业务费专项资金(项目批准号:2018VI059)资助

泰康大健康法制论丛编委会

序　一

中国传统政治文化视人民的康宁与安乐为治世之要务，有言谓“恩化及乎四海兮，嘉物阜而民康”；党的十九大提出把人民健康放在优先发展的战略地位，强调“全面实施健康中国战略”，建设健康中国。这既是对生命可畏、健康可贵的历史共情，亦是期盼国泰民康、山河无恙的家国宏愿。翻开历史长卷，健康作为人类生存和发展的一个基本要素，是个体与社会心同一系、守望相济的不懈追求，也是各界科学研究者孜孜求索、继往开来的永恒话题。

“健全的法律制度是现代社会文明的基石。”法治作为实现人民健康的重要路径，在践行“健康中国战略”的过程中发挥固根本、稳预期、利长远的保障作用。习近平总书记在全国卫生与健康大会上指出，要树立“大健康、大卫生”理念，拓展健康内容、工作中心和健康服务范围、类别的内涵。由此，以建构“大健康法制”为目标，在法治语境下对卫生、医疗、药品、保险、康养等领域的专项法律制度进行系统整合、归纳、分析，致力于探索大健康法制的可行路径和应有体系，应是相关领域的法律研究者之要务与本分。

围绕大健康法制研究，学界、业界已陆续迈出关键性、实质性的步伐，并取得诸多可见、可喜的成果，但碍于大健康法制领域内仍存在概念厘清、制度设计、产研协同等诸多问题之掣肘，故而尚未形成逻辑严密、层级分明、功能耦合的制度体系。这不仅影响了学术研究的推陈出新和协同并进，也阻碍了大健康产业的规则明晰与业态创新。

千里之行，始于足下。武汉大学大健康法制研究中心作为武汉大学和泰康保险集团共建的大健康法制研究平台，系国内第一家系统研究大健康法制的学术机构，在大健康法制研究领域具有里程碑式的意义。中心致力于开展有关大健康行业政策与法律的联合研究，为推动健康法治建设和推进“健康中国”战略贡献智慧与力量。基于此背景，中心与中国社会科学出版社合作出版《泰康大健康法制论丛》。本丛书涵养于武大法学的深厚底蕴和学术责任，又裨助于泰康保险的实务协助与社会公心，是新时代法学课题研究多元共建、多方参与、多点互动模式下的代表性成果，也是提升和拓宽我国当前大健康法制研究深度和广度浓墨重彩的一笔。

本丛书以兼顾现实性和前瞻性的思维，聚焦大健康领域基本法律制度的实证研究和立法工作，运用法治思维和法治方式思考、研究大健康法制的理论与实践问题，旨在形成层次分明、系统有机、功能整合的大健康法制体系。

本丛书在现有研究成果的基础上，主要对以下问题作更深入探讨：

第一，“大健康法制”之内涵解析与外延界定。如何厘清大健康与经济、社会等相关领域的关系，框定大健康法制的基本范畴，系具体指导各专门分支法律制定和实施工作之关键。本丛书通过对大健康法制基本理论的勾勒，提炼大健康法制的基本原则和建构逻辑，立足于现有法律体系基础，健全更为全面、完善、可行的大健康法律制度和机制。这是对习近平总书记在在全国卫生与健康大会上提出的“大健康、大卫生”理念之法律内涵的解读，也是对党的十九大提出的“实施健康中国战略”整体布局的法律诠释。

第二，“大健康法制”之理论构架与实现路径。本丛书结合我国大健康法制理论研究和实务现状，以大健康法制研究中心为依托，关注医疗、药品、卫生、保险、环保等各领域基本法律制度和法律关系，深入研究商业保险公司参与医疗体制改革、养老机构医养费用支付模式、中国发展长期护理保险等大健康法制领域内重要的制度建构和规则适用问题，推进我国公共卫生和健康法治体系化和科学化，为公众健康权提供根基更加坚实、手段更加充分的保障，为“健康中国2030规划”的相关决策及其实施提供意见和建议。

殷忧启圣，多难兴邦，新冠肺炎疫情揭露出我国健康法治体系在应对突发重公共事件时存在规则缺失和制度漏洞等不足，更启示我们在践行“健康中国战略”的历史进程中应当发挥大健康法制的重要指引和推动作用。作为疫后公共卫生系统和法制体系建设的重点问题，大健康法制研究既是我国法治建设发展进入新水平的必要阶段，也是回应人民与社会关切的必然要求。面对公共卫生和重大疫情事件给我国人民生命健康安全带来的危害，本丛书以大健康法制的整体思维和人文关怀出发，进一步探求构建规范含义明确、学科良性融合、产研互动和谐的大健康法制体系，将助力于营造法治良好、政策友好、系统完好的产业环境，响应我国国家治理体系和治理能力现代化的时代要求。

本丛书总体上由年轻的法学研究者编著而成，青年学者著书立说，或有不足，但能够秉持“紧贴中国大地，研究中国问题，贡献中国之治”的学人风范，关怀本土，沉潜当下，对大健康法制领域进行体系整合和纵深挖掘，积极为我国国家大政方针战略和法律制度的完善提供学术支撑，应予支持和鼓励，也衷请各界关心我国大健康法制建设的人士不吝赐教、批评斧正。

冯　果

2020 年 11 月 1 日于珞珈山

序　二

随着世界老龄人口占比不断增加的趋势日益明显，人类社会逐步迈向长寿时代，开始形成以低死亡率、低生育率、预期寿命持续延长、人口年龄结构趋向“柱状”、老龄人口占比高峰平台期超越 1/4 为特点的新均衡。在百岁人生悄然来临之际，人类的疾病图谱也发生了巨大变化，各类非传染性慢性病正成为人类长寿健康损失的主要原因，带病生存将成为普遍现象，健康产业逐渐成为推动经济发展的新动力。而为了储备未来的养老和医疗资金，个体和社会对财富的需求亦相伴而生。在此背景下，如何充分发挥制度创新、社会创新和商业创新的力量，探寻对养老、健康、财富等社会问题的解决方案，成为需要各界精诚合作、长期投入的事业。

从宏观上讲，长寿时代的解决方案需要政府、社会与企业的多元共进。在政府层面，需要健全社保体系，推动医养供给侧改革，引导长寿经济转型和个体行为转变；在社会层面，需要通过产业结构的变迁满足长寿时代的个人需求；在企业层面，则需要加速商业模式和组织转型以应对长寿时代的挑战。

当前，在长寿时代的浪潮之下，已有越来越多的中国企业投身社会民生工程建设，成长为大健康和大民生工程的核心骨干企业。为了探索应对长寿时代需求与挑战的企业解决方案，泰康保险集团在 23 年的商业实践中把一家传统的人寿保险公司逐步改造、转变、转型为涵盖保险、资管、医养三大核心业务的大健康生态体系。作为保险业首个在全国范围投资养老社区试点企业，泰康已完成北京、上海、广州等 22 个全国重点城市养老社区布局，成为全国领先的高品质连锁养老集团之一；同时，秉承医养融合理念，养老社区内配建以康复、老年医学为特色的康复医院，进一步满足长寿时代下的健康需求。

在对商业模式创新开展探索的过程中，我们愈发深切地体会到，国家健康法制体系的建设和完善对大健康产业发展有着不可替代的促进和保障作用。近年来，国家颁布了一系列文件鼓励和支持保险企业为社会服务领域提供长期股本融资、参与养老服务机构的建设运营、引领医养领域的改革发展。2019 年与 2020 年之交，我国迎来了卫生健康领域首部“母法”《基本医疗卫生与健康促进法》和医改“宪法性”文件《中共中央、国务院关于深化医疗保障制度改革的意见》。2020 年银保监会联合十三部委颁布的《关于促进社会服务领域商业保险发展的意见》进一步指出，允许商业保险机构有序投资设立中西医等医疗机构和康复、照护、医养结合等健康服务机构；鼓励保险资金与其他社会资本合作设立具备医养结合服务功能的养老机构，增加多样化养老服务供给等。这些文件对保险参与养老、医疗保障体系建设提供了法律政策层面的支持与保障，也坚定了泰康践行健康中国战略，持续深耕寿险产业链，打造“活力养老、高端医疗、卓越理财、终极关怀”四位一体的商业模式，构建大健康产业生态体系的决心和信心。我们坚信，随着我国健康法制建设的进一步推进，当今社会及相关产业在大健康领域的症结和痛点将得到不断消解，让我国政府、社会和企业焕发更多活力，为这场持续而深远的社会变革做出贡献。

作为面向大健康领域的世界 500 强企业，泰康始终秉承“服务公众、回馈社会”的理念，希望在自身实践之外，能够从更广泛的范围推动社会进步与产业发展。2019 年，泰康保险集团与武汉大学共建的武汉大学大健康法制研究中心揭牌，作为我国第一家聚焦大健康法制领域的学术研究机构，正式开启有关大健康行业政策与法律的联合研究，成为该领域发展的一项重要里程碑。

2020 年，中心首批研究成果陆续问世，其中就包括与中国社会科学出版社合作出版《泰康大健康法制论丛》。本丛书融合学术理论研究和产业实践调研，对医疗、健康、养老等展开了探讨，体现了社会各界对长寿时代下健康法制话题的关照，对于进一步推动我国大健康法制研究的拓展和深化大有裨益。

在此，谨代表泰康和中心，对各位专家学者对本领域的关注和研究表示诚挚感谢，并衷心希望各界专家积极参与进来、不吝赐教，以活跃而严谨的学术讨论，为我国大健康法制体系的完善提供坚实的理论基础，为我国在长寿时代下的国家和社会治理构建充分的法治保障，让百岁人生不惧病困、不惧时光，让人们更健康、更长寿、更富足！

陈东升

2020年12月1日于北京

目　　录

第一章

绪　　论

一　研究背景

（一）人口老龄化带来的养老挑战

21 世纪是人口老龄化的时代。我国是世界上人口老龄化程度较高的国家之一，应对人口老龄化的任务十分繁重。依据全国老龄工作委员会办公室、中国老龄协会发布的《奋进中的中国老龄事业》，2035 年前后中国老年人口占总人口的比例将超过 1/4，2050 年该比例或将达到三成。日趋增长的老龄人口数量给我国的养老事业提出了空前的挑战。目前，家庭养老、机构养老和社区居家养老是我国三种基本的养老模式。[①] 由于我国 20 世纪后期推行的计划生育政策，使得许多新增老年人口家庭只有一个孩子，这导致我国家庭规模不断缩小，“四个老人、一对夫妻、一个孩子”的“421”的家庭代际结构模式逐渐成为主流。这使得我国传统的以家庭养老为主的养老模式面临着巨大挑战。另外，家庭养老功能的日趋弱化和日益增长的多元化养老需求也促使传统养老机构功能的更新迭代。可见，养老服务社会化的趋势已在所难免。

人口老龄化的加速加重了我国的社会保障成本。近年来，不仅养老金的支出总额持续增长，其支出增幅也远远大于收入增幅。这给我国财政带来了严峻的挑战。此外，随着老龄人口的增加和人均寿命的延长，老龄人口的特殊身体状况意味着需要消耗更多的医疗卫生资源，这导致医疗保障费用不断地显著增长。但是，传统的“养”与“医”系统长期分离、养老资源与医疗资源相互独立，极易造成资源的浪费。因此，构建医养结合

---

① 参见《中国城市养老指数蓝皮书》课题组《中国城市养老指数蓝皮书 2017》，中国发展出版社 2017 年版，第 3 页。

的社会养老服务体系已成为顺应老龄化形势发展的必然要求。①

（二）国家相关政策的有利扶持

党中央、国务院高度重视养老服务工作，近年来也先后出台了一系列政策文件以及保障措施。习近平总书记在党的十九大报告中就提出："积极应对人口老龄化，构建养老、孝老、敬老政策体系和社会环境，推进医养结合，加快老龄事业和产业发展。"

进入21世纪以来，为鼓励社会资本参与养老服务，国务院等各级政府部门制定发布了一系列法律、法规或文件。《关于加快发展养老服务业的意见》《中国老龄事业发展"十二五"规划》《社会养老服务体系建设规划（2011—2015）》等系列文件提出：养老产业投资主体应当多元化，服务对象应当公众化，服务形式应当多样化。《关于加快发展养老服务业的若干意见》（国发〔2013〕35号）明确提出，"积极推进医疗卫生与养老服务相结合"的发展方向。2017年《智慧健康养老产业发展行动计划（2017—2020年）》（工信部联电子〔2017〕25号）、《关于加快发展商业养老保险的若干意见》（国办发〔2017〕59号）等文件指出，"共同推进智慧健康养老商业模式创新，鼓励社会资本投入"。随着一系列支持政策的不断出台，国务院办公厅发布《关于推进养老服务发展的意见》（国办发〔2019〕5号）。该意见提出了六个方面共28条的具体政策措施，旨在"持续完善居家为基础、社区为依托、机构为补充、医养结合的养老服务体系，确保到2022年在保障人人享有基本养老服务的基础上，有效满足老年人多样化、多层次的养老服务需求"。该意见通过减免税费、推动养老机构规模化、连锁化发展、加强融资支持等措施，"支持商业保险机构举办养老服务机构或参与养老服务机构的建设和运营，适度拓宽保险资金投资建设养老项目的资金来源"，降低了之前对进入养老市场的资金投资限制。对养老产业的发展而言，无疑迎来了新的契机。

（三）商业保险资本进入养老市场的初尝试

西方发达国家的养老保险体系通常由社会基本养老保险、企业年金和个人商业养老保险组成。"从起源到现在，养老金是通过纷繁的私人与公

① 参见杨贞贞《医养结合：中国社会养老服务筹资模式构建与实证研究》，北京大学出版社2016年版，第5页。

共的混合型式持续发展起来的，国家只是促成了这两种形态的发展。"①在我国传统的养老保障体系中，企业年金和个人商业保险发挥的作用非常薄弱。②"医养结合"作为一个朝阳产业，是一个前景广阔的投资项目，"医养结合"的商业保险资本运营模式也势必成为我国未来养老产业的重要一环。近年来，我国众多资金雄厚、实力强大的商业保险公司纷纷参与其中。如泰康保险集团旗下的"泰康之家"，以"长寿社区+康养医院"结合提供高品质医养融合服务；中国平安保险公司以"租赁+销售"模式，打造养生养老综合服务平台；中国人寿筹备成立了注重医养结合的专项产业基金，旨在打造"三点一线、四季常青"的养老养生战略布局。尽管商业保险资本已经做出了向养老市场进军的初步尝试，但仍旧存在着相关行业标准尚未建立、制度不够完善、资金来源单一、运行效率低下等弊端，导致社会资本投资压力大等众多问题。

就目前而言，商业保险公司开发运行的医养结合养老项目的收费普遍较为高昂，能够支付或购买这些养老服务的老年群体十分有限。商业保险公司在投资养老产品的过程中，也极易遭遇资金风险（投资周期长、投资风险高），这些因素导致相关医养社区的稳健发展得不到有效保障。因此，切实解决相关医养结合养老服务的资金问题是改进我国养老服务的核心保障，通过多方筹措、多渠道解决，逐步厘清政府、市场、家庭在有关投资和支付体系中的作用。③

二　研究现状

（一）何谓"医养结合"

与"医养结合"紧密相关的一个概念是"养老服务"，但对于何谓"养老服务"，学界尚未达成共识。有学者将养老服务等同于老年服务。④

---

① 参见［丹麦］考斯塔·艾斯平-安德森《福利资本主义的三个世界》，郑秉文译，法律出版社2003年版，第100页。

② 参见汤艳文《养老服务的社会组织与管理：上海经验》，广西师范大学出版社2014年版，第4页。

③ 参见张瑾等《我国养老服务体系建设重点问题研究》，中国经济出版社2018年版，第99页。

④ 参见娄金霞《中国多层次养老服务体系的构建研究——以浙江省为例》，《改革与战略》2013年第3期。

还有学者从狭义和广义等不同角度对该概念予以界定。① 还有学者将养老服务界定为针对老年人的服务。②

何谓“医养结合”？医养结合服务是指医疗卫生资源与养老服务资源相结合，实现社会资源最优化配置。有研究者指出，“医”具体包括健康咨询、健康检查、疾病诊治和护理、大病康复服务以及临终关怀等医疗服务；“养”主要包括生活照护、精神心理引导、文化活动等服务。③ 医养结合并非一种独立的养老模式，而是指从老年人多元化需求出发，通过将养老和医疗资源有机整合、服务功能有效衔接，在基本生活照料基础上，为老年人提供检查诊断、医疗护理、康复疗养、健康管理和保健教育、临终关怀等一系列专业化、持续性健康照护服务的养老供给方式。④

（二）医养结合的不同模式

《中国康养产业发展报告（2017）》按照养老的场所与服务的不同结合方式，将养老模式分为居家养老、社区养老和机构养老。其中，居家养老是我国最主要的养老模式。目前各类型的研究均引用该份报告中的分类方式进行分析。另外，还有学者结合居家养老、社区养老和机构养老三种养老模式的优势，提出“嵌入式养老”的概念。⑤

按照医疗和养老的结合方式不同，可以将医养结合模式分为“医养整合”模式、“医养联盟”模式和“医养协作”模式。⑥ 按照服务提供的具体方式不同，可以将医养结合模式分为“社区嵌入型”“中心辐射型”和“统分结合型”三种模式。按照服务供给端的主导者不同，可以将医养结合模式分为“政府主导型”“社会主导型”和“市场主导型”。⑦ 近年来，还有学者提出基于互联网技术和大数据支持下建立“O2O 医养结

① 参见张岩松《社会养老服务体系建设研究》，东北财经大学出版社 2016 年版，第 24 页。

② 参见中国社会科学院社会政策研究中心课题组《中日养老服务比较研究总报告》，2014 年 6 月。

③ 参见郭丽君主编《“医养结合”养老服务体系》，科学出版社 2019 年版，第 24 页。

④ 参见邓大松、李玉娇《医养结合养老模式：制度理性、供需困境与模式创新》，《新疆师范大学学报》（哲学社会科学版）2018 年第 1 期。

⑤ 参见杨茹侠、谢红《京津冀社区嵌入式小规模多功能养老机构人力配置现状及影响因素》，《中国护理管理》2020 年第 2 期。

⑥ 参见王素英、张作森、孙文灿《医养结合的模式与路径——关于推进医疗卫生与养老服务相结合的调研报告》，《社会福利》2013 年第 12 期。

⑦ 参见申俊龙、申远、王鸿江《健康老龄化视域下“医养结合”模式研究》，《价格理论与实践》2019 年第 9 期。

合模式”。[①]

在域外法上，医养模式可分为以下几类。第一类是高度市场化的商业保险体系，采取该模式的有美国等国。第二类是强调社会保险支柱作用的保险体系，采取该模式的有德国、日本、瑞士、瑞典等国。第三类是既强调社会保险作用，又发挥商业保险作用的中间型模式，如澳大利亚、英国等国。如果按照具体的服务模式，还可以将其进一步予以划分。例如，日本是典型的居家式家庭养老模式；澳大利亚是居住式和居家式兼采的照护服务模式等。

（三）影响老年人选择医养服务的因素

一般认为，年龄越大的人群对医疗和养老服务的需求就越大。尤其是健康状况不好的老年人，对医养结合服务的需求往往更加迫切。因为随着年龄的增长，身体健康状况的退化以及自理能力的下降，使得他们需要不同程度的治疗和照护服务。当然，这仅仅是最基本的逻辑推理。针对医养服务需求的研究，还应当从其他不同角度分析影响老年人选择医养服务的因素，包括经济状况、心理状况以及文化接受程度等。

有研究者运用 Andersen 理论模型对各类因素进行检验，证明了年龄越高、文化程度越高、经济收入越高、城镇化程度越低、自理能力越差的老年人更倾向于选择“医养结合”型机构的养老服务。[②] 对于部分使用者来说，自理能力下降并不是购买医养服务最主要的因素。尤其是对于那些文化程度较高、收入较高的人群，单纯依靠子女提供的医疗护理或者单纯的居家养老显然不能满足他们对高品质老年生活的需求。[③]

还有研究指出，子女对老年人的支持度是影响老年人是否入住养老机构的一个重要因素。[④] 因为对于大部分老年人来说，他们的经济条件不能完全支持他们入住养老园区，还需要子女持续的资金支持。另外，如果入住了养老园区，与子女分开生活，其就会面临孤独、寂寞等心理问题。此时，是否能够帮助其摆脱这种心理问题的困扰，这也成为老年人选择医养

---

① 参见李海燕等《基于 O2O 模式的医养结合模式》，《中国老年学杂志》2019 年第 6 期。

② 参见张良文等《基于 Andersen 模型的“医养结合”型机构养老需求的影响因素研究》，《中国卫生统计》2019 年第 3 期。

③ 参见张玉等《我国医养结合服务供需现状分析》，《中华保健医学杂志》2019 年第 3 期。

④ 参见李秀明等《重庆市主城区老年人医养结合需求情况及影响因素研究》，《中国全科医学》2016 年第 10 期。

服务的重要因素。[①] 另外，互联网技术提高服务的便捷性，也对医养服务需求产生重要影响。[②] 老年人对新式科技的接受程度也是需要进一步考量的一项因素。

（四）医养费用支付模式的区分标准

目前，国内文献中尚无直接研究医养费用支付模式的学术专著，仅有某些行业研究报告比较浅层地对现在市场上医养费用支付模式进行介绍。[③] 按照销售的产品可以对市场上现有的支付模式做以下分类。第一类是以房地产销售和购买作为享受相关医养服务前提的支付模式。如绿地21孝贤坊、万科杭州随园嘉树和上海万科城市花园等。第二类是以房产使用权租赁的方式，进行医养服务配备供给的支付模式。如洋椿萱茂老年公寓、北京太阳城恭和家园和上海亲和源老年公寓等。在第二类支付模式中，还可以按照收费方式的不同，分为“纯租金/月费”和“押金+月费/年费制”两种。国内现有研究多以这两种支付模式作为主要研究对象。除此之外，还有与商业人寿保险有机结合的泰康模式、专注于旅游养老的云南城投模式等。这些都是结合自身资源发展形成的医养费用支付模式。

笔者认为，上述分类仅仅专注于商业机构的战略及运营模式，并不具有严格意义的理论周延性。而且，支付模式的含义既包括私人向商业机构转移资金，也包括私人向公共保险计划转移资金，还包括公共保险计划向商业机构转移资金等多方面内容。因此，医养费用支付模式应从更高的理论视角进行研究。这亦是目前学术研究中尚未涉及的方向。现有研究忽略了一种最重要、最具实质意义的分类，即现金支付模式与服务支付模式。[④] 这是按照支付的对价为标准进行的分类。日本在建立介护制度之初，曾就以财政资金报销老年人护理费用的方式，还是由政府采购服务供给老年人使用的方式展开争论。[⑤] 前者所指即现金支付，后者所指即服务

---

① 参见严妮《城镇化进程中空巢老人养老模式的选择：城市社区医养结合》，《华中农业大学学报》（社会科学版）2015年第4期。

② 参见孙霞等《互联网+居家医养结合养老服务现状与服务需求研究》，《护理研究》2020年第2期。

③ 参见恒大研究院《养老地产：迎战“未富先老”》，2019年4月29日，平安证券《养老地产：“需求升级+政策红利”双轮驱动，养老地产有望开启新时代》，2019年9月23日。

④ 这就是下文所说的直接支付与间接支付。

⑤ 参见国务院发展研究中心社会部课题组《养老服务体系发展的国际经验与中国实践》，中国发展出版社2019年版，第74—75页。

支付。

（五）医养费用支付模式对相关制度的影响

医养费用支付模式对相关制度的影响，具体体现在以下两个方面。

第一，对市场中各种参与主体的影响。将医疗资源和养老资源有效整合，能有效降低养老机构的运营成本。但有观点认为，如果医养服务定价太高，将影响客户的需求。[①] 这无论对于养老机构，还是保险公司来说，都是同样的道理。另外，我国现行法律、法规及政策对于保险公司的经营限制，使其在投资发展、支付定价等方面受到很大的限制。[②] 例如，目前我国禁止保险企业进行房地产的一级开发和销售，导致保险企业在养老地产的发展方向上受到阻力。有学者对此指出，保险资金可以通过投资养老产业股权投资基金的方式进行投资，以此来规避“只租不售”的有关限制。[③]

第二，对政府职能的影响。政府通过现金补助、费用报销的形式对医养费用支付提供支持与政府购买服务的两种方式，各有利弊。由于我国目前缺乏统一且系统的长期护理保险制度，如果采用现金补助、费用报销等方式，可能使一部分最为迫切需求的人群无法受益，造成社会不公的现象。[④] 但是，也有观点对这种方式持支持意见，认为护理保险资金的支持，将为老年人提供更好的医养服务，也促进了其可持续发展性。[⑤] 大力提倡政府购买服务方式的研究者认为，这种方式能够通过价格、竞争、供求等市场化手段调节经济，这样的手段更加具有效率。在采取该方式的同时，也应关注对政府权力运用的监管。[⑥]

---

① 参见赵昕《商业模式下的医养结合——以泰康养老社区为例》，《劳动保障世界》2019年第23期。

② 参见朱佳欣《基于SWOT分析的我国寿险资金投资养老社区的启示》，《保险职业学院学报》2017年第5期。

③ 参见张佩《寿险业介入养老产业的现实障碍与路径选择》，《保险研究》2013年第11期。

④ 参见祁峰、祁丙观《我国医养融合型机构养老服务的制约因素及推进思路》，《经济纵横》2017年第1期。

⑤ 参见李杰《青岛“医养结合”养老模式问题研究》，《中国人力资源开发》2014年第18期。

⑥ 参见王莉莉、吴子攀《英国社会养老服务建设与管理的经验》，《老龄科学研究》2014年第7期。

三　研究目标

本书的研究目标总体上可分为理论目标和实践目标。理论目标具体包括以下几方面内容。

第一，梳理学界及实务界关于医养结合的研究现状。自“大健康”“医养结合”等概念提出后，无论是医学、护理学、法学、管理学等不同学科的学者都不断地使用这些概念。但是，不同学科的学者可能并不是在同一含义的前提下使用这些概念。这导致不同学科的研究成果仅具部门意义，而难以进行相互沟通和借鉴。因此，在进行医养费用支付模式的具体研究之前，有必要厘清相关概念的内涵和外延，以作为讨论问题的共同基础。而且，清晰地梳理医养结合的研究现状之后，才可以为本书提供丰富的理论支撑。

第二，整理和归纳国内外医养费用支付模式的特征，并分别对其进行分析。有些国家或地区的医养费用支付模式已经相对成熟，有些则确有比较显著的弊端，还有些可能需要和特定因素结合才能作出准确评价。这些都需要我们对其进行仔细分析和比较。只有经过这样的分析，才能对域外经验和模式进行有效的借鉴。针对我国医养费用支付模式的分析，主要目的在于客观、真实地反映我国目前医养行业的发展状况，并以此为基础指出医养费用支付模式的创新路径。

第三，适当地进行理论延展，与当下热点问题相结合。本书不应只停留在既往事实的陈述，亦不能局限于对现有理论的归纳和整理。需要在形成一套系统性的研究体系之后，再向更具创新性的领域延展。

除了以上三个理论目标之外，本书还力图达成以下实践目标，使本书具有现实的实践意义。

第一，为养老机构、保险公司等商业机构拓展客户群提供建议。医养产业在我国正处于发展期，各商业机构正不遗余力地扩大客户群体，争取获取最大的市场份额。针对这样的需求，本书重点研究医养服务需求者的实际需求内容以及实际购买力，为各类商业机构提供参考。

第二，明确政府监管的方向。本书立足于中立、客观的视角，全方位对医养费用支付模式进行研究。其中一个重要目标是能够为政府监管机构反映实际的行业状况，并提出可行的监管建议。同时，为政府推行相关政策提供一定的经验总结，并在此基础之上指明适当的监管方向。

第三，降低纠纷的发生。该目标主要是针对商业机构和购买者而言。商业机构向市场提供各类具体商业产品时，必然是基于一定的利润目标和营运策略，并由此达成特定的战略目标。购买者的需求不一定与商业机构的利润目标、营运策略及战略目标相一致，而且在很多情况下二者存在较大差距。因此，如何认识和处理商业机构与购买者之间的需求差异，也是本书的研究内容之一。

四 研究方法

第一，文献研究法。文献研究法是指搜集、鉴别、整理文献，并通过对文献的研究形成对事实的科学认识的方法。通过搜集域内外关于大健康、医养结合、长期护理、介护制度等资料，了解目前医学、法学、管理学、经济学等各学科的研究现状，尽量全方位地对医养费用支付模式进行分析和研究。

第二，实地调查法。实地调查法是基于客观的态度和科学的方法，对某种社会现象在确定的范围内进行实地考察，并搜集大量资料予以统计分析的一种研究方法。实地调查法包含现场观察法和询问法。本书的研究团队参观了北京燕园、武汉楚园等泰康集团所属多个医养结合项目。向相关项目负责人询问了项目运营情况，深入了解了医养结合项目的运营难点，为本书的研究积累了丰富的实地资料。

第三，电话调查法。电话调查法是指研究人员通过电话向被调查者进行问询，了解所需情况的一种调查方法。为全面了解“泰康之家”在全国各地区不同的发展状况，以及大范围地对园区客户群进行深入研究，本书的研究团队对各地“泰康之家”的管理人员以及入住客户进行了匿名电话问询。

第四，问卷调查法。问卷调查法是用书面形式间接搜集研究材料的一种调查方法。通过向调查者发出简明扼要的征询单（表），请示填写对有关问题的意见和建议来间接获得材料和信息。本书的研究团队针对养老机构的潜在客户设计了一份调查问卷，通过向调查者了解基本信息、服务评价、改善建议等内容，全方位了解医养费用支付模式的实际情况以及不足之处，最终形成的一份调研报告附录于本书最后部分。

第五，定性研究法。定性研究法是根据社会现象或事物所具有的属性和在运动中的矛盾变化，从事物的内在规定性来研究事物的一种方法。本书的研究团队结合文献、实地调研、电话调查以及问卷调查，在对医养费用支付模式的基本情况进行了解的基础上，结合已掌握信息采用定性研究的方式进行分析。例如，本书第五章对国内各种具有代表性的支付模式进行分析，辩证地分析了各种模式的优劣，客观地描述了不同模式的实际适用情况。

五 研究内容

本书一共包括六章，并附录一份调研报告。

第一章“绪论”简要介绍本书的研究背景、研究现状、研究目标、研究方法和研究内容。

第二章“医养费用支付模式的基本问题”分析阐述了医养费用支付模式的各项基本问题。本章第一节分析阐述了医养结合的法律政策、医养结合的行业现状、医养结合的前景预测等问题。第二节分析阐述了医养费用支付模式的概念、特征和基本类型等问题。第三节总结梳理了医养费用支付模式的各项原则。第四节分析阐述了医养费用支付模式对养老机构、保险公司、监管机构的影响。本章旨在建立医养费用支付模式的基本理论研究框架，并将该框架贯穿于后续章节的研究内容。

第三章“医养费用支付模式的域外经验”详细介绍了医养费用支付模式的域外经验。在对域外各种模式进行详尽介绍的基础上，对各种模式实施背景及其利弊进行分析。所要达成的研究目标就是，为我国借鉴相关立法提供充分的资料准备。本章对大陆法系（德国、瑞士、日本等）和英美法系（美国、英国、澳大利亚等）的不同模式进行了梳理介绍。这些国家所采模式的特征各异，很难按照具体特征进行分类，因此仅从立法传统上进行大致的分类。

第四章“三支柱支付模式的国内现状”分析阐述了非商业支付模式即三支柱支付模式在我国的现状和不足。本章第一节分析阐述了养老保险费用支付模式和职业年金费用支付模式的现状。第二节分析阐述了养老保险费用支付模式和职业年金费用支付模式的不足。

第五章“医养费用商业支付模式的国内现状”分析阐述了我国目前市场上出现的几种具有代表性的医养费用商业支付模式的现状和不足。这些模式包括亲和源模式、远洋模式、泰康模式、南京新百模式和云南城投模式等。本章对各种模式的利弊进行尽可能的详尽分析，总结各种模式的不足和形成原因，为支付模式的创新探索建立坚实的基础。

第六章“医养费用支付模式的创新探索”分析阐述了本书对医养费用支付模式创新探索的结论性意见。本章第一节就医养费用支付模式的完善提出相关建议。第二节分析阐述了医养费用支付模式创新探索的难点和重点。本章所提建议与前几章内容密切关联，系立足于第二章提出的理论框架，在第四章和第五章总结我国现有模式不足的基础上，同时借鉴第三章域外相关经验，从而得出本书的结论。本章还谈论了一些研究盲点，包括中美贸易战、高储蓄率、经济发展不平衡、产品推广对医养费用支付模式的影响等。

第二章

医养费用支付模式的基本问题

第一节　医养结合的现状与前景

一　医养结合的法律政策

中华人民共和国成立以来，制定和发布了一系列与养老相关的政策，每个时期的政策都具有强烈的时代特征。大致可分为以下五个阶段。

第一，政府包办阶段（1949—1978年）。该阶段以政府承担主要养老职责为基本特点，辅之以家庭养老。在城镇地区，由工作单位包办职工及其家属的福利，没有工作的人员则由其家庭承担养老责任。对于没有劳动能力、又无赡养人的老年人，通过国家兴建的养老院解决其养老问题。在农村地区，适用1956年颁行的《高级农业合作社示范章程》，该章程建立的“五保”制度是农村养老的主要制度保障。

第二，转向阶段（1978—2000年）。在该阶段，随着计划经济体制逐步被突破，在该制度上建立的单位福利体制也逐渐被改变。而且在该时期内，退休人员规模逐步达到顶峰，面对逐步增大的养老需求国家背负了越来越大的压力。面对这种情况，我国政府开始着手社会福利改革。1984年，民政部在全国民政社会福利工作会议上首次提出了“社会福利社会化”的构想。1994年，民政部等十部委发布了《中国老龄工作七年发展纲要（1994—2000）》，这是我国首次在政策层面提出养老服务社会化改革的具体文件。1996年，《老年人权益保障法》发布，这是我国在养老领域法治化进程的开端。1998年，社会福利社会化试点工作正式在我国13个城市中开始。

第三，改革启动阶段（2000—2011年）。该阶段最主要的特点是，我国养老改革的目标已经十分具体和明确，养老服务市场化、社会化、体系化建设有条不紊地开展。2000年，《关于加快实现社会福利社会化的意见》（国办发〔2000〕19号）和《关于加强老龄工作的决定》（中发〔2000〕13号）先后发布。这是第一次在中央文件中明确提出，建立以家庭养老为基础、社区养老为依托、社会养老为补充的养老机制。2005年发布的《关于支持社会力量兴办社会福利机构的意见》（民发〔2005〕170号）是首个为社会力量进入养老服务行业铺平道路的文件。其后，2008年发布的《关于全面推进居家养老服务工作的意见》（全国老龄办发〔2008〕4号）为社会力量进入养老服务行业提供了实质性的政策支持。2011年发布的《关于印发社会养老服务体系建设规划（2011—2015年）的通知》（国办发〔2011〕60号）进一步强调了机构养老的重要性，将机构养老定位为“支撑作用”，而非单纯的“补充作用”。

第四，发展阶段（2011—2019年）。该阶段可分为前半阶段和后半阶段。前半阶段最主要的特征是，民间资本大量进入养老服务行业，掀起了养老服务行业投资的高潮。这与国家政策的大力支持不无关系。最早可追溯至2010年《国务院关于鼓励和引导民间投资健康发展的若干意见》（国发〔2010〕13号）的出台，继而《民政部关于推进养老服务评估工作的指导意见》（民发〔2012〕35号）、《民政部关于鼓励和引导民间资本进入养老服务领域的实施意见》（民发〔2012〕129号）、《民政部办公厅、发展改革委办公厅关于开展养老服务业综合改革试点工作的通知》（民办发〔2013〕23号）、《国务院关于加快发展养老服务业的若干意见》（国发〔2013〕35号）、《国务院关于促进健康服务业发展的若干意见》（国发〔2013〕40号）、《国务院办公厅关于政府向社会力量购买服务的指导意见》（国办发〔2013〕96号）等文件也陆续出台。在这个阶段，市场上涌现了大批民营的商业养老机构。

后半阶段的特点是，通过经济基础与上层建筑的自下而上与自上而下相结合的改革，激发市场创新活力。在经济基础方面，科技、金融、财政等多领域、多方面的鼓励措施陆续出台。例如，《关于金融支持养老服务业加快发展的指导意见》（银发〔2016〕65号）、《关于运用政府和社会资本合作模式支持养老服务项目的意见》（财金〔2017〕86号）、《智慧健康养老产业发展行动计划（2017—2020年）》（工信部联电子〔2017〕25号）等。“养老+金融”“养老+科技”等概念也在该阶段内被提出。另外，国家通过改革上层建筑为养老产业市场松绑。2017年2月公布的

《关于加快推进养老服务业放管服改革的通知》（民发〔2017〕25号）和2018年7月出台的《国家卫生健康委员会职能配置、内设机构和人员编制规定》（厅字〔2018〕59号），都释放了服务市场、放松监管的明确信号。最为明显的是，2018年12月修订的《老年人权益保障法》取消养老机构设立许可。这意味着无论是公益性养老机构还是经营性养老机构，均实施备案登记制。这极大地方便了各类市场主体进入养老服务行业。

在该阶段，“医养结合”概念以及具体的落地项目也伴随着市场活力被激发而被提出和实施。标志性事件是《关于遴选国家级医养结合试点单位的通知》（国卫办家庭发〔2016〕511号）的发布。依据该通知，被遴选的服务机构无疑对我国医养结合的发展方向起到了示范性作用。

第五，新阶段（2019年至今）。在该阶段，国务院出台了《关于推进发展养老服务业的意见》（国办发〔2019〕5号），从六个方面提出28项发展养老服务业的具体措施。具体包括：（1）深化放管服改革。强化事中事后改革，放宽养老服务业进入门槛，培养一批规模化的连锁养老机构。（2）拓宽养老服务投融资渠道，鼓励开发与养老服务业相结合的创新型金融产品。（3）扩大养老服务就业创业，培养高素质的护理职业人才。（4）扩大养老服务消费，促进老年人消费增长。（5）促进养老服务高质量发展，拓展信息技术在养老领域的应用。（6）促进养老服务基础设施建设。

2019年11月，中共中央、国务院印发了《国家积极应对人口老龄化中长期规划》。该文件既是对我国近20年养老行业发展经验的总结，也是未来30年我国养老产业的发展总纲领。在21世纪初的20年内，我国经历了法律政策从目标制定到具体措施落实、从单一到多元综合的发展、从初浅层次到上层建筑的改革的过程。我国在逐步探索中发现了养老产业最为良性的发展模式——医养结合。医养结合是发展养老产业的具体途径，也是实现多元综合发展的纽带，还是往更深层次改革的必经之路。推动养老产业更快速、更高质量地发展，必须紧紧围绕医养结合进行服务的创新。因此，相关政策的重点也应同时抓住医疗卫生和养老服务两个方面。

二 医养结合的行业现状

从养老场所、养老产品、发展生态三个角度观察，我国目前医养结合行业的发展状况具有以下特征。

第一，居家养老是我国最主要的养老方式，社区养老和机构养老覆盖率偏低。根据《中国康养产业发展报告（2017）》的界定，居家养老是指老年人以家庭为中心，其日常生活及照料均由家人完成，仅在必要时寻求养老机构、医疗机构提供医疗及心理援助。这种养老方式是目前我国的主要养老方式，采取该养老方式的人群占比为全部统计对象的96%。社区养老，是指以家庭为主要生活场所，由所在社区的养老机构提供上门及护理服务。采取该养老方式的人群占比为全部统计对象的1%。机构养老，是指由养老机构提供包括在专门养老场所接受日间照料及医疗护理服务在内的各式服务。采取该养老方式的人群占比为全部统计对象的3%。

第二，市场产品种类单一，养老与地产的捆绑销售目前是业内主流模式。目前市场上已经出现的养老产品主要有以下几类：第一类是大规模集群的养老社区。这种社区分为综合性养老社区和全龄化社区。前者仅供老年人入住，包含养老公寓、养老住宅等多种居住类型以及医疗、文娱、运动等服务配套设施，如北京太阳城、泰康之家、乐成恭和家园等；后者采用混合居住模式，既有适合全年龄段人群居住的住宅，也有专门开发给老年人居住的房产，如恒大养生谷等。第二类是独立的养老公寓。这种公寓由老年人集中入住，并配备医务室、文娱设施、生活照料、养老护理服务等，与社区共用医疗资源、公共设施，如远洋椿萱茂老年公寓、保利和熹会老年公寓、北万怡园光熙长者公寓等。第三类是社区嵌入式服务中心。这类服务中心在居家养老的基础上，配套兴建单个的日间照料中心、养老驿站等，如远洋椿萱茂照料中心、万科随园之家、万科榕悦等。此外，还有借助地理区位和旅游资源优势发展的旅游养老模式，如云南城投集团下的西双版纳雨林澜山项目、青城山项目等。显而易见，大多数市场产品都难以脱离地产而独立存在。

第三，养老产业的生态不完整。这主要可以从上层建筑和经济基础两方面进行剖析。在上层建筑方面，存在行业标准与法律制度不健全、监管机制不完善、政府服务部门之间壁垒尚未打破、社会支持系统存在缺陷等问题。在经济基础方面，存在成本核算系统和支付保障系统尚未建立、行业服务评估机制失位、养老照护人员总量不足和素质偏低、信息网络服务平台不完善等问题。总体而言，养老服务行业在我国还有很长的路要走。

三　医养结合的前景预测

针对养老产业的市场研究报告大多对行业发展前景持乐观态度，仅少数研究者对此持保守态度，基本不存在持悲观态度的观点。对我国养老行业发展前景持乐观的主要理由主要包括以下几个方面。

第一，老龄化社会为养老产业创造大量的刚性需求。恒大研究所的报告预计，2030 年家庭平均人数将缩小至 2.6 人，2050 年将进一步降至 2.51 人。2020 年我国空巢和独居老人将达到 1.18 亿，失能老人将达到 4200 万，80 岁以上的高龄老人将达到 2900 万。[①]

第二，类比其他国家，我国养老产业仍有巨大的发展潜力。中信建投的研究报告指出，2015 年欧洲养老产业占 GDP 的 28.5%，美国养老产业占 GDP 的 22.3%，但我国仅为 4.1 万亿元，占 GDP 的 7%。相比之下，我国养老产业的增长潜力是巨大的。[②]

第三，经济水平的提高，客户支付能力的增强。兴业证券的研究报告预计，未来 5—10 年将出现大量高净值客户，富人变老将为中高端养老机构提供充足的客源。[③]

第四，潜在客户的入住意愿强烈。平安证券 2017 年的调研数据显示，高净值人群对中高端养老社区非常感兴趣的占到被调查人群总体的 88%。另外，表示可能会入住的占 47%，表示肯定会入住的占 18%。[④]

持保守观点的研究者认为，尽管养老服务的刚性需求确实十分巨大，但是有效需求却不强。受制于现在这种养老地产的发展模式，投资成本过高，提供的服务价格居高不下，客户的支付能力不足，将严重制约养老产业的发展。[⑤]

---

① 参见恒大研究院《恒大研究院健康行业专题报告：养老地产，迎战“未富先老”》，2019 年 4 月 29 日，资料来源：Wind 数据库。

② 参见中信建投《养老产业：万亿蓝海市场，云南得天独厚》，2019 年 5 月 6 日，资料来源：Wind 数据库。

③ 参见兴业证券《老龄化加剧，中国养老产业机遇与挑战并存》，2019 年 3 月 4 日，资料来源：Wind 数据库。

④ 参见平安证券《养老地产：“需求升级+政策红利”双轮驱动，养老地产有望开启新时代》，2019 年 9 月 23 日，资料来源：Wind 数据库。

⑤ 参见光大证券《老龄化孕育巨大养老需求，政策变化引发主题投资机会》，2019 年 4 月 17 日，资料来源：Wind 数据库。

第二节　医养费用支付模式的含义与类型

一　医养费用支付模式的概念与特征

货币作为现代社会的一般等价物，具有流通手段和支付手段两种职能。流通手段是指，货币充当着商品实时交换的媒介，即在买卖行为完成之时，货币即从买方转移至卖方。支付手段是指，货币发挥着清算信用关系的作用，即买卖行为完成后经过若干时间，买方才向卖方转移货币。[①]所谓支付模式，是指货币从买方转移至卖方的过程和方式。据此，医养费用支付模式是指为获取医养服务，货币被转移至卖方的过程和方式。医养费用支付模式具有以下特征。

（一）使用者具有获取医养服务的需求

一般认为，购买者就是实际使用者，而且需要享受医养服务的多为老年人。[②] 因为随着年龄的增长，老年人自理能力逐步下降或丧失，此时就需要从外部获取医疗护理服务。有研究者指出，年龄越高、文化程度越高、经济收入越高、城镇化程度越低、自理能力越差的老年人更倾向于选择“医养结合”型机构的养老服务。[③] 对于部分使用者来说，自理能力下降并不是购买医养服务最主要的因素。尤其是对于那些文化程度较高、收入较高的人群，单纯地依靠子女提供的医疗护理或者单纯地居家养老显然不能满足他们对高品质老年生活的需求。[④] 除此之外，子女不在身边导致的心理健康问题也是使用者希望通过享受医养服务来解决的问题之一。[⑤]

在某些情况下，购买者并不一定就是实际使用者。购买养老服务的老年人的资金通常来源于养老金、个人储蓄、子女赡养、保险产品、经营收入、资产收入、慈善捐款等。在很多场合下，医养结合服务可能是由老年

---

① 参见王晓光《货币银行学》（第 5 版），清华大学出版社 2019 年版，第 5—9 页。

② Xenia Scheil-Adlung, *Long-term Care Protection for Older Persons: A Review of Coverage Deficits in 46 Countries*, International Labour Organization Working Paper, No. 50, 2015.

③ 参见张良文等《基于 Andersen 模型的“医养结合”型机构养老需求的影响因素研究》，《中国卫生统计》2019 年第 3 期。

④ 参见张玉等《我国医养结合服务供需现状分析》，《中华保健医学杂志》2019 年第 3 期。

⑤ 参见严妮《城镇化进程中空巢老人养老模式的选择：城市社区医养结合》，《华中农业大学学报》（社会科学版）2015 年第 4 期。

人的子女为其购买的。有研究者指出，子女对老年人的支持度是影响老年人是否入住养老机构的一个重要因素。① 因为对于大部分老年人来说，退休后并不能持续地获得经济收入，而且养老机构费用高昂。医养结合型养老机构一般还会要求按年或月额外支付护理费用，如果没有子女的支持或者承担部分费用，那么这势必降低老年人入住的信心。② 对于间接支付方式而言，购买医养服务的是政府，而实际使用者只能在政府所购买的服务范围内进行选择。

购买者并不一定具有立即享受医养服务的需求，典型的例子是长期护理保险的购买者。例如，日本的长期护理保险的参保人可以从40岁起开始缴费，其中参保人又分为两类：一类参保人为65岁及以上的人，可以在需要介护和需要援助时获得保险补偿；二类参保人为40—64岁的参保人，这类参保人只有在老年退化性疾病上可以享受保险补偿。

（二）购买的标的是医养服务

围绕“养老”产生的相关概念有很多，如养老模式、养老方式、养老服务、养老形式、养老制度、养老体系等。在现在各类研究中，这些概念尚未得到统一的界定和区分。③ 笔者认为，以养老服务为立足点，可对各类概念进行简单的梳理。养老模式、养老制度、养老体系等，主要是指提供养老服务的宏观运行形式；养老方式、养老形式等，主要是指提供养老服务的具体运行形式。

何为养老服务？学界对此存在争议。第一种观点认为，养老服务等同

---

① 参见李秀明等《重庆市主城区老年人医养结合需求情况及影响因素研究》，《中国全科医学》2016年第10期。

② 有研究认为，应通过赡养义务的立法鼓励长期护理保险的发展。Jamie Patrick Hopkins, Ted Kurlowicz & Christopher P. Woehrle, “Leveraging Filial Support Laws under the State Partnership Programs to Encourage Long-term Care Insurance”, *Widener Law Review*, Vol. 20, No. 2, 2014, pp. 165-198. 但也有观点认为，法律规定的赡养义务对长期护理保险的实际使用有消极影响。Twyla Sketchley & Carter McMillan, “Filial Responsibility: Breaking the Backbone of Today's Modern Long Term Care System”, *St. Thomas Law Review*, Vol. 26, No. 1, Fall 2013, pp. 131-164.

③ 有学者认为，养老模式是指人们进入老年阶段后怎样进行晚年生活的制度安排与机制保障；它主要包括老年人的经济保障、老年人的服务保障与精神保障两个层次。参见谢琼《中国养老模式的中庸之道》，《山东社会科学》2008年第11期。另有学者认为，养老模式实际上是属于养老方式类型化的问题。参见卢德平《略论中国的养老模式》，《中国农业大学学报》2014年第4期。还有学者认为，养老模式是指与一定生产力水平和文化价值观念相联系的定型的养老样式，偏重于理论认知。参见赵秋成《中国农村养老服务体系建设研究》，清华大学出版社2016年版，第7页。

于老年服务，可以针对“老有所养、老有所医、老有所乐、老有所学、老有所为”五大方面展开。[①] 第二种观点认为，养老服务是为老年人提供必要的生活服务，满足其物质生活和精神生活的基本需求；从狭义上讲是指为老年人提供的生活照顾、康复护理和精神慰藉服务等，从广义上讲几乎涵盖了老年人衣食住行、生活照料、医疗服务、文化、健身、娱乐等多个行业。[②] 第三种观点认为，养老服务是针对老年人的服务，分为医疗服务与生活照料，其中医疗服务又包括健康管理服务和长期照护服务，生活照料则包括医疗护理与生活照顾。[③] 笔者认为，养老服务是指针对有养老需求的实际使用者提供的，满足其物质需求和精神需求的各类服务的总称。

医养结合服务是指医疗卫生资源与养老服务资源相结合，实现社会资源最优化配置。“医”具体包括健康咨询、健康检查、疾病诊治和护理、大病康复服务以及临终关怀等医疗服务；“养”主要包括生活照护、精神心理引导、文化活动等服务。[④]“医养结合”概念最早出现于2012年国务院养老服务发展的指导意见。其更加突出医疗机构在养老服务中发挥的作用，以及医疗机构与养老机构之间的优势互补、资源共享。医养结合的主要优势在于能够缩短老年人烦琐的就医流程，更能激发老年人入住养老机构的可能性。同时对于养老机构而言，可以通过提供医疗服务而增加部分固定收入；而养老机构与医院之间良好的合作护理模式还能减轻医院的床位负担。[⑤]

（三）兼具社会保障与营利的功能

由于医养服务需求具有多元化特征，因此单纯依靠政府提供是不现实的，必须引入社会资本发展该行业。这也是我国近20年养老行业改革的重点方向。目前国家级医养结合试点单位基本上为民营性质企业，这也证明我国改革已初见成效。当前一个关键问题是，如何引导私营性质的养老

---

① 参见娄金霞《中国多层次养老服务体系的构建研究——以浙江省为例》，《改革与战略》2013年第3期。

② 参见张岩松《社会养老服务体系建设研究》，东北财经大学出版社2016年版，第24页。

③ 参见中国社会科学院社会政策研究中心课题组《中日养老服务比较研究总报告》，2014年6月。

④ 参见郭丽君主编《“医养结合”养老服务体系》，科学出版社2019年版，第24页。

⑤ 参见兴业证券《老龄化加剧，中国养老产业机遇与挑战并存》，2019年3月4日。

机构服务于医养产业。由于私营性质的养老机构是商业机构，其本质必然具有逐利性。目前的市场状况是，许多养老机构服务定位存在偏误，即盲目定位高端市场，不能很好地契合地区的经济发展水平、消费水平、人口结构等实际养老需求。[①] 医养费用过高、单次付款额过高等问题十分普遍。

无论是公营还是私营养老机构，社会保障都应是它们的主要功能。实际使用医养结合服务的人群大多数是丧失日常生活能力、年老患病或即将身故的人群。对于这些人群来说，医养结合服务是维持其有尊严生活的必需品。所以，医养结合服务本身应由国家或政府为主体，通过国民收入再分配来进行提供，以实现社会的公平。例如，美国的长期护理（Long-term Care）费用的支付来源主要是公共医疗保险；[②] 英国养老服务最主要的特色也是政府主导，养老院、护理员和医院等提供的额外照护住房在很大程度上都有政府财政支持。青岛的长期医疗护理保险制度是我国医养结合服务的一种创新，从 2012 年至今已经发展为一种较为成熟的模式。青岛模式的成功离不开财政资金的大力支持，其长期医疗护理保险的资金主要来源是职工护理保险基金和居民护理保险基金。由于市场经济的发展，只有交由市场主体来提供医养服务才是最合理的选择，但是这并不意味着政府无所作为。由于养老属于基础的社会保障需求，政府可以通过设立专项基金或者专项保险的方式，对居民医养费用的支付提供间接保障。而养老机构所设置的支付模式应当与此类专项资金相配套。

二 医养费用支付模式的基本类型

医养费用支付模式的基本类型，决定了医养费用支付模式的外延范围。按照资金来源标准区分，医养费用支付模式可分为私人支付模式（包括个人支付和企业支付）、公共财政支付模式和混合模式。按照支付手段标准区分，医养费用支付模式可分为直接支付模式、间接支付模式和混合模式。按照收费方式标准区分，医养费用支付模式可分为购买模式、

---

① 参见孟颖颖《我国“医养结合”养老模式发展的难点及解决策略》，《经济纵横》2016 年第 7 期。

② 尽管如此，美国的长期护理保险计划的费用依然很高，实际使用人群较少。Lawrence A. Frolik，“Private Long-Term Care Insurance: Not the Solution to the High Cost of Long-Term Care for the Elderly”，*Elder Law Journal*，Vol. 23，No. 2，2016，pp. 371-416.

租金模式以及混合模式。

（一）私人支付模式、公共财政支付模式和混合模式

1. 私人支付模式

私人支付模式，是指个人或者企业以自有资金为具有获取医养服务需求的使用者购买医养服务的支付方式。从世界范围来看，现在罕有采取纯粹私人支付模式的国家或地区。在社会保障制度的发展历程中有两个里程碑事件，一个是1889年德国俾斯麦时期推出的《老年保险计划》，该保险计划由国家强制施行。该计划在当时被认为是换取工人阶级支持最有效的方式，因此在全球范围得到迅速发展。另一个是1935年美国国会通过的《社会保险法》。20世纪初随着工业化和城市化的发展，经济危机层出不穷、失业人口增加，社会矛盾逐渐激化。在此背景下，加大社会保障力度成为缓解社会矛盾的一个重要措施。这也直接促进了第二次世界大战后福利主义国家的兴起。[①] 在当今社会，仅依靠初次分配并不能实现社会经济的持续发展。这无论对于资本主义国家还是社会主义国家来说，已经成为一项基本共识。

2. 公共财政支付模式

公共财政支付模式，是指国家或政府以公共财政支出的方式为具有获取医养服务需求的使用者购买医养服务的支付方式。采取单纯的公共财政支付模式的国家或地区也基本上不存在。改革开放之前，我国实行的就是单一的“国家—单位（集体）保障制”的社会保险制度，基本没有商业性质的保险机构。这种单一的社会保障制度难以克服脱离实际需求、压抑人民生活需求等计划经济模式下所具有的弊端。

3. 混合模式

混合模式，是指医养服务的购买者中既包含使用自有资金的个人或者企业，也包含运用公共财政支出的国家或政府，它们同时为具有获取医养服务需求的使用者购买医养服务的支付方式。历史经验证明，单纯地依靠市场有可能发生种种失衡的现象，而单纯地依赖政府供给，效率将得不到有效提高。所以，当前各国及地区基本上都采取混合模式。但应注意的是，即使采取的均属混合模式，不同国家进行二次分配的力度也是存在显著差异的。传统资本主义国家（如美国）更倾向于由商业机构去解决养

① 参见谢圣远《社会保障发展史》，经济管理出版社2007年版，第89页。

老服务的提供问题。[①] 在美国资本市场上出现了以养老产品为基础资产的REITs，这种高度资本化的产品是较为典型的例证。在德国、日本等强调社会福利化的国家，更加倾向于以国家和政府为主体构建养老服务体系。例如，德国的养老保险资金由国家、企业和私人提供，但是国家提供的养老保险资金占比大部分。日本在养老、医疗等传统社会保险之外，还构建了具有自身特色的介护制度，以解决老年人日常护理问题。总而言之，尽管各国采取的都是混合模式，但是由于各国的政治、经济制度以及历史文化等原因，各混合模式具有不同的特点。

我国正在试点的长期护理保险制度主要以公共财政支付为主，以私人支付为辅。在资金来源方面，各地试点秉承不加重个人和企业负担的原则，大部分试点城市都无须参保人另外缴费。部分城市的长期护理保险资金完全从医保统筹基金结余中进行划拨，如上海、广州和宁波等。大部分城市的资金来源采取个人账户划拨、医保统筹基金划拨、财政补助等多种形式结合的方式。个人账户划拨，是指直接从参保人的医疗保险的个人账户划转资金。在支付标准方面，根据《关于开展长期护理保险制度试点的指导意见》（人社厅发〔2016〕80号）规定，对符合评定标准的长期护理费用，保险基金给付的总体水平控制在70%左右。具体支付比例由各地确定。

（二）直接支付模式、间接支付模式和混合模式

1. 直接支付模式

直接支付模式，是指政府部门将用以购买医养服务的资金直接支付给医养服务购买者或实际使用者的支付方式，如现金补贴、税费减免、费用报销等。直接支付模式的特点有如下几个方面。

第一，资金受领对象受领的是现金，受领形式包括现金补贴、税费减免、费用报销等。例如，英国的老年人照护支付体系中，由中央政府提供给实际使用者（即有照护需求的老年人）和购买者（包括但不限于负责

---

① 支持的观点认为，商业性的长期护理保险能够有效降低政府财政的压力。Jalayne J. Arias，“The Last Hope：How Starting over Could Save Private Long-term Care Insurance”，*Health Matrix*：*Journal of Law-Medicine*，Vol. 29，No. 1，2019，pp. 127-178. 反对的观点认为，倾向市场化的养老服务将使得女性处于更加劣势的地位，理由在于女性的寿命普遍比男性长，但是女性的净财富却比男性低。Nancy E. Shurtz，“Long-term Care and the Tax Code：A Feminist Perspective on Elder Care”，*Georgetown Journal of Gender and the Law*，Vol. 20，No. 1，Fall 2018，pp. 107-194.

照护的家庭成员）的普惠式照护津贴分别为57.3磅/每周或85.5磅/每周和64.6磅/每周。而美国更倾向于采取税费减免的支付方式，例如《国内税收法》的第401（K）条款之规定。[①]

第二，资金受领对象一般无须进行资格申报审核。在直接支付模式下，通常是在财政预算中预留一部分专项资金用于资金支付。只要满足一定的年龄或者具有某种身体健康原因，就可以获得此类财政资金的支持。这种模式最大的好处就是普遍性较高，更能确保受惠民众的公平性。

第三，资金受领对象对服务的选择权较大。由于受领对象获得的是可自由流通的现金，所以可以选择的服务范围更大。政府部门既可以向公营机构或非政府组织购买服务，也可以向营业性机构购买服务。基于营业性机构的逐利性，其服务收费一般比较高，且服务质量也相对较高，因此收入较高的人群更倾向于购买这种服务。在采取直接现金支付方式的情形下，虽然收入较高人群的支付比例较小，但也能在某种程度上刺激他们进行服务的购买。而在采取税费减免和费用报销方式的情形下，虽然并不直接支付现金，但可以减少购买者的资金支出，因此同样可起到降低资金压力的作用。

第四，政府部门承担的责任较小。相较于间接支付模式而言，直接支付模式的制度设计成本较低。基本上只需对资金预算编制、资金管理、资金监管等方面进行制度设计。而且，这种财政计划一般与其他类型的财政计划并无太大区别，因此重置成本较低。但是，直接支付模式下的资金监管压力十分巨大。有研究者指出，在已纳入基本医疗保险试点且开设养老服务的民办医疗机构中存在较大的“套保”风险。例如，将入住老人的一般康复护理服务变相改为“医疗诊治”服务，用医保基金报销费用等。[②] 所以，在域外的一些制度设计中，通常需要对老年人购买服务的资金支出进行记录和核实，以避免此类情况的发生。[③]

---

① Zachary Anderson, “Solving America’s Long-term Care Financing Crisis: Financing Universal Long-term Care Insurance with a Mandatory Federal Income Tax Surcharge That Increases with Age”, *Elder Law Journal*, Vol. 25, No. 2, 2018, pp. 473-514.

② 参见孟颖颖《我国“医养结合”养老模式发展的难点及解决策略》，《经济纵横》2016年第7期。

③ 参见国务院发展研究中心社会部课题组《养老服务体系发展的国际经验与中国实践》，中国发展出版社2019年版，第114—121页。

我国现阶段基本医疗保险制度和基本养老金制度，乃至正在试点的长期护理保险制度均采取直接支付模式。不可否认的是，这种模式的制度设计成本很低，能够比较快速地建立起覆盖范围广阔、公平性较高的制度。但是在这种模式下，资金违规使用风险却是巨大的，而且监管成本十分高昂。此外，这种模式对市场要求较高，因为完善的市场才能充分满足各个层次老年人的需求。我国现阶段医养服务市场尚不完善，单凭市场供给可能并不能够有效满足大部分老年人的需求。基于该原因，自 2013 年以来，国务院及下属部门相继发布《关于政府向社会力量购买服务的指导意见》《关于支持和规范社会组织承接政府购买服务的通知》《关于中央财政支持开展居家和社区养老服务改革试点工作的通知》等政策性文件，希望通过政府的力量完善市场供给的失衡，并通过政府购买服务的方式弥补现金支付的缺陷。

2. 间接支付模式

间接支付模式，是指由政府部门主导提供医养服务或向社会组织购买医养服务，具有获取医养服务需求且满足一定条件的实际使用者在政府部门所提供或购买的医养服务的范围内进行选择的支付方式。间接支付模式的特点有如下几个方面。

第一，受领对象受领的是服务。例如，英国的老年人照护支付体系中，设有个人预算账户（Personal Budget Account），在该模式下由地方政府遴选养老服务供应商，实际使用者只能使用个人预算账户在通过遴选的服务供应商中选择服务，并进行支付。美国政府在推动居家养老服务的措施中也有类似做法，即购买市场和社会组织提供的居家养老服务，或直接向供应商提供资金以降低使用者所购买的服务价格。日本的介护制度只允许老年人受领医养服务，并不提供任何的现金支持。

第二，服务受领对象需要进行资格申报审核。例如，英国的个人预算账户模式采取审查制。在该模式下，对受领对象资格进行预先审核，可以将资源集中到更需要医养服务的人群身上，从而避免资源的浪费，提高资源的有效利用率。但是，该模式也可能具有加剧社会不公的风险。如果审核标准制定不合理，那么这种政策实际上将加剧社会矛盾。而且这种标准本身很难具有绝对的客观性，也难以保证绝对公平。事实上，该问题一直困扰着英国相关的政策制定者。

第三，服务受领对象的选择权较小。由于使用者仅能在政府遴选的服务中进行选择，这意味着使用者不能在市场上自由选择其最希望接受的服务。虽然如此，该模式也避免了采用现金支付所带来的一系列问题。日本的介护制度反对采用直接支付模式的主要考虑是：其一，避免家庭介护形式固定化，尤其是更容易导致女性被家庭介护工作束缚；① 其二，现金支付将导致不合理的挥霍和浪费，最终导致财政支出的增加；其三，如果给予老年人的是现金，可能会阻碍他们生活的自立。②

第四，政府部门承担的责任较大。政府部门承担的责任主要有两个方面：一是评估机制的设置，包括对服务提供商的资质评估、对服务质量的评估以及对服务受领对象的筛选等。在间接支付模式下，相当于由政府部门划定一个封闭的池子，并由其制定相关标准决定哪些服务提供商和受领对象能够进入池子中。每个参数都牵动着无数人的利益。二是腐败风险的监管。在直接支付模式下，由于政府部门责任较弱，所以其并不是主要的监管对象。但是在间接支付模式下，政府部门的权力很大，其作为利益分配者必须受到严格的监管。

3. 混合模式

顾名思义，混合模式是指既包含直接支付模式，又包含间接支付模式的一种支付方式。当前各国主要采用以直接支付为主、间接支付为辅的支付模式。少数国家如日本的介护制度仅采取间接支付模式，而不支持任何现金形式的资助。

（三）购买模式、租金模式和混合模式

1. 购买模式

购买模式，是指支付的资金用作购买资产，以享受医养服务的支付方式。购买的资产以房地产为主。这种支付方式也是我国目前商业机构采用的最主要支付方式。典型如绿地 21 孝贤坊、万科杭州随园嘉树和上海万科城市花园项目等。这种模式的特点有如下几个方面。

第一，投资者往往急于回收投资成本。我国医养行业的发展现状是以养老地产为基础，其投资者以房地产开发商为主，如万科、恒大、绿地

① 在挪威长期护理制度改革过程中，也考虑到女权主义对养老服务供给的影响。Karen Christensen, "Towards a Mixed Economy of Long - term Care in Norway", *Critical Social Policy*, Vol. 32, No. 4, November 2012, pp. 577-596.

② 参见国务院发展研究中心社会部课题组《养老服务体系发展的国际经验与中国实践》，中国发展出版社 2019 年版，第 74—75 页。

等。由于房地产开发前期需要投入巨大资金，致使这些投资者往往面临巨大的资金压力。为了缓解资金压力、加速投资成本的回收，他们往往要求使用者在进入养老社区之前就支付大额费用。

第二，容易轻视持续性的医养服务资源的投入和管理。从某种角度而言，该模式实质上是房地产销售在医养行业领域的一个变种。换言之，该模式是以医养名义变相进行房地产销售。因此，这很容易导致重房地产销售、轻医养服务提供的发展模式。

2. 租金模式

租金模式，是指支付的资金用作居住场所的租赁费，或用以偿付一定期限内所接受的医养服务费用的支付方式。这种支付方式在我国亦有存在，例如北京燕达国际健康城采取的就是“纯租金/月费”的收费方式。为了缓解资金压力，也有商业机构采取“押金+月费/年费制”的收费模式，如远洋椿萱茂老年公寓。这种支付模式的特点有如下几个方面。

第一，投资者并不急于投资成本的回收，而更关注现金流的稳定性、持续性。在该模式下，每次收取的租金金额相对较小，所以购买者的资金压力较小，而投资者的资金压力较大。主要有两种方式可以缓解这种资金压力，即 PPP 模式和 REITs 模式。

PPP（Public-Private Partnership）模式是政府和社会资本合作，进行公共基础设施建设、运营的模式。在养老服务领域，PPP 模式的运作主要采取 BOT（建设—运营—移交）或者 BOO（建设—拥有—经营）的方式。在 BOT 模式下，政府通过公开招标的方式选择社会投资主体，由政府与其共同进行医养结合机构的投资建设和运营管理。在整个过程中，双方利益共享、风险共担。[①] 对于私人机构来说，一般会受到特许经营期限的限制。当该期限结束时，私人机构须按约定将该设施移交给政府部门，转由政府指定部门经营和管理。BOO 模式和 BOT 模式相差无几，二者最大差别在于，私人机构并不需要将设施移交政府部门，可由其自行管理和营运。政府财政资金的投入，能够大大减轻私人机构在项目前期的资金压力，使其能够将关注点放在如何有效经营管理上。

REITs（Real Estate Investment Trusts）模式，即房地产信托。它通过

① 参见郝涛等《PPP 模式下医养结合养老服务有效供给路径研究》，《宏观经济研究》2018 年第 11 期。

在公开场合发行股票或收益凭证募集多数投资者的资金，并将该资金专门投资于房地产。它是一种由专门经营机构进行经营管理，并将投资收益按照特定的比例分配给投资者的信托基金。这种运营模式一般由四个主体构成，分别是房地产开发商、REITs、运营商和养老机构住户。REITs 在项目前期通过二级市场募集足够的资金，从房地产开发商手中购入养老房产。这能够让房地产开发商迅速地回收成本。REITs 再将服务外包给专业的运营商运营，由运营商提供专业的医养服务，所取得的收入再交由 REITs 分配给二级市场的投资者。这种模式实际上是通过资本市场进行资金融通和风险分担。我国目前尚未出现以养老地产为基础资产的 REITs。而美国的养老机构以 REITs 为最主要的运作方式，这主要得益于美国对于 REITs 在税收等各方面的大力支持。①

第二，医养服务的质量是该模式运行的关键性因素。维持稳定且持续的现金流，是租金模式下服务机构运行的基本条件，对于 REITs 而言尤其如此。如果没有收取足够的租金导致现金流断裂，那么其所发行二级市场的债券将面临违约的风险。为了保证能够持续获得租金收入，服务机构提供的医养服务质量将成为关键因素。② 因为只有服务质量足够好，才会有持续稳定的客源。因此，这种模式一定程度上可以避免购买模式下可能出现的轻视医养服务质量的弊端，而将整个项目重点集中到如何有效提升运营和管理质量上。

3. 混合模式

混合模式，可以看成是购买模式和租金模式的有机结合。目前我国市场上出现的混合模式主要是“会员费+月费/年费制”，如上海亲和源老年公寓。采取“保费/乐泰卡+月费/年费制”的泰康之家，严格意义上仍属租赁模式，而非混合模式。混合模式主要的优点在于，能够在一定程度上缓解投资者前期投入资金回收的压力。它是对租金模式进行改良的结果。

“会员费+月费/年费制”比较简单，无须赘述。“保费+月费/年费”系将人寿保险和日常医养服务相结合，准确命中了医养结合的重点。该模式优势就在于，不仅精确定位客户，实现“养老险与养老地产”闭环管

---

① 参见李平、杨默如《美国房地产投资信托税收政策研究及借鉴》，《国际税收》2018 年第 12 期。

② 有研究指出，REITs 的回报率与基础资产的相关度高于股票和封闭式基金。

理，而且还能在控制保险成本、项目投资成本的前提下提升产品竞争优势。

对于购买者来说，对租金模式的接受程度显然远超购买模式。因为前者无须占用大额资金就能获得长期的养老服务和医疗服务，这使购买者的经济负担和心理负担都明显更小。基于同样的道理，其他那些改进的收费方式，按照可接受程度由高到低的排序为："押金+月费/年费制""会员费+月费/年费制""保费+月费/年费制"。

第三节 医养费用支付模式的原则

一 资金利用效率最大化原则

在不降低任何与医养服务供给和需求相关的利益主体资金利用效率的前提下，医养费用支付模式的选择能使个别利益主体的资金利用效率得到改进。当一种或多种支付模式达到这种状态，即不存在任何其他支付模式能够使所有利益主体的资金利用效率同时得到改进，这样的支付模式就满足资金利用效率最大化原则。这是帕累托最优理论适用于医养服务领域的结论。[①] 资金利用效率最大化原则具体体现在如下几个方面。

第一，政府部门资金利用效率最大化。为实现该目的，应尽可能满足以下要求。其一，平衡政府供给与市场供给的关系。由于医养服务的提供需要大量建设资金和营运管理，因此完全由政府部门来提供这些服务是否会过多占用财政资金、政府部门是否有足够的管理能力等问题，都是值得考虑的。其二，根据财政实力、经济水平、支付习惯等因素决定支付模式。提供现金支付存在"套保"等违规操作的风险，但可以规定使用者仅能使用政府购买的服务来避免和解决该问题。适当地限制使用者获取现金补贴的范围，可以有效地避免财政资金的浪费和不当使用。其三，平衡直接补助与间接补助的关系。直接补助，即直接给予使用者各种类型的补助。间接补助，是通过税收优惠等措施间接地给予使用者购买服务上的优惠。直接补助有可能使得符合资格的使用者过多地使用其本身并不需要的

① 参见徐德云《帕累托最优的唯一性与福利定理的修正》，经济科学出版社 2017 年版，第 26—51 页。

服务，而间接补助则不存在此类问题。

第二，市场主体资金利用效率最大化。对于市场供给方而言，能否实现资金的有效利用，直接影响其盈利可能，并决定其能否占据市场主导地位。我国目前由房地产开发商主导的养老地产模式在资金使用效率上有所欠缺。主要原因是前期投资成本过大，不能在短期内迅速收回资金。该问题有可能通过资本市场化来解决，即通过类似 REITs 模式在二级市场进行资金募集。我国目前已经出现包括以商场租金为基础资产在内的多种 REITs，但是以养老地产或医养服务为基础资产的 REITs 尚未出现。① 监管部门对于这种模式能否产生持续的现金流仍存在较大的疑虑。对于市场需求方而言，能否实现资金的有效利用，将直接决定其购买服务的意愿。如果一次性地给付大笔押金或购房款，由于货币的时间价值，将使其蒙受货币贬值以及其他投资收益减少等的相关成本的损失。② 基于相关研究者的市场调研，租金模式总体上是更容易被市场所接受的。

简言之，资金利用效率最大化原则是与医养服务供给和需求相关的不同利益主体做出决策的经济原则。

二　目标群体覆盖率最大化原则

目标群体覆盖率最大化原则，要求医养费用支付模式在有效市场覆盖率的基础上，使医养服务的实际使用者占所能服务使用者的比重最大化。这里必须区分市场覆盖率和市场占有率。前者等于产品投放地区数/全市场的地区数×100%，而后者等于一定区域内产品使用量/同类产品总使用量×100%。产品或服务的使用量是由产品或服务本身的质量所决定的，因此支付模式的改变并不能明显地影响市场占有率。某种支付模式被足够多的使用者所采用的前提是，其所覆盖的市场足够大。这对私人支付部分和公共财政支付的部分提出了不同的要求。

对于公共财政支付的部分而言，由于政府处于法律赋予的市场垄断者地位，所以政府所提供服务的市场覆盖率应为 100%。以我国长期护理保

① 参见张佩、毛茜《寿险业介入养老产业：经验借鉴与现实选择》，《南方金融》2013 年第 3 期。

② 参见［美］斯科特·斯玛特、劳伦斯·吉特曼、迈克尔·乔恩科《投资学基础》（第 12 版），孙国伟译，中国人民大学出版社 2018 年版，第 136—140 页。

险制度为例，由于该制度尚处于试点阶段，其覆盖范围仅仅只涵盖了若干试点城市。在这些试点城市中，覆盖的使用者范围均受到明显的限制。有的城市只覆盖了城镇职工医疗保险参保人员，如重庆；有的城市只覆盖了部分区域的城镇职工医疗保险参保人员，如宁波、齐齐哈尔和安庆；有的城市的覆盖范围比较广，能够覆盖城镇职工和城乡居民医疗保险参保人员，如长春、苏州和石河子。此外，有的城市还有年龄的限制，如上海。由于该制度尚在试点阶段，在如何确定参保人的范围上还可进一步研究。笔者认为，参保人的范围应当尽可能广泛，并且充分尊重参保人的意愿和选择权。

对于私人支付的部分而言，要实现目标群体覆盖率最大原则，应从以下两方面着手。

第一，应当尽可能地提高市场覆盖率。根据现有的市场研究，商业机构提供医养服务的80%集中在京津冀、长三角、珠三角和川渝四个城市圈。[①] 可以说，医养结合机构基本集中于我国经济水平最高的地区。这种市场覆盖是畸形的。有研究者指出，城镇化程度越低的地区的老年人更倾向于选择“医养结合”型机构的养老服务。[②] 因为城镇化水平越低，其医疗和养老保障设施都比较缺乏，所以该地区对医养结合机构的市场需求越大。由于城镇化水平较低地区的购买者支付能力较弱，如何根据资金利用效率最大化原则降低资金成本，将成为商业机构能否顺利进入这些地区的关键。

第二，支付模式应当与使用者的经济能力相匹配。目前市场上以购买模式为主要支付模式，这种支付模式对于购买者的单次付款压力过大，并不符合大部分人的经济能力。至于如何改变购买模式，逐步向混合模式过渡，详见上文分析。此外，在现有经济水平条件下，应当进一步完善公共财政的支付手段，促使财政资金利用效率最大化。我国目前的基本医疗保险和基础养老金均不能用于支付失能、半失能老年人巨额的医疗护理费用。大多数养老机构内设医疗机构也没有被纳入医保定点范畴。这些因素

---

① 参见平安证券《养老地产：“需求升级+政策红利”双轮驱动，养老地产有望开启新时代》，2019年9月23日，资料来源：Wind数据库。

② 参见张良文等《基于Andersen模型的“医养结合”型机构养老需求的影响因素研究》，《中国卫生统计》2019年第3期。

严重限制了医养服务使用者覆盖率的扩大，学界对此已基本形成共识。[①]

简言之，目标群体覆盖率最大化原则需要在资金利用效率最大化的前提下才能实现，而且对相关的公共制度改革提出了更高的要求。

三 合法合规性原则

合法合规性原则，是医养费用支付模式得以运行的法律条件。如果违反该原则，无论资金利用效率是否最大化，也无论目标群体覆盖率是否最大化或者发展是否具有可持续性，该支付模式均不具备可行性。合法合规性原则在不同场合下有不同的要求，可归纳为以下三个方面。

第一，政府部门应当依法引导和参与市场活动。政府部门应当依法制定、依法执行相关市场准入标准、监管措施等，以此引导市场活动。例如，在间接支付模式下，政府在确定购买哪些供应商的服务、确定哪些人员能够享受服务时，应当依法举行听证会、履行公示程序、严格执行既定标准等。这些都是政府依法行政的具体要求。在德国，法律赋予联邦联合委员会确定医疗保险服务范围和制定质量措施权力的同时，也对其权力行使加以严格规制。[②] 英国政府建立了一套完整的工作管理规范以及评估体系，用以规范政府部门的行为。[③] 在参与市场活动方面，政府从事市场活动的行为应以取得法律准许为前提。例如，应当对由政府投资设立的公营养老机构的收费标准设置具体标准等。

第二，医养服务商业机构应当依法进行经营活动。管理不规范、虚假宣传、收费标准混乱等现象广泛存在于我国现在的医养服务行业。导致该乱象的原因主要有：其一，政府监管职责不明晰；其二，缺乏统一的行业标准和有效的独立第三方监管。[④] 由于商业机构本身具有逐利性，如果外部监管标准不明晰或者监管主体缺位，那么市场就极有可能出现混乱。对此，域外经验是多部门联合成立全国性“医养结合”工作标准化技术委

① 参见郝涛等《PPP 模式下医养结合养老服务有效供给路径研究》，《宏观经济研究》2018 年第 11 期。

② 参见刘子琼、单苗苗《医疗保险支付方式：国际经验与启示》，《卫生软科学》2019 年第 8 期。

③ 参见王莉莉、吴子攀《英国社会养老服务建设与管理的经验》，《老龄科学研究》2014 年第 7 期。

④ 参见郝涛等《PPP 模式下医养结合养老服务有效供给路径研究》，《宏观经济研究》2018 年第 11 期。

员会，并由其制定“医养结合”服务行业标准，据此严格监管服务过程。

第三，医养服务的购买者或实际使用者应当依法购买和使用医养服务。有研究者指出，部分地区的医养结合养老模式存在严重的“套保”风险。例如，用医保名义给老人开“营养液”“中医调理”等保健处方，变相套取医保资金；把“养老床位”变相改为“医疗床位”，套用医保资金支付养老床位费等。① 这些行为背离了医养结合养老模式的应有目的，也违反了相关法律法规的规定。这不仅造成财政资金的浪费，还占用了宝贵的医疗保健资源。为解决该问题，有必要完善相关操作规范，加大对相关机构主管人员的惩处力度，以遏制使用者的违法违规行为。

简言之，合法合规性是最根本的原则，是资金利用效率最大化原则、目标群体覆盖率最大化和发展可持续性原则的基础。

四 发展可持续性原则

发展可持续性原则，要求医养费用支付模式是一种长期、持续、稳定的制度，而不能因人废事、朝令夕改。发展可持续性原则的具体要求如下。

第一，公共政策的可持续性。能否实现公共政策的可持续性，取决于地方财政状况、中央财政支持力度和政策本身的科学性等多种因素。例如，2012 年青岛市财政划拨 1 亿元作为医疗护理保险制度的启动资金，且每年财政补贴 2000 万元。用人单位和个人无须另行缴费，直接从医疗保险基金中划转一定金额，列入城镇居民护理保险基金。毋庸置疑，这种做法体现了当地政府的决心和大力支持的态度。② 但是，从另一个角度来说，这样的做法可能不具有持续性和可复制性。因为不是每个地方的财政都能够划拨如此巨额的启动资金，以及每年还持续地进行补贴。而且，将医疗保险基金结余划转到长期护理保险中，实质上是将长期护理保险看作医疗保险的附属品。目前 15 个试点城市中的大多数仍然采取这样的做法，这可能并不利于建立独立的长期护理保险制度。

---

① 参见孟颖颖《我国“医养结合”养老模式发展的难点及解决策略》，《经济纵横》2016 年第 7 期。

② 参见李杰《青岛“医养结合”养老模式问题研究》，《中国人力资源开发》2014 年第 18 期。

第二，收费方式的可持续性。商业养老机构应根据居民的消费水平和消费习惯，确定合适的收费方式，以实现收费方式的可持续性。例如，新西兰高端养老企业瑞曼（Ryman Healthcare）采取“纯押金制”收费方式：客户入住前必须一次性支付全部使用费用，但是在离开社区时会按照入住年限最少返还 80%的费用。公司利用预付的费用偿还银行贷款以及上一位客户离开时的返还费用。瑞曼公司之所以成功的原因在于市场的供不应求，其平均入住率一般能保持在 97%左右。一旦出现供过于求的情况，其入住率不足够或者大量客户同时离开的话，其资金链将会立即断裂。① 我国商业性养老机构并不能保证如此之高的入住率，所以不宜盲目采用此种收费方式。

值得注意的是，发展可持续性原则是适用于政府部门、商业养老机构等管理者、供给者的原则。医养费用支付模式并不能确保购买者和使用者能够持续使用医养服务。医养服务能够被使用者接受和持续使用的决定性因素，是医养服务的质量。除了消费观念等因素外，我国医养结合机构的入住率普遍不高的根本原因在于，医疗护理水平尚不能满足使用者的需要。② 支付模式的可持续性能在一定程度上影响购买者的购买决策，但并不是其选择服务的关键性因素。

第四节 医养费用支付模式对相关制度运行的影响

医养费用的资金来源除个人支付部分以外，还包括社会资金和公共财政投入。从我国目前“医养结合”服务试点的情况来看，按照资金来源标准，可被归为混合型支付模式；按照支付手段标准，则属于直接支付模式。此外，根据医养服务机构的不同收费方式，还可将其划分为购买模式、租金模式以及两者结合的混合模式。不同支付模式对有关利益相关者，包括老年群体、养老机构、保险公司、社保机构及用人单位等，都会产生不同程度的影响。以下主要从宏观制度角度，探讨不同支付模式对相

① 参见兴业证券《老龄化加剧，中国养老产业机遇与挑战并存》，2019 年 3 月 4 日，资料来源：Wind 数据库。

② 参见祁峰、祁丙观《我国医养融合型机构养老服务的制约因素及推进思路》，《经济纵横》2017 年第 1 期。

关制度运行所产生的影响。

一 对养老机构经营活动的影响

（一）混合型支付模式对养老机构经营活动的影响

第一，在混合型支付模式下，公共财政支出所占比例越大，对养老机构运营医养结合项目越有利。我国对养老行业进行改革之前，医疗系统和养老系统长期分离。尽管目前国家大力支持医养结合，但由于基本医疗保险基金和基本养老保险基金不能统合使用，因此目前“医养结合”试点中的养老费用和医疗费用仍旧是由养老保险基金以及医疗保险基金分别进行支付。这在相当程度上会导致资金利用效率低下。而且，我国目前大多数养老机构都不是医保定点，即使是医保定点单位，医保定点额度也无法满足失能失智老人基本的医疗需求。[①] 实践证明，只有医疗资源与养老资源的有效整合和衔接，才能够提高服务质量，降低养老和医疗成本，提高老年人的健康水平和生活质量。目前由政府作为主要提供者的基础性机构养老服务，已经不能适应养老需求的现实。我国目前大多数养老机构属于小规模民营养老机构，其拥有资源少、盈利能力相对较弱。如果仅依靠政府资金、财政补贴等方式，实际上难以开展医养结合服务。[②] 尽管政府鼓励公办养老机构，某些民营和社区养老机构也正在积极转型，以健全有关医疗功能，但由于建设标准高，财政补贴不到位等原因，导致提供医养结合服务的养老机构运营成本相比于传统养老机构要高出许多。[③] 因此，在采用混合支付制的前提下，公共财政补助所占比例越高，对医养机构的发展就越有利。

第二，从客户角度而言，有潜在需求的老年人是否购买有关医养服务，其主要影响因素是养老机构所提供的服务质量和收费高低。目前绝大多数社会资本投资兴建的养老机构都将目标客户定位在“高知、高薪、高干”三高群体，其覆盖客户范围实属有限。究其原因，在政府补贴不

---

① 参见赵晓芳《健康老龄化背景下“医养结合”养老服务模式研究》，《兰州学刊》2014年第9期。

② 参见王浦劬、雷雨若、吕普生《超越多重博弈的医养结合机制建构论析——我国医养结合型养老模式的困境与出路》，《国家行政学院学报》2018年第2期。

③ 参见邓大松、李玉娇《医养结合养老模式：制度理性、供需困境与模式创新》，《新疆师范大学学报》（哲学社会科学版）2018年第1期。

能达到一定标准的前提下，养老机构势必通过提高收费等来提升利润率。但是，我国目前绝大部分老年人的收入水平尚无法达到可以支付高昂医养费用的程度。因此，医养结合型养老机构的床位利用率达不到预期水平，这也进一步阻碍了其发展。同时，尽管目前公办养老机构收费定价较低，但其运营情况也不容乐观。降低收费可能会导致养老机构陷入“降低收费—收益不佳—降低服务标准—入住减少—收益更差”的恶性循环。① 无论是将高昂的医养费用由个人或企业承担还是全部由国家财政负担，单一的资金来源都不利于养老机构的运营和发展，因此我国目前采取混合支付制是较为现实的选择。

（二）直接/间接支付模式对养老机构经营活动的影响

第一，直接支付模式对养老机构经营活动的影响。在直接支付模式下，政府通过现金补助、费用报销形式对医养费用的支付提供支持。其积极影响在于，在建立了长期护理保险的地区，部分养老机构能够得到护理保险资金的支持，有更多条件为老人提供更好的医养服务，也促进了其可持续发展性。② 就现阶段而言，由于缺乏一个标准的服务体系以及相关的准入门槛，不同区域的不同机构提供的医养服务良莠不齐，部分中小型规模的医养机构尚无法被纳入定点机构而得到相应的资金支持。这导致直接支付模式达不到理想效果。其一，在长期护理保险试点以外的地区，老年人的护理费无法通过医保报销，也不能为入住老人分担相应的康、养、护成本。更有甚者，部分医养结合型养老机构甚至未被纳入医保定点，绝大部分医疗费用由老年人自己承担。在现有的直接支付模式下，医养结合的支付保障体系缺少系统性规划，受制于“支付不起”的因素，降低了失能失智老人在医养结合机构接受服务的意愿。③ 其二，如果选择现金补贴方式将医养费用支付给老年人个人，那么对于部分自理能力相对较强的老人来说，可能会鼓励其选择“居家养老”。④ 一方面，目标群体入住量的

① 参见周国明、贾让成《机构养老的宁波模式》，浙江大学出版社 2016 年版，第 74 页。

② 参见李杰《青岛“医养结合”养老模式问题研究》，《中国人力资源开发》2014 年第 18 期。

③ 参见祁峰、祁丙观《我国医养融合型机构养老服务的制约因素及推进思路》，《经济纵横》2017 年第 1 期。

④ 参见国务院发展研究中心社会部课题组《养老服务体系发展的国际经验与中国实践》，中国发展出版社 2019 年版，第 15 页。

减少将导致医养结合机构床位闲置、错配；另一方面，医养结合机构为了维持经营不得不改变相应的准入标准，如让健康老人入住护理床位等，这将导致其“医养功能”日趋弱化，甚至转变成“混合型/复合型”养老机构。

第二，间接支付模式对养老机构经营活动的影响。采用间接支付模式的国家，往往选择将养老保险基金交由市场机构投资经营，通过政府购买服务的方式，以降低运营成本而提升服务质量。其积极影响在于：其一，在市场机制的运行模式下，将政府包办的养老服务转为由市场提供。一方面，这样可以增强养老机构之间的竞争，从而提高养老机构提供养老服务的效率。[①] 另一方面，养老机构能够根据市场规律开展养老服务，吸引社会资源积极进入养老服务市场。[②] 在医养服务行业，美国的典型模式为PACE计划（美国“综合性老人健康护理计划”）。PACE的支付模式为“按人计价”，受托单位需要在按人计价的固定额度下，达到一定的服务质量，自行统筹运用相应资金并承担相应财务风险。[③] 社会营利性机构可以通过与PACE的服务主体签订协议，为患者提供医疗护理服务从而获取利润，并通过价格、竞争、供求等市场机制调节经济的运行。[④] 在澳大利亚，大部分养老机构由非政府部门运营，政府通过购买服务等方式承担养老机构约30%的运营费用，并通过其他筹资渠道给予养老机构补贴。其二，从借鉴发达国家经验角度来看，各国养老机构的私营化和市场化程度十分明显，即通过市场机制的配置方式对社会福利进行分配，从而提高社会福利的利用效率，且以此控制社会福利总支出。而且，养老机构出于业务发展、扩张的需要必然选择集团化发展道路，以此降低运营成本、提升服务水平。这将进一步带动养老产业的快速发展。[⑤] 国外发展成熟的医养社区，绝大部分都采取了连锁经营的运营模式。但就国内现状而言，由于缺乏相应的行业标准和法律制度，加之无论公营或私营养老机构都缺乏相

---

① 参见付再学《乌鲁木齐市养老机构中存在的问题与对策分析》，《新疆大学学报》2008年第7期。

② 参见周国明、贾让成《机构养老的宁波模式》，浙江大学出版社2016年版，第45页。

③ 参见黄家豪、孟昉《医养结合养老模式的必要性、困境与对策》，《中国卫生政策研究》2014年第6期。

④ 参见张瑾等《我国养老服务体系建设重点问题研究》，中国经济出版社2018年版，第168页。

⑤ 参见许虹、李冬梅《养老机构管理》，浙江大学出版社2015年版，第30页。

应的医养结合运营经验，导致部分医养结合机构尚未意识到遵循市场规律参与竞争的必要性和重要性。缺乏个性化、市场导向性的管理理念，导致医疗养护服务粗放，供给资源无法得到有效利用，无法满足老年人多层次、多样化的服务需求。[①] 因此，间接支付模式的良性运行还有赖于习惯制度的进一步完善。

二　对保险公司经营活动的影响

世界银行一直致力于推广商业性养老保障，为满足社会不同阶层、不同群体之间更高水平的养老需求，推广商业性养老保障的发展势在必行。[②] 进入21世纪以来，我国也逐渐认识到商业性养老保障的强大功能，并陆续出台有关政策提供相应支持。医养结合养老模式的出现，是大力发展商业性养老保障的重要契机。

（一）混合型支付模式对保险公司经营活动的影响

保险公司投资运营养老社区具有得天独厚的优势，其既具有大量长期稳定的资金流，又掌握着相应的客户流以及技术人员。在医养结合行业前景乐观的背景下，众多险资纷纷涉足养老行业，以其商业保险资本作为投资主体，布局中高端养老社区。[③]但在现有混合型支付模式下，保险公司参与医养结合项目的程度十分受限。若采混合型支付模式，保险公司至少会面临两种风险，即客户风险和资金风险。

第一，在商业保险公司运营的养老社区，除少部分在定点医疗机构内产生的医疗费用可以通过医保基金报销外，押金、月费等只能通过个人财产进行支付，公共财政补贴部分几乎可以忽略不计。以泰康保险公司“泰康之家”项目为例，非保险客户入住泰康之家长寿社区，需要缴纳入门费、乐泰财富卡和月费。入门费与乐泰财富卡都是一次性缴纳且可退还的押金。缴纳入门费方可获得泰康之家养老社区的入住资格；缴纳乐泰财富卡的费用，获得乐泰财富卡会籍，锁定“免房屋基本居住费用”的优

---

① 参见郝涛等《PPP模式下医养结合养老服务有效供给路径研究》，《宏观经济研究》2018年第11期。

② 参见周爱民、姜耀辉、田利《中国养老保障制度的改革和发展》，经济科学出版社2017年版，第262—263页。

③ 例如，泰康保险“泰康之家”，中国人寿“国寿嘉园”，中国平安“浙江桐乡养老综合服务区”等。

惠；月费包含房屋使用费及居家费用和餐费，是按月缴纳的费用。保险客户入住社区的方式是：保证入住权客户无须缴纳入门费，优先入住权客户需缴纳入门费。保险客户同时可选择购买乐泰财富卡，缴齐乐泰卡后享受乐泰卡会员优惠月费价格。

第二，现有运营模式下，保险公司完全以自有资金进行投资运营，在后期一旦遭遇资金风险，将会极大影响医养服务供给质量以及医养机构的可持续发展。保险业对完善我国养老保障体系有着不言而喻的重要作用，针对保险公司投资开发的养老社区，未来应考虑将其尽可能纳入护理保险定点，国家财政也应给予一定的支持。

（二）直接/间接支付模式对保险公司经营活动的影响

在目前国内市场，保险公司投资运营的医养社区既包括高端定位的泰康之家，也有如合众优年这类定位中产居民的合众健康谷等。但总体而言，以险资为代表的养老社区面向的客户基本上都是具有较高经济能力的老年群体。在经济欠发达地区基本养老需求尚无法得到完全满足的情况下，以保险公司为运营主体提供医养服务的模式尚不具有全面普及的可能性。由于客户覆盖范围存在断层，因此保险公司在经营过程中得到的财政支持十分有限。国家对保险资金的政策优惠目前还只停留在顶层设计上，绝大多数税收优惠政策仅能针对公立机构以及非营利性养老机构。对寿险公司而言，在建设有关养老社区时，无法享受土地使用税、房产税等税收优惠。保险公司前期投资成本高，入住价格也更为昂贵。[①] 而直接支付模式下，通过医保保险的部分医疗费用与保险公司所收取的高昂医养费用相比可谓杯水车薪，因此难以吸引目标客户群体以外的其他老人购买使用。

（三）购买/租金支付模式对保险公司经营活动的影响

我国保险公司投资设立的医养社区仍处于初步发展阶段，在借鉴国外成熟模式的基础上不断积累经验，通过推出创新型保险产品对接养老社区。保险公司介入养老产业的模式目前可分为以泰康保险集团为代表的集投资、运营及开发为一体的全资模式，以中国人寿为代表的股权合作模式

① 参见朱佳欣《基于SWOT分析的我国寿险资金投资养老社区的启示》，《保险职业学院学报》2017年第5期。

以及以中国平安为代表的发行类 REITs 的投资计划模式。[①] 将保险资金投资于专业养老社区，一方面可以帮助保险公司抵御通货膨胀对其长期收益率的不利影响；另一方面也能提高其偿付能力。

就我国目前保险公司参与开发的养老项目而言，前期大多是全资投入建设有关设施，后期则选择长期持有出租或出售相应产权的模式。值得注意的是，在保险公司出售相关养老社区的产权时，需要规避国家的有关禁令。尽管国家鼓励险资投资养老地产，但禁止其越俎代庖从事应由房地产企业进行的一级开发和商业销售。但对此禁令，有学者指出，保险资金可以通过投资养老产业股权投资基金的方式，以这些产品形式进行投资，就可以规避"只租不售"的有关限制。[②] 实践操作中，如中国平安的养生养老综合服务社区、合众优年的"优年生活"连锁型持续健康退休社区等都已打破了目前保险公司养老社区"只租不售"的模式。

第一，购买模式对保险公司的积极影响。其一，以购买模式作为医养费用支付手段，对保险公司而言，可以缓解其资金压力，并在较短时间内收回投资成本。其二，相对于普通房地产开发商，保险公司在运营医养社区时具有更多的技术优势和更优质的客户资源。但缺点在于：一方面，只要支付一定费用就可以购买房产入住养老社区，将致使较易忽视客户的资质审查，使得购买型医养费用支付模式类似于商品房购置行为。保险公司在享受政府相关税收优惠的同时又销售商品房，可能导致养老市场的混乱，不利于其长期发展。另一方面，不能通过长期投资来抵御通货膨胀对保险资金的不利影响，无法持续性发挥保险公司的自身技术优势。

第二，租金模式对保险公司的积极影响。在该模式下，以"押金/保险费+月费/年费"方式支付医养费用，其积极影响在于：其一，降低了入住者的入住门槛和居住成本，且能够吸引更多层次的客户，进一步打开市场。租金模式下，借助有关政策的完善以及保险公司运营经验的成熟，有希望破除高层次客户群体的局限性，进一步满足中低端养老市场的需求。其二，有利于人寿保险产品与养老社区的对接，一方面增加了保险产

---

① 参见张佩、毛茜《寿险业介入养老产业：经验借鉴与现实选择》，《南方金融》2013 年第 3 期。

② 参见张佩《寿险业介入养老产业的现实障碍与路径选择》，《保险研究》2013 年第 11 期。

品对客户的吸引力；另一方面能更好地对养老社区进行长远规划。不仅能将保险客户最大限度上地转化为养老社区客户，而且在养老社区的长期运营中，既能通过保险公司的投资运营让客户投入的医养费用保值增值，又能充分发挥保险公司的技术优势。租金模式的缺点亦不可忽视。由于保险公司在短期内无法收回投资，受制于资本市场以及政策变化等外部因素，在医养社区的入住率达不到预期标准时，将导致严重的资金风险。

从保监会以及人力资源和社会保障部公开的数据来看（参见表 2-1 和表 2-2），商业保险机构已经成为企业年金市场的主要受托人。仅 2018 年二季度，商业养老保险公司受托管理的资产金额就达到了总金额的 83%，在企业年金和养老保障中发挥着越来越重要的作用。保险公司在经营企业年金方面有着独特的优势，诸如精算技术优势，保值增值能力较强等。[①] 从各国经验来看，美国、英国、日本等国企业大多采用对外投保的方式实施企业年金计划，中小企业实施企业年金计划则多采取向人寿保险公司投保团体养老险的方式。[②] 如果能打通企业年金、相关保险产品对医养费用支付的通道，无疑可以成为医养资金的重要来源，也进一步为保险公司拓展了客源范围。国内保险公司已经开始初步尝试。2007 年年初，泰康保险集团董事长陈东升先生提出，在中国由人寿保险公司以连锁经营的方式来运营相关养老社区，并利用相关保险产品与养老社区相对接，通过购买保险来解决入住权，同时利用人寿保险和其他附加险产生的红利收益用以支付老年人的养老照护费用。

表 2-1　　2018 年保险机构企业年金等受托管理业务情况　　单位：万元

公司简称	企业年金受托管理业务缴费	企业年金投资管理业务缴费	养老保障及其他委托管理业务缴费	企业年金受托管理资产	企业年金投资管理资产	养老保障及其他委托管理资产
国寿养老	5903005. 67	3298255. 00	37965771. 32	30125556. 22	16031287. 58	24773783. 11
太平养老	1742436. 68	1396353. 68	8131175. 63	7643003. 95	8380637. 93	5052390. 25
平安养老	4644860. 46	3990272. 41	36596119. 11	23646205. 17	20652756. 72	16715927. 62
泰康养老	2822527. 41		961608. 74	6149690. 24	0. 00	562891. 48

① 参见沈婷《商业保险在完善养老保障体系中的作用探讨》，《上海保险》2013 年第 4 期。

② 参见朱青、郭雪剑《多支柱养老体系下的公共养老金计划》，中国社会出版社 2007 年版，第 170 页。

续表

公司简称	企业年金受托管理业务缴费	企业年金投资管理业务缴费	养老保障及其他委托管理业务缴费	企业年金受托管理资产	企业年金投资管理资产	养老保障及其他委托管理资产
长江养老	783808. 67	1231005. 19	18136998. 40	7450067. 51	7248599. 37	19985252. 52
安邦养老			618789. 30			728630. 12
人保资产		658976. 40	25000. 00		2520335. 29	583204. 98
泰康资产		5433120. 57	6782856. 82		21886541. 27	13328085. 73
华泰资产		100672. 31	4629. 54		1383457. 38	269433. 90
人保养老	2682. 67	67258. 49		2747. 32	160334. 54	
合计	15899321. 57	16175914. 05	109222948. 86	75017270. 41	78263950. 08	81999599. 71

数据来源：银保监会官网：http：//bxjg. circ. gov. cn/web/site0/tab5204/info4132193. htm。

表 2-2　　2018 年二季度企业年金基金法人受托管理情况

企业年金基金管理机构	企业数（个）	职工数（人）	受托管理资产金额（万元）	计划直投养老金产品资产净值（万元）
华宝信托有限责任公司	241	119730	876281. 63	82384. 91
中信信托有限责任公司	20	4238	36400. 85	—
平安养老保险股份有限公司	25219	3480688	21759897. 16	495695. 79
太平养老保险股份有限公司	7719	1207370	6455548. 19	30832. 50
中国建设银行股份有限公司	1314	361600	1825837. 19	—
中国工商银行股份有限公司	1067	1505867	11074617. 24	213353. 72
招商银行股份有限公司	454	184315	876839. 29	—
长江养老保险股份有限公司	7356	1251955	6924522. 96	20907. 62
中国人寿养老保险股份有限公司	12551	4891692	28610105. 20	1039462. 70
泰康养老保险股份有限公司	5039	882700	3606425. 58	145944. 93

续表

企业年金基金管理机构	企业数（个）	职工数（人）	受托管理资产金额（万元）	计划直投养老金产品资产净值（万元）
建信养老金管理有限责任公司	1644	856335	5873732.07	—
合计	62624	14746490	87920207.36	2028582.17

数据来源：人力资源和社会保障部官网：http：//www.mohrss.gov.cn/shbxjjds/SHBXJDS-gongzuodongtai/201809/t20180917_ 301423.html。

三 对社保机构监管活动的影响

（一）直接支付模式下社保机构监管活动的重点

直接支付模式下，政府对医养费用的补贴以直接或间接的现金形式落实到使用者身上。在我国，大多体现为费用的报销。尽管我国目前已经出台了一系列规范医养结合的法律规章，但现有法律对医养结合养老模式的制度管理、监管和治理机制都还存在很大的盲区。有研究者指出，在我国已纳入基本医疗保险试点且开设有养老服务的民办医疗机构中，存在把“养老床位”变相改为“医疗床位”，以套取有关医疗保险资金的现象。① 究其原因，根源在于长期护理保险的缺失，老年人的康复护理服务等“养老费用”既无法通过医疗保险报销，又无法通过养老保险报销，从而一定程度上刺激了违规操作的产生。因此，直接支付模式下社保机构监管活动的重点应着眼于外部医养机构的资金使用。

第一，对定点医养机构应当实行严格的资格准入，申请成为定点医养机构必须具备相应的医疗资质并配备必要的养老设施设备，通过医疗保险、护理保险等制度为其提供稳定的资金来源。鼓励“医”“养”资源真正地贯通融合，提供高品质、多内容的医养结合服务，而非只是在养老院象征性地设立医务室或者与医疗机构之间“强硬”结合。但需要注意的是，针对不同地区的具体情况，准入门槛设置应当具有一定弹性。不能不片面追求大规模化，对部门小而全的医养机构也应给予其相关定点资质。

第二，引导医养机构提供合理适度的医疗护理服务，增加有效服务需求，避免过度护理。在保证合理医养费用支出都能够得到报销的同时，应

① 参见孟颖颖《我国“医养结合”养老模式发展的难点及解决策略》，《经济纵横》2016年第7期。

最大限度地杜绝社保基金的浪费，以减轻其他社保基金的支付压力。根据我国长期护理制度试运行试点之一青岛的经验，护理保险的结算标准仅为医院平均每床产生费用的1/30—1/6。这极大地缓解了医保基金的支付压力，同时也充分释放了医院的诊治能力。[①] 在支付方式上，可以实行按床日或按月、年定额打包付费等方式，尽量不实行按照项目、按比例收费，并严格控制支出。

（二）间接支付模式下社保机构监管活动的重点

间接支付模式下，政府通过购买服务向老年人群体提供医养结合服务，政府部门的角色从服务的直接提供者转变成为服务的监督者和合作者。如此能更有效地监督和制约医养结合养老机构的运作，并充分保障公众的知情权。[②] 作为服务提供商的遴选者以及使用者资格的审核者，社保机构主要应从以下两个方面进行重点监管。

第一，建立相关的质量评价反馈机制，定期定点对有关机构提供的服务质量以及老年人的满意程度进行调查回访。间接支付模式下，老年人群体能够进行选择的只能是政府部门事先遴选出的服务商。在选择范围有限、市场竞争机制不充分的背景下，难保各医养机构会懈怠提供相应的服务。因此，有必要定期定点对各医养机构进行服务质量考评考核，对考评不合格的机构实行退出机制，对考评优秀、老年人满意程度较高的机构给予一定的补贴奖励、税收优惠等，以激励医养机构提供更优质的服务。例如，英国对养老社会服务所采取的项目管理模式值得我们借鉴。其建立了一套完整的工作管理规范和评估体系，政府有关部门会定期检查或不定期抽查相关服务机构的服务质量、机构人员配置、服务人员培训、服务设施配置、服务质量和标准以及服务价格等指标。[③]

第二，对服务对象资格准入的监管。在确保服务质量的前提下，还应根据服务对象的健康评估状况和实际需求，提供相应的医养服务。我国目前对养老护理中护理等级的划分缺少统一的标准和依据，医疗系统和养老

① 参见李杰《青岛“医养结合”养老模式问题研究》，《中国人力资源开发》2014年第18期。

② 参见郝涛等《PPP模式下医养结合养老服务有效供给路径研究》，《宏观经济研究》2018年第11期。

③ 参见王莉莉、吴子攀《英国社会养老服务建设与管理的经验》，《老龄科学研究》2014年第7期。

系统之间关于护理等级的分类标准存在着明显的差异，从而导致医养结合性养老机构服务对象的不明确。① 因此，一个统一的医养结合护理等级标准亟待确立。在建立有关标准之后，应当优先满足失能和失智老年人群体的服务需求。真正迫切需要医养结合服务的主要是需要中长期专业医疗服务的老年人，其特征为治疗时间长，医疗技术含量偏低，生活照料等劳务费用比重较大等。② 应当杜绝不符合条件的申请者入住有关医养机构，还应防止低级别需求的老年人群体使用高级别护理服务的资源浪费现象。同时，还应对接受相关服务的申请者情况进行定期复核，在其身体状况有所好转时，对其接受的服务标准进行适时调整，从而使医养服务使用效率达到最大化。

四 对用人单位福利政策的影响

有研究者指出，广义的养老保障应当由提供经济来源的老年收入保障制度和提供服务保障的老年服务制度共同构成。③ 我国大多数研究者在探讨养老保障时都使用“多层次”“多支柱”等词语，但甚少提及养老服务，也未考虑将养老服务纳入“多层次”或“多支柱”养老保障的整体发展框架之中，忽略了养老服务在养老保障中的重要功能。④ 在美国三支柱养老保障体系中，养老保障资金的来源途径包括政府、企业、个人以及社会筹措。起初政府是最大的资金来源方，但随着养老保障制度改革，美国政府的作用逐渐相对弱化，养老保障转而采取财务自理原则，企业和个人支付的比例逐渐提高。在我国，用人单位为员工提供的养老保障主要通过企业年金制度来实现。企业年金制度是企业为其职工提供的补充性养老保障，主要用于保障职工退休后能达到一定生活水平，体现了用人单位的“雇主责任”。相较于国外已经成熟的企业年金市场，我国企业年金制度还有进一步发展的空间。国外企业对企业年金趋之若鹜的主要原因在于，

① 参见郭丽君主编《“医养结合”养老服务体系》，科学出版社 2019 年版，第 116 页。

② 参见王素英、张作森、孙文灿《医养结合的模式与路径——关于推进医疗卫生与养老服务相结合的调研报告》，《社会福利》2013 年第 12 期。

③ 参见鲁全《中国养老保障制度改革中的十大关系研究》，《教学与研究》2013 年第 12 期。

④ 参见周爱民、姜耀辉、田利《中国养老保障制度的改革和发展》，经济科学出版社 2017 年版，第 255 页。

其既能够吸引和留住青壮年人才，又能为年老体弱的职工建立提前退出企业的机制。[①]如果能将养老机构医养费用等养老服务支出也纳入企业年金的支付范围内，将对用人单位的福利政策产生重大影响。

第一，打通企业年金与医养费用支付的通道，不仅可以吸引更多企业加入企业年金计划，而且可以更高效地为医养项目积累资金。当前我国存在国有企业、外资企业、民营企业等不同所有制类型的企业，受制于投资运行环境以及复杂的运作流程等因素，外资企业和民营企业加入年金计划的意愿并不强烈。[②] 对于员工而言，在现行制度下，缺乏主动督促和要求企业加入企业年金计划的动力，企业往往也会通过一些其他手段代替企业年金制度对员工利益进行补偿。在我国养老形势日趋严峻的情况下，将企业年金与职工年老后所能享受的养老服务挂钩，通过切实有效的政府税收优惠，可以同时提高企业和员工双方参与年金计划的积极性。相较于员工个人将短期薪酬存入银行以获得存款利息，将多数人的部分收入聚成年金用以投资运营将产生更高的收益率，且能够保障员工在年老体弱时有更充足资金支付有关的医养费用。

第二，合理的企业年金方案可以帮助企业激励员工，提升自己的市场竞争力和社会责任。企业年金是一种长期激励措施，可以激励企业职工长期在该企业工作。一方面，企业需要耗费一定资源培训一名员工，其前期投入的价值可以通过员工后续创造的劳动价值得到抵免，所以企业通常不希望员工过早离职。另一方面，员工为企业创造了劳动价值，企业通过年金制度对其年老时医养费用进行支付，也体现了企业的社会责任。

第三，对医养费用的支付可以减轻企业一定的税费负担。例如，法国从 2006 年开始在全国范围内推行包括养老服务券在内的通用服务券，由“全国家庭服务署”负责管理，个人和企业均可购买。企业为其员工购买养老服务券可以免缴任何社会保障费，并享受服务券总金额 25% 的税收减免。[③] 在我国，对企业年金和职业年金实行递延纳税政策，即在年金缴

---

① 参见朱青、郭雪剑《多支柱养老体系下的公共养老金计划》，中国社会出版社 2007 年版，第 159—160 页。

② 参见韩克庆《养老保险中的市场力量：中国企业年金的发展》，《中国人民大学学报》2016 年第 1 期。

③ 参见张瑾等《我国养老服务体系建设重点问题研究》，中国经济出版社 2018 年版，第 74—75 页。

费环节和年金投资收益环节不征收个人所得税，将纳税义务递延到个人实际领取年金的环节，即 EET 模式（其中，E 代表免税，T 代表征税）。[①] 对企业而言，企业缴纳的这部分费用可以计入成本，在缴纳企业所得税的时候进行扣除。在 EET 模式下，企业和个人能够在一定程度上分享到国家让渡出来的部分税收利益。

① 《财政部税政司、人力资源社会保障部养老保险司、国家税务总局所得税司有关负责人就企业年金、职业年金个人所得税问题答记者问》，http：//szs. mof. gov. cn/zhengwuxinxi/zhengcejiedu/201312/t20131206_ 1021664. html。

第三章

医养费用支付模式的域外经验

第一节　大陆法系

一　德国

（一）基本模式："三支柱"养老保险+医疗、护理保险

1. "三支柱"养老保险体系

德国的养老保险是维持就业者在退休前后生活水平的重要制度。该制度有三项原则：一是保障生活标准；二是养老金与工资、缴费挂钩；三是活化养老金原则，即养老金和养老资格要定期分享经济进步带来的繁荣。目前，德国养老保险制度由法定养老保险、企业养老保险和私人养老保险"三支柱"构成，其中后两项为补充养老保险。

（1）"第一支柱"法定养老保险。此类养老保险又称为基本养老保险，是德国所有保险中占据份额最大的保险，具有强制性。在 1911 年制定并在 1957 年和 1972 年补充修订后，相关法律已经全面、系统地涵盖了基金来源、运作方式、参保范围、缴费标准等方面。根据德国法律规定，绝大多数雇佣劳动者及一些特定的独立经营者均有义务参加法定养老保险。医生、律师等高收入者为非义务参保人，但这些人年满 16 周岁可自愿参加保险。公务员、法官和自谋职业的农业人员均有相应独立的养老保险制度，不参加法定养老保险。在此框架下，德国法定养老保险目前已经覆盖了 90%左右的雇佣劳动者。其资金来源主要由两部分构成：企业和员工缴纳的养老保险费（约占 75%—80%）、国家财政补贴（约占 20%—25%）。[①]

① 参见王川《德国社会保障制度的经济学分析》，博士学位论文，吉林大学，2008 年。

从缴费情况来看，德国的缴费基数是雇佣劳动者的月税前总收入，且规定有上限和下限，由联邦政府按照上一年度职工税前收入水平综合确定。法定养老保险费在税前缴纳，免征个人所得税。月税前总收入低于下限者和高于上限者可自愿参加法定养老保险，参保者可选择上下限之间任何一个数额作为缴费基数缴纳保险费。

从给付情况来看，参保人退休后领取的法定养老金数额，与参保人工资点数、实时养老金值和类型指数相挂钩：工资点数为参保人在职时每年的缴费工资与社会平均工资比值之和，反映参保人的相对收入状况，参保人缴费工资越高、缴费年限越长，折算的工资点数就越高；实时养老金值与上两年社会平均工资、缴费率以及人口结构变化等因素相关，具体数额由联邦政府确定；类型指数反映了参保人的身体及家庭状况，基准数为1.0，对部分丧失劳动能力和遗属的指数会有一定程度的减小。德国法定养老保险的具体保障项目的领取资格分为不同类别，领取常规养老金的最低缴费年限为5年，而领取失业养老金的最低缴费年限则为15年。德国法律对免除缴费时间作了明确规定，怀孕或产假、照料孩子、因病丧失或恢复工作能力、职业培训及求职等期间均可享受免缴保费待遇。

从管理机构来看，2005年对法定养老金管理机构改革之前，德国养老保险的经办机构非常碎片化和分裂化。一方面，矿业、铁路、航海行业有自己独立的经办机构；另一方面，职员和工人的养老保险机构相互区分，前者由联邦层面的经办机构负责，后者由地区性的机构负责，数量和规模难以统一。2005年改革之后，德国法定养老保险的管理组织精简为14个地区性经办机构和2个全国性经办机构，共16个经办机构构成了养老保险联合会。德国养老保险联合会主要具有以下职能：分配养老保险缴费收入和联邦补贴、管理可持续储备金、统一发放部分资金、监督经办机构养老资金往来，建立养老金管理数据库等。①

（2）“第二支柱”企业养老保险。此类养老保险建立在资本积累模式的基础上，政府制定相关法律的目的在于引导而非强制。作为一种自愿性养老保险，员工有权将自己的部分劳动收入用于建立企业养老保险，企业也有权决定是否给予员工养老保障。因此，企业养老保险可以由企业或者

---

① Tanja Klenk，Innovation und Kontinuität：Die Organisationsreform in der gesetzlichen Rentenversicherung，1. Aufl（2008），S. 129.

员工某一方缴纳费用，也可以由双方缴纳。2001 年《养老金改革法》中对退休基金、税收优惠政策和监管机制进行制定和完善。2005 年《养老金收入法》对于企业年金的五种形式在税收上统一规定为递延形式，即缴费阶段免税、给付阶段征税。通过一系列的政策，德国政府已经基本建立了相对完善的企业养老保险体系，以吸引员工参保。①

根据实施方式的不同，企业养老保险主要有直接养老金承诺、直接保险、Pensionskasse、养老金基金、援助基金等，大致情况如下。②

直接养老金承诺：企业承诺给员工提供退休后的养老金保障，在本企业的资产负债表中计提部分准备金（企业可免除所得税），员工在领取保险金时按照当时的工资所得税率缴纳个人所得税。因为是企业的主动承诺，所以经办机构是企业本身，不受德国联邦金融监管局（BaFin）监管。

直接保险：企业是投保人，员工是被保险人和受益人。受到 BaFin 的监管和严格限制。

Pensionskasse：Pensionskasse 是一个特殊的人寿保险公司，可以经办企业养老保险。由该公司办理企业养老保险的企业或员工，缴纳的保险费用有一定的税收减免。受 BaFin 监管和限制。

养老金基金：这种基金通常以股份有限公司、共同基金等独立的法人形式存在，可以由企业、机构等出资成立，募集的资金可以自由地投入资本市场进行运营。不受 BaFin 监管。

援助基金：这种基金一般以协会等独立的法人形式存在，管理员工、企业缴纳的费用并为员工提供养老金服务。企业和员工缴纳的全部费用均有所得税减免，无减免上限。不受 BaFin 监督，募集的资金可以自由运营。

对于上述不受 BaFin 监管的几种企业养老保险，在无力支付保险金保障的情况下，德国养老保险协会将会代为承担保障责任。企业养老保险与法定养老保险可以兼容，所以一定程度上缓解了法定养老保险对国家的财

---

① 参见于秀伟《从三支柱模式到三层次模式——解析德国养老保险体制改革》，《德国研究》2012 年第 2 期。

② 参见郑培军《德国养老保险制度介绍及对我国的启示》，《清华金融评论》2017 年第 S1 期。

政压力。

（3）“第三支柱”私人养老保险。此类养老保险泛指由商业机构提供的各类养老保险产品。由投保人根据自愿原则自行选择保险机构和保险种类，所有费用也由本人承担。目前德国国内比较典型的私人养老保险有李斯特养老金、吕鲁普养老金等，其中李斯特养老金因其独特的产品类型和良好的优惠力度吸引了不少投保人的关注。

2. 医疗保险

德国医疗保险由法定医疗保险、私人医疗保险和特殊人群医疗保险构成，其中法定医疗保险具有强制性，后两者为自愿的辅助体系。截至2010年年底，德国法定医疗保险已经覆盖了85%以上的国民，另有10%的国民加入私人医疗保险，军人、警察等特殊人群享有专门保险体系。① 根据德国政府规定的收入标准，低于最低收入标准的人必须强制参加法定医疗保险。通常情况下，公司雇员及其家属、退休人士、大专院校学生、农民及其家属、艺术工作者、失业人员以及其他根据法律可获得法定医疗保险者都可以参加法定医疗保险。在德国留学的外国学生和在德国工作的外国公民也可参加。政府公务员和自由职业者不需要强制参加法定医疗保险，无论收入多少都可参加私人医疗保险。自由职业者如果在以前曾经通过工作或者作为家属参加过法定医疗保险，也可以重新选择加入法定医疗保险。

法定医疗保险的保障主要包括：医生服务（普通和专科医生门诊）；医院门急诊和住院医疗；牙科医疗；精神疾病医疗；处方药和辅助医疗品、生育、患病津贴、康复医疗等。除了医疗服务外，法定医疗保险项目还包括：各种预防保健服务，例如儿童预防保健、预防免疫、定期牙科检查、慢性病检查和筛查、癌症筛查等。保险费根据德国政府统一规定的个人收入比例计算，收入越高，保险费越高。法定医疗保险是以家庭为基础的。当员工按工资比例缴纳保险费后，其配偶和未成年的子女如果没有收入或者收入很低，可作为家属免费参加员工的法定医疗保险，不需缴纳保险费。

私人医疗保险由个人根据自己的实际需求进行参保，是对法定医疗保险的补充，在医疗保险体系中起辅助作用。德国的工作人群可以根据自身

① 参见王川《德国社会保障制度的经济学分析》，博士学位论文，吉林大学，2008年。

的经济收入和喜好，自由地在法定医疗保险和私人医疗保险中选择，也可以在参保法定医疗保险的基础上，再选择私人保险中的补偿保险险种。

3. 护理保险

德国长期护理保险体系分为社会性基本护理保险和商业护理保险，可以根据自身收入情况进行选择。长期护理保险制度属于强制性保险，附随医疗保险参保。这意味着，除了参加工作的人群可以自行选择购买基本护理保险或商业护理保险以外，其他人群强制性参保。

社会性基本护理保险，是强制收入低于一定水平的人群参保的现收现付制模式的保险制度。保险费用由国家、企业和个人三方承担，且由于此种保险更加重视居家护理服务，投保人数还在逐年上升。

商业护理保险，是面向收入水平超过一定水平的人群，采取预付基金制度的一种商业保险。目前使用此种保险的人数约占 10%。根据德国法律规定，保险缴费率受被保险人的年龄影响，需要考虑个人最高可获偿付金额、风险附加保费等因素。保费随工资增加而增加，但有最高额度。性别不影响保费，男女相同。提供商业护理保险的公司必须设立互助补助金，以应对刚投保就需要护理服务的特殊人群的情况。商业护理保险的投保人数比例近年来开始出现下降趋势。

上述两种护理保险都属于德国长期护理保险体系，提供的长期护理服务主要有两种：居家护理和机构护理。①

居家护理，是由被保险人的亲友或者专业护理人员提供基础护理和家务帮助的护理方式。包括非正式护理服务和专业家庭护理机构上门服务两种形式。非正式护理服务主要由亲友提供，受服务者根据自己的意愿从护理机构选择一定的资金或者实物作为护理费用。值得注意的是，亲友、被服务者、机构之间无雇佣关系，支付的费用仅为补偿性质。非正式护理服务更注重鼓励家人和朋友参与到护理中。专业家庭护理机构上门服务，是由护理需求者自行寻找护理机构上门服务，护理机构向护理保险机构结算费用。

机构护理，是由专业护理机构派遣专业护理人员提供服务的护理方式，分为半机构护理和完全机构护理。半机构护理，通常适用于居家护理

① 参见郝丽燕、杨士林《德国社会护理保险制度的困境与未来发展方向》，《德国研究》2015 年第 2 期。

不足，而需求者又不满足申请完全护理条件的情况。申请者可以选择某一时段接受服务，在此过程中产生的医药费由保险机构承担，食宿费等其他费用自理。完全机构护理，一般面向护理等级三级及以上的人群，申请者需要接受医疗机构的审核，通过审核后才能得到服务。

目前德国的护理等级正在由原本的三级向五级更细化分级过渡，一级至五级依次为自理能力和身体情况不受影响、受轻微影响、受明显影响、受严重影响、受到最严重影响，具体依据六个因素进行评估：移动能力、认知和沟通能力、行为与心理能力、自理能力、应对与独立处理由疾病或治疗产生的需求和压力、安排日常生活与社会交往。不同等级对应不同的护理服务内容，以便相关人员和机构提供更精准的服务。① 总体而言，德国护理体系主要体现两个原则："预防先于看护"和"居家护理先于设施内护理"，目的是尽可能帮助护理需求者恢复生理和心理的健康。在无法恢复的情况下，也优先鼓励亲友参与护理，以减少孤独感，提高生活质量。

（二）形成原因

第一，严重的老龄化问题。20 世纪 90 年代的德国已经开始面临严重的老龄化趋势，1995 年德国 60 岁以上的人口达到了总人口的 21%左右，有学者预估 2030 年时该比重将增至 36%。② 庞大的老龄人口使德国政府不得不考虑构建合理的医养体系。

第二，"社会团结"社会理想的影响。作为德国的传统社会理想，"社会团结"理念认为社会的每个成员有责任为彼此的福利承担一定的责任。德国 1961 年《联邦社会救助法案》等社会保障和救济相关的法律法规依然只局限于保障少数人的福利，与"社会团结"存在着根本的矛盾，推出新社会保障体系势在必行。③

第三，各利益团体的冲突和妥协。19 世纪德国开始了工业化进程，

① 参见陈诚诚《德国长期照护保险制度的特色及改革动态》，《中国医疗保险》2014 年第 12 期。

② Max Geraedts, Geoffrey V. Heller & Charlene A. Harrington, "Germany's Long-term Care Insurance: Putting a Social Insurance Model into Practice", *The Milbank Quarterly*, Vol. 78, No. 3, 2000, pp. 375-401.

③ 参见郝君富、李心愉《德国长期护理保险：制度设计、经济影响与启示》，《人口学刊》2014 年第 2 期。

工人人口迅速增加，工会势力日益庞大。时任首相俾斯麦为了缓和政府和工会之间的矛盾，初步建立了由政府全面管控的社会保险制度。然而这与工会强烈的自治诉求相冲突，劳资政多方利益团体在不断的博弈之后，最终相互妥协确立了由劳资合作出资和管理的养老保险制度。①

（三）利弊分析

1. 优点

第一，公平原则的体现。具体体现如下：其一，在养老金待遇与缴费挂钩的制度设计上，德国的基本养老金金额与参保人的缴费基数和缴费年限同时挂钩，充分体现了参保人权利与义务的对等和多缴多得、长缴多得原则。其二，德国法律规定任何医疗保险机构不得对参保人的年龄、身体状况等情况加以限制，所有参加法定医疗保险人员的家庭和未成年子女自动成为被保险人，无须缴纳保险费。医疗保险费按个人的工资的一定比例缴纳，只要缴纳了该比例数额即可享受医保待遇。这些都体现了社会公平原则。而且，政府的主要职能定位为监管、鼓励医疗保险机构自由竞争、自主经营。在自负盈亏的情况下，医疗机构提供的服务质量更好，更契合投保人的利益需求，这又充分体现了对效益的追求。其三，护理保险以国民收入为划分标准，而商业护理保险缴费率受被保险人的年龄影响，考虑个人最高可获偿付金额、风险附加保费等因素。保费随工资增加而增加，但有最高额度，且性别不影响保费标准。可见，医养体系的养、医、护三个方面均有公平原则的体现，尽可能排除特权因素影响，而将个人收入水平作为主要的缴费衡量标准。

第二，主次分明、自由选择。养老、医疗、护理三类保险的共同点是，均设置了一个主要、强制、基础的险种，用以保护国民最基本的权利和生活水平。在此基础上，提供了多种价格和服务的险种，使资金宽裕的国民有机会根据自身实力和需求提升自己的生活保障质量。

2. 缺点

第一，政府医养收支不平衡。由于人口老龄化的影响，德国各类社会保险缴费人数不断减少而领取人数则不断增加。在目前医养体系主要采用现收现付制这种以支定收的模式下，政府只能通过不断提高缴费额和加大

---

① 参见［德］米夏埃尔·施奈德《德国工会简史》，张世鹏译，中国工人出版社 1992 年版，第 40—43 页。

联邦补贴来维持收支的横向平衡。这导致联邦政府背负着沉重的财政压力。

第二，人口结构的变化对现有体系产生冲击。一方面，20世纪70年代开始不断下降的出生率和国民人均寿命的不断延长导致德国老龄化现象逐渐严重。而且，各类医养补贴和护理费用的大幅增加也动摇了政策的稳定性。另一方面，由于保险费用主要由个人收入水平决定，而劳动人口数量减少，即国民总收入减少意味着保险收入的主要来源减少，直接对保险金的储备产生不利影响。简言之，现行医养体系的有效运转正在受到挑战。

二 瑞士

（一）基本模式："三支柱"养老保险+医疗保健服务

1. "三支柱"养老保险体系

目前瑞士的养老保险制度是根据世界银行所提出的"三支柱"理论设计的，包括基本养老保险、企业职工保险和个人养老保险。

"第一支柱"基本养老保险是强制性保险，目的是为老人、遗属、伤残人士提供最低生活保障。对象包括：所有在瑞士工作的人（含外籍劳工和不在瑞士居住但在瑞士工作的人）、所有在瑞士居住的人（含儿童和非从业人员）。根据瑞士法律规定，无业人员年满20周岁开始缴纳保险费，至官方规定的退休年龄为止；从业人员年满17周岁开始缴纳，保险费由雇主和雇员各负担50%。

"第二支柱"企业补充养老保险的对象是年收入超过最低标准线的受雇佣者，保险费从24周岁开始缴纳。雇主和雇员共同承担费用，但雇主至少应承担50%。这种保险对于自雇者、失业者、残疾人和短期受雇者是非强制性的。瑞士法律根据年龄、性别的差异对此种保险的缴费率进行了区分：7%（25—34岁）、10%（35—44岁）、15%（45—54岁）、18%（男性55—65岁、女性55—65岁），投保年收入的上下限也有所限制。企业职工保险由多个不同的基金管理组织进行管理，企业、雇主必须加入其中的一个组织。①

① 参见黄俊星、韩清明《瑞士养老保险体系运行实践及对我国的启示》，《保险职业学院学报》2011年第3期。

“第三支柱”个人养老保险是上述两种保险的补充，在瑞士居住的人可以自愿参加。目前瑞士政府采取减免税的方式鼓励居民参保个人养老保险，希望借此缓解未来老龄化的巨大压力。

2. 医疗保健服务

瑞士全民医疗保险最大的特点，就是没有政府出资支持的医疗保险，而由80余家相互竞争的商业医疗保险机构支撑整个体系。1996年，瑞士医改的要点是赋予医疗保险强制性，未购买医疗保险的人会被登记和处罚。[①] 虽然属于强制性的商业保险，但是政府规定商业保险公司不可以从这种基本福利套餐中营利，而只能通过其他补充项目获利。具体来说，医疗保险公司的套餐基本相同，主要包括三个方面：其一，只要医疗保险计划认为处方合理即可纳入；其二，套餐中有一个“肯定目录”，在目录上的药品会被保险覆盖；其三，瑞士国家卫生权威机构将决定有争议的药品或服务是否可以进入“肯定目录”。

（二）形成原因

第一，人口老龄化现象严重。自20世纪80年代以来，瑞士就已经达到深度老龄化程度。根据经济合作与发展组织（OECD）的统计数据，2003—2013年，瑞士65岁及以上的人口比例从15.66%增长至17.60%，近两年该比重已经超过18%，处于稳步增长的阶段。[②] 尽管瑞士推出的移民政策一定程度上缓解了劳动力短缺的问题，但是仍然很难改变瑞士人口老龄化的趋势。

第二，社会的强烈呼声。为了保障老人最低生活的需要，1912年《瑞士养老保障提案》交由议会审议，标志着养老体系的开始建立。1925年养老保障写入《宪法》。1947年瑞士全民公决以高达80%的赞成票通过了基本养老保险草案，并于1948年1月正式实施，自此现代养老保险制度在瑞士正式确立。[③]

第三，他国的经验借鉴。1911年，瑞士吸取了德国的先进经验，确

① Yves Eggli, et al., “Heterogeneity in the Drivers of Health Expenditures Financed by Health Insurance in a Fragmented Health System: The Case of Switzerland”, *Health Policy*, Vol. 123, No. 12, 2019, pp. 1275-1281.

② 参见经济合作与发展组织（OECD）官方网站：https://data.oecd.org/pop/elderly-population.htm#indicator-chart，2019年11月20日访问。

③ 参见韩宝磊《瑞士养老保障制度及其特点》，《国际资料信息》2009年第2期。

立本国的医疗保险制度，在国民健康保障方面取得了积极成效。但是20世纪70年代开始的人口结构变动、医疗技术迅速发展、国民医疗健康意识提高等社会现象，大大增加了瑞士政府在医疗卫生方面的支出，导致财政不堪重负。1996年，瑞士开始健康保险体制改革，全面实施联邦健康保险法，并逐渐形成了现在的强制性商业和社会医疗保险体系。

（三）利弊分析

1. 优点

第一，义务参保、覆盖率广。一方面，瑞士三支柱养老保险制度保证了社会全体成员可以享受最基本的养老保障。三大支柱相互支撑、相互补充，目标由低到高非常明确：保障基本生存、保持退休前后的生活水平差距不大、提供更高的养老保障。其中最低限度保障的第一支柱基本养老保险为义务参保，对象尽可能覆盖了绝大多数国民。另一方面，全民医疗保险特别规定对未参保人员施以记名处罚措施，使全体居民的最基本医疗资源受到保障。

第二，法律和监管相对完善。瑞士医养保险有联邦层面的宪法法条、法规等进行规定，各州也相继出台了适应本州实际情况的补充规定。各个层面的法律规范为医养体系提供了切实的保障。在监管方面，虽然体系内部更强调无政府补贴的商业保险险种自由竞争，以便提高医养服务的整体质量和效率，但瑞士政府也设立了权责分明的机构对整个体系进行宏观上的监管，以把控发展的整体方向。

2. 缺点

第一，财政压力加重。瑞士的养老保险面临的问题也是众多老龄化程度严重国家的通病，即老年人口的相对比例不断增加，导致养老保险资金储备不足，政府财政压力巨大。为了缓解这一问题，迄今为止瑞士已经进行了2006年、2007年、2012年三次大型改革，做出提升退休年龄、提高缴费率等措施，但是“三支柱”养老体系仍然面临着严峻的挑战。

第二，医养数据不足。瑞士目前还没有相对成熟的机构专门统计患者安全、医疗质量、成本效益等数据并做出分析，导致制度优劣不能通过最直接的数据展现。此外，根据瑞士前卫生部部长的分析，瑞士的医疗系统有三大缺陷：一是在预防和健康促进方面做得不足；二是医疗质量缺乏透明性；三是各州独立管理自己的医疗系统，使整个医保体系非常复杂。①

三　瑞典

（一）基本模式："三支柱"养老保险+居家养老与机构养老

1. "三支柱"养老保险体系

瑞典经过养老服务市场化改革后，形成了如今的"三支柱"养老保险体系。第一支柱是"保障养老金"（GP），第二支柱是名义账户养老金，又称为"收入养老金"；第三支柱是实账积累制养老金，又称为"费用养老金"。② 基本特点如表 3-1 所示。

表 3-1　"三支柱"养老保险体系表

"三支柱"	保障养老金（GP）	名义账户养老金	实账积累制养老金
待遇结构	定额、家计调查性	缴费确定型（DC）	缴费确定型（DC）
资金来源	税收	缴费	缴费
资金管理模式	现收现付	现收现付	完全积累

在"三支柱"养老保险体系中，名义账户制，又称为名义缴费确定型养老金制度（Non-financial Defined Contribution，NDC），是瑞典最具代表性的一种养老服务模式。它将积累制与现收现付制、缴费确定型（DC）与待遇确定型（DB）进行了融合。在融资模式方面，名义账户实行现收现付制，即当期参保者的缴费直接用于当期退休者的养老金支付，个人账户中没有实际的资金积累；在给付方式方面，退休者的养老金数额按照个人账户缴费的名义积累额与资金收益之和进行支付；在运作管理模式方面，名义账户中不需要实际资金的积累，但是其名义资金积累金额是账户持有人退休时领取养老金的标准；在资金来源方面，养老金来源于工薪税，由雇主和雇员共同缴纳，总缴费率为 18.5%，其中 16%进入 NDC 现收现付账户，用于支付当期退休人员的养老金，2.5% 进入完全积累制的个人账户，用于市场投资。

---

① 参见郑宗美《瑞士：全民医保的商业化路径——专访瑞士前卫生部部长汤玛斯·仁特纳》，《中国医院院长》2010 年第 18 期。

② 参见丛春霞、邵大妞《完善养老金个人账户——瑞典的经验及启示》，《社会保障研究》2018 年第 5 期。

2. 居家养老与机构养老

为了减轻政府的养老压力，适应社会老龄化的严峻形势，瑞典政府大力推行居家养老服务模式，提倡“就地养老”。在居家养老模式下，老人的家庭成员在养老服务中占据了非常重要的地位。为了表示对家庭成员照料老人的鼓励和支持，政府为符合一定条件的居家照料者提供资金援助，为照料特殊老年人的家庭成员提供专业咨询。当居家照料者因特殊原因实在无暇照料老人时，政府在养老机构或老年人家中为老年人提供多样的、临时性的看护和服务。在瑞典，只有当老年人完全无法在家享受居家养老服务时，才会移居至养老院或老人公寓接受机构养老服务。

瑞典的“机构养老”根据养老服务对象身体健康状况的不同分为“养老院养老”和“老人公寓养老”。养老院的服务对象主要是基本丧失或完全丧失自理能力的老年人，服务内容包括专业的生活照料服务、医疗康复服务和临终关怀服务。老人公寓是由地方政府筹资兴建的养老机构，其主要针对能够自主生活的老年人，由专业人员根据需求的不同提供分类照护服务。

据统计，瑞典87%的养老服务由营利组织提供，仅10%的养老服务由非营利组织提供。在所有提供居家养老服务的私营组织中，93%是营利企业；在所有私营养老机构中，营利企业所有的养老院占86%。[①] 由此可见，营利性组织在瑞典养老服务市场上占据主导地位，仅在机构养老和居家养老中的分布比例略有不同。瑞典的养老服务资金绝大部分来自税收，用户仅需支付一小部分（4%—5%），大部分成本（85%—90%）由市政税支付，国家税用于支付老年照料的其余成本（约10%）。[②]

（二）形成原因

第一，人口老龄化的压力。老年人口的不断增加使得瑞典成为欧盟国家中老龄化最严重的国家，根据经济合作与发展组织（OECD）的统计数据，2003—2013年，瑞典65岁及以上的人口比例从17.16%增长至

① 参见钟慧澜、章晓懿《从国家福利到混合福利：瑞典、英国、澳大利亚养老服务市场化改革道路选择及启示》，《经济体制改革》2016年第5期。

② 参见国务院发展研究中心社会部课题组《养老服务体系发展的国际经验与中国实践》，中国发展出版社2019年版，第206—210页。

19.91%，[①] 预计这一数字还会持续增长并在2050年时达到23.6%。随着养老服务质量的不断提高，老年人的生活水平也有了很大的改善，瑞典的人口预期寿命不断延长，女性平均83.7岁，男性平均80.1岁，这意味着每个老年人需要养老服务的期限延长。将市场化机制引入养老服务体系中在一定程度上缓解了养老服务资源匮乏的难题。

第二，福利政策。长期以来，作为一个高福利国家，瑞典的养老服务一直实行“全民参与、平等分享”模式，政府在养老服务方面占据着主导地位。然而，养老服务的迅速发展增加了瑞典政府在养老服务方面的财政压力，经济危机的来临更是给瑞典政府带来了巨大的挑战。为了减轻政府的财政负担，瑞典近年开始实行养老服务市场化改革，构建了一套新的“三支柱”养老金体系，推出名义账户制的新型养老模式，让个人及其雇主承担了更多的养老责任，以应对政府面临的经济难题。

第三，效率的损失。从国民角度而言，瑞典的社会养老保险制度是一项成本不高的制度，它以较低费率为有养老需求的人提供了较高的保障水平。瑞典养老服务体系中待遇与缴费之间的关系模糊不清，一方面会产生不合理的代内再分配；另一方面会形成“税收楔子”造成“福利损失”，从而导致劳动力市场的扭曲和效率的损失。[②] 名义账户制有利于改善效率，实现在人口老龄化环境下的长期财务平衡。

第四，政党的更替。瑞典社会民主党于1932年上台执政，在其后的绝大多数时间里，其始终作为瑞典的独立执政或领导执政党。在社会民主党的自由、民主、平等、团结等基本价值观下，瑞典成为典型的高福利国家。1991年四党组成的自由保守联合政府取代了社会民主党的执政党地位，新政府上台以后提出要对瑞典的养老服务体系进行结构性改革。1992年养老服务改革框架出台，1994年改革方案正式颁布，1996年开始执行改革方案，1998年以名义账户制度为核心的新养老服务制度通过立法并获推广，从而取代了原来由基本年金、补充年金和部分年金构成的养老保险体系。

---

① 参见经济合作与发展组织（OECD）官方网站：https：//data.oecd.org/pop/elderly-population.htm#indicator-chart，2019年11月19日访问。

② 参见李珍、周艺梦《社会养老保障制度的“瑞典模式”——瑞典名义账户制度解决了什么?》，《经济学动态》2010年第8期。

（三）利弊分析

1. 优点

第一，有利于实现长期财务平衡。瑞典的名义账户制注重精算性，包括收入指数、继承所得、管理费用、平衡比率、自动平衡机制和年金除数等精算要素。其中继承所得提高了养老金提供款项的效率，减少了效率的损失；管理费用的精算有利于控制名义账户的成本；平衡比率可以衡量自动平衡机制是否激活，同时发挥预警作用；自动平衡机制用平衡指数衡量的记账利率代替收入指数衡量的记账利率，推动名义账户制度的资产和负债趋向平衡；年金除数有利于科学计算养老金的数额。[①] 在各精算要素的综合作用下，效率损失得以减少，保证了长期财务的稳定性和平衡性。

第二，公平性的提升。在名义账户制度下，收入指数、平衡比率、自动平衡机制和年金除数的精算化使国民能够充分有效地享受到经济发展的成果，并使代际形成更加公平的地位；继承所得体现了名义账户制度中同一年龄阶段的参保者之间的互助共济。名义账户制度的各个要素提升了代际、同代人之间的公平性。

第三，加强工作激励。在名义账户制度下，个人工作时间越长，缴纳的保险费用越多，其最终获得的养老金数额越高。而且，瑞典还实行了延长退休制度，个人可以在达到 61 岁的最低退休年龄后，自愿决定领取退休金的年龄。这种累积式的养老金制度会激励人们延长工作时间、推迟退休年龄，从而有利于增强市场劳动力的流动性，增加社会的劳动力资源。

2. 缺点

第一，再分配性质减弱。名义账户制注重个人缴费和劳动力激励，但是其不利于不同收入群体之间的收入再分配。与传统的养老保险制度相比，名义账户制的再分配性质减弱。在该制度下，低收入群体可能面临养老保障不足的困境。瑞典名义账户制度通过“精算公平”将个人收入在一生内进行了平滑分配，加重了个人的养老责任，因此并不能够实现财富在不同收入群体之间再分配的功能，不利于缩小贫富差距。

第二，成本高、收益低。与传统的养老保险制度相比，名义账户制度在大幅提高个人缴费水平的同时，降低了养老金待遇水平，减少了保障项

---

① 参见郭林、邓海骏《公共养老金个人账户制度嬗变的政治经济分析——来自新加坡、智利、瑞典和拉脱维亚的经验》，《经济学家》2013 年第 8 期。

目。在高成本投入的前提下，个人的养老待遇却被减少，不利于调动人们参与该保险的积极性。

四　日本

（一）基本模式：医疗保险+公共年金+介护保险

1. 医疗保险

1922 年，日本建立了本国第一个社会保险制度——健康保险制度，规定员工数为 10 人（后改为 5 人）以上的单位必须参加该保险。1938 年建立了国民健康保险制度，将农民等个体经营者涵盖到医疗保险的范围内，但当时采取自愿加入原则。1956 年，日本自由民主党政府表示要在未来四年内使全体国民加入医疗保险。1958 年，国民健康保险法案通过审议，其中使保险强制化的内容受到了肯定，并于 1959 年 1 月 1 日开始实行。①

虽然医疗保险由厚生劳动省统一管理，但具体承保机构的种类是根据被保险人的职业类型来划分的。比如普通企业员工一般加入健康保险，私营业主和自由职业者参保国民健康保险，公务员加入共济组合，退休人员参保市村町国保。②

与中国社保医疗报销制度类似，日本社保医疗的报销比例也是根据参保人年龄来划分。③ 但不同的是，由于日本目前有一部分“团块群体”（即 20 世纪 40 年代出生的群体）的年金收入较高，考虑到社保给付的公平性问题，医疗报销还设定了年收入限制条件，主要分为以下四档：

A. 义务教育就学前（未满 6 岁）的参保人，报销 80%；

B. 入学后（6 岁）到 69 岁，报销 70%；

C. 70—74 岁，报销 80%，但所得金额达到政府规定的水平，则报销 70%；

D. 75 岁以上，报销 90%，但所得金额达到政府规定的水平，则报销 70%。

---

① 田多英范、郭晓宏：《日本的全民医疗保险与全民年金体制》，《社会保障研究》2005 年第 2 期。

② 福井唯嗣「協会けんぽ財政の将来推計」京都産業大学編『京都産業大学論集　社会科学系列』第 32 号（2015 年）85 頁以下。

③ 李忻「国民皆保険としての日本の医療保険制度の財政構造と課題」日本福祉大学編『日本福祉大学経済論集』第 50 号（2015 年）29 頁以下。

应注意的是，这里的70岁等年龄以2014年4月为限，2014年4月前就已经达到70岁的，按照D规格进行报销；在2014年4月之后才达到70岁的，按照C规格进行报销。

另外，还存在着面向65岁以上群体的高龄保险制度。日本把65—74岁的老人称为前期高龄，75岁以上的则划分到后期高龄。高龄群体一般参保市村町国保，其医疗给付金主要来源于中央和地方的财政拨款以及在职职工参保的健康保险组合等社保医疗机构划拨的高龄医疗援助金，所以医疗费用主要由财政负担。考虑到75岁以上老人的医疗费用支出占比最大，日本政府还单设了“后期高龄者医疗制度”，专门针对75岁以上的后期高龄者。① 不过和中国社保医疗制度不同的是，日本高龄群体退休后虽然享受较高的医疗报销，但仍需缴纳一定保险费。

2. 公共年金制度

公共年金制度，又称公共养老保险制度，是指将现役人群缴纳的保险费以年金的形式支付给退休老年人的一种制度。其核心思想是“不同年代人群的相互支撑”，主要由覆盖20岁以上60岁以下人群的国民年金和覆盖全体公司职员的厚生年金构成。日本奉行“全民皆年金”，所以公共年金具有“税负”一样的强制性。一般来说，日本公共年金主要有国民年金、厚生年金、共济年金等。在2015年进行一元制改革后，共济年金和厚生年金并轨，所以目前公共年金大致可以分成两大层次，即国民年金和厚生年金。

“第一层次”国民年金的对象是在日本国内有住所的20岁以上60岁以下的所有人群，可以以老龄、生活困难、死亡等原因领取基础年金。国民年金将上述人群具体分成了三类，即第一号参保者、第二号参保者和第三号参保者，并规定了各自缴纳保险费的方式：第一号参保者，主要是农民、学生、自由职业者、无业人士等，由本人亲自用现金、账户转账等方式缴纳保险费。第二号参保者，是参加了厚生年金的企事业员工（65岁以上除外）。厚生年金的保险费中包含了国民年金的部分，也即参加了厚生年金视为自动加入国民年金。厚生、共济的各项制度也为国民年金制度筹集了基础年金。第三号参保者，是第二号参保人的配偶（20岁以上60岁以下），

① 加藤英一「後期高齢者医療制度の負担に対する公平性」日本保健医療社会学会機関誌編集委員会編『保健医療社会学論集』第27巻2号（2017年）48頁以下。

但是年收入超过130万日元不属于此类，应当归于第一号参保者。①

“第二层次”厚生年金保险的参保人是通过厚生年金制度参保国民年金的第二号参保者，老龄后在领取国民年金的基础年金的同时，会在此基础上享受厚生年金。

通过上述方式，公共年金制度向日本国内居住的20—60岁人群征收保险金，再以年金的形式支付给老年人，从而保证了年金在不同年龄人群之间的流通。除了上述的国民年金和厚生年金这两种公共年金以外，还有非公共养老金，其主要由企业自主运营，公民自愿参加，也被称为“第三层次”。

3. 介护保险

日本的介护保险制度将40岁以上的群体（日本人、在日外国人）作为筹资对象，40岁以下的人不可参保。65岁为“第1号被保险者”，40—64岁为“第2号被保险者”。前者的保险费用从退休金中扣除，后者的保险费用由用人单位代为扣缴后与医保费用一起缴纳。享受介护保险服务原则上必须是达到65岁的“第1号被保险者”，但是，对于未满年龄的“第2号被保险者”，如果患有特定的15种疾病，可以享受介护保险服务。

介护保险服务根据被保险人的身体状态，规定了7种“介护等级”：要支援1—2级、要介护1—5级。介护服务的类型大体上分为居家介护服务和设施介护服务两种。居家服务包括上门护理、上门康复诊疗、居家疗养指导、日间介护护理、日间康复诊疗等形式。设施介护服务是指老年人入住专门的介护保险设施来接受介护服务。分级可以避免介护程度低的老人支付不对应的费用，也可以合理避免介护资源的浪费。如表3-2所示，介护程度逐渐升高，服务覆盖面逐级扩大。②

表3-2　日本介护等级

介护等级	被保险人的身体状况
要支援1级	日常生活的大部分可以自理，仅一部分需要帮助
要支援2级	日常生活行为能力弱，需要帮助
要介护1级	身体局部需要介护

① 崔万有：《日本社会保障研究》，博士学位论文，东北财经大学，2007年。

② 厚生労働省老健局「公的介護保険制度の現状と今後の役割」（2018年），https://www.mhlw.go.jp/content/0000213177.pdf，2020年3月28日访问。

续表

介护等级	被保险人的身体状况
要介护2级	日常生活和坐立需要介护
要介护3级	日常生活和坐立不能自理
要介护4级	日常生活和坐立不能自理，患有轻微的认知障碍
要介护5级	日常生活和坐立完全不能自理，患有严重的认知障碍

根据被保险人居住地的行政划分（都道府县、政令市、中核市为一类、市町村为一类）的不同，介护服务和介护设施也有所不同。介护服务申请的流程和手续非通用，需根据使用者的身份、申请的保险服务等级等具体情况，适用相对应的手续和结果。

对于被保险人“要介护”和“要支援”的认定非常严格，分两次认定程序：一次判定基于市町村的认定调查员对被保险人的身心状态调查结果和主治医师诊断书进行电脑判定。二次判定是由介护认定审查会对一次判定的结果进行审查。

介护费用是由50%保险金和50%国家公费支出构成。① 介护评估等级为要支援1级、要支援2级的老人，介护保险只给予报销上门居家养老服务项目和日间照料项目；要介护1—5级可以报销另外机构的养老服务。不同服务和等级有相应的介护保险费用支付上限，超出限额的部分由被保险人承担。介护费用的90%（所得金额达到一定程度者则为80%或70%）从保险费扣除，原则上剩余的10%（上述所得金额达到一定程度者则为20%或30%）由被保险人支付。此外，享受设施介护服务的被保险人需要支付相应的伙食费、住宿费、床位费等。

（二）形成原因

第一，极其严重的老龄化情况。根据2019年世界银行数据，目前日本是全球人口老龄化最严重的国家，65岁以上人口比例达到27%，排名世界第一。② 作为“超老龄化”国家之一，日本很早就开始重视养老产业，形成了相对完善和领先的医养制度。

第二，社会团体的影响。1939年日本制定了船员保险制度，其中包

① 参见詹祥、周绿林等《日本老龄介护保险的创新改革及挑战》，《中国卫生事业管理》2017年第2期。

② 世界银行：https：//data. worldbank. org. cn/，2020年3月28日访问。

含了短期支付项目（医疗保障）和长期支付项目（年金保障）。1941 年又创立了劳动者保险制度，并于 1944 年改名为厚生年金保险制度，这也是现在厚生年金的雏形。20 世纪 50 年代，战后日本经济得以复苏，社会保障制度的建设提上日程。社会上农林渔业团体、中小企业政治联盟等群体的活跃和对现有制度的抗议促使国民年金制度的建立。在全民医疗保险计划的背景下，1958 年厚生省发表了有关筹资制国民年金的法案，次年审议通过，1961 年正式实施。[①] 法案中规定了未参加其他年金保险制度的 20—59 岁公民必须参加该年金制度。所有公民都被强制性加入年金保险，自此公共年金的全民性实现了。

第三，经济发展与社会保障的矛盾。20 世纪 90 年代，日本经济发展停滞，财政收入减少，而社会福利支出费用逐步增加、入不敷出。另外，由于护理设施的匮乏，老龄人群大量住院以寻求介护服务，造成了医疗资源的浪费。在此背景下，为了更合理地分配医疗资源、解决财政赤字问题，日本政府着手制定面向老年人的介护保险体系。

（三）利弊分析

1. 优点

第一，兼顾福利和费用。在日本保险体系中，医疗保险和养老保险是最主要的支柱，两项总和约占社会总保险费用的 85%。参保人只需支付 20%—30%的医疗费，就可以享受非常丰富的福利，伤病、死亡、生育甚至家属的医疗费和慰问费也包含在内。

第二，体系互为补充。高龄群体医疗保健制度将老人医疗独立出常规的医保体系，并配合介护保险制度，对健康老人和患病老人采取不同的社会保障政策，弥补了单一养老体系的不足。

第三，重视医养人才的培养。日本对介护人才的培养主要有两种形式。一方面，大学会开设介护服务的课程和专业，专门介护学校的发展也受到政府支持；另一方面，日本政府颁布了与介护服务密切相关的移民政策。在通过语言等级考试和一定的资历认定后，外国人士可以来到日本学习专业的介护知识，合格后才可以从事相关护理工作。由此可见，日本不仅大力推进介护人才的培养，而且对介护行业的准入也把控得较为严格，

① 参见田多英范、郭晓宏《日本的全民医疗保险与全民年金体制》，《社会保障研究》2005 年第 2 期。

这就保证了整体行业专业人员的水平和服务质量。①

第四，介护等级划分详细科学。从20世纪70年代日本政府开始计划介护保险体系，到21世纪初政策初步实行的30年间，日本政府在社会上详细调查了国内老年人口的身心情况和实际需求，并配合机构、学者的专业建议，最终推出了前述的7级介护等级。科学合理地划分更加契合本国老龄群体的需求。

2. 缺点

第一，财政负担沉重。根据日本相关法律的规定，国家报销绝大部分的医疗费用，并承担第一、二层次的国民年金、厚生年金1/3的保险费、全部行政管理费用和50%的介护保险费用。然而随着近年来日本经济的缓慢发展和日益严重的老龄化趋势，巨额的资金支出使政府背负巨大压力。长久下去介护体系整体的服务质量和可持续性将受到直接影响。

第二，受经济结构影响严重。根据上文所述，日本私营业主和自由职业者参保国民健康保险，那么当经济和就业结构发生变动时，这部分从业人员的数量易产生变动。一旦减少到一定程度，就会导致国民健康保险的参保人和缴纳费用减少，情况严重时财政会陷入困境。

第三，专业人才供给不足。虽然日本政府非常重视介护服务教育，也推出了一定的移民政策。但是由于日本国内劳动力人口不足、青年人对从事护理工作存有抵触心理、外国护理学习者语言交流障碍等因素仍然限制了从业人员的数量，目前存在严重供不应求的状况。

第二节　英美法系

一　美国

（一）基本模式：养老服务+医疗保健服务+长期护理

1. 养老服务

（1）居家养老、社区养老和专业护理机构养老

家庭成员是美国居家养老服务的主要提供者。美国政府并不直接提供

① 参见莫娇、李新平《日本长期护理保险制度的实施及启示》，《对外经贸实务》2014年第3期。

居家养老服务，而是通过购买服务或提供资金支持等方式推动社会上的企业和非营利组织为老年人提供服务，同时对难以从市场、社会组织和家庭中获得服务的低收入老年群体提供补偿性救助。[①] 作为居家养老的主要项目之一，家庭护理每年为数百万病人提供服务，其中许多人正在从急性病中慢慢康复。家庭护理为有养老医疗需求的人提供服务和支持，以避免这些人群被收容，并为家庭护理者提供喘息的机会。[②]

按照服务类别，美国的养老社区可以分为四类：独立生活社区（Independent Living Community）、协助生活社区（Assisted Living Community）、专业医疗护理养老院（Nursing Home/Skilled Nursing Facility）和持续护理退休社区（Continuing Care Retirement Community，CCRC）。这四种社区在服务对象、服务内容、收费标准等方面均不相同，老年人可以根据自己的需求选择最适合自己的社区。自理能力越差的老年人，对社区的护理程度要求越高，其所支付的养老费用也就越高。持续护理退休社区（CCRC）是美国特有的由运营商主导的复合型养老社区，主打精细化管理服务，以租赁和服务营利。CCRC 是上述四类社区中综合性程度和养老费用最高的社区，老年人在享受到更好的服务的同时，也要支付高额的费用，故 CCRC 适合家庭收入水平较高的老人。

在社区养老产业中，养老地产业是最重要的产业支柱之一。美国的养老地产业是一个完整的金融生态系统，由开发商、投资商、运营商共同构建。其中投资商以房地产投资信托（Real Estate Investment Trusts，REITs）作为主要运营模式。REITs 是一种新型融资工具，它是一种通过在公开场合发行股票或收益凭证向特定多数投资者募集资金，由专门的投资机构将募集的资金投资于房地产，并将投资收益按照一定的比例分配给投资者的信托基金。[③] REITs 最常见的经营模式有三种：净出租模式（Triple-net Lease）、委托运营模式和出租加运营模式。净出租模式是指养老地产的持有者将物业的经营出租给专业运营商，社区的运营费用、维护费用、税费和保险费均由运营商承担，养老地产持有者定期收取租赁费用。此种模式

① 参见褚湜婧、王猛、杨胜慧《典型福利类型下居家养老服务的国际比较及启示》，《社会保障研究》2015 年第 4 期。

② Ezra Golberstein, et al., "Effect of Medicare Home Health Care Payment on Informal Care", *Inquiry*, Vol. 46, 2009, p. 58.

③ 参见马智利、何婷《养老地产新型融资模式》，《浙江金融》2014 年第 3 期。

下养老地产持有者收益稳定、风险低，租金收益可达到50%以上，美国三大REITs公司之一的HCP公司即采用此种运营模式。[①] 委托运营模式是指养老地产持有者将物业的经营出租给运营商，运营商每年收取运营收入的5%—6%作为管理费用，经营风险由持有方承担。此种模式下持有方的收益更多、风险更高，美国三大REITs公司之一的VTR有1/3的养老地产采用此种模式。出租加运营模式是将前两种模式予以结合，养老地产持有者将物业的部分经营出租给运营商，运营商收取管理费用和部分经营收益。此种模式下运营商的积极性更高，持有者在分担经营风险的同时获得较高的收益，美国的HCR公司采用此种运营模式。

REITs的融资渠道广泛、收益稳定、投资风险低、投资收益率高，其投资收益的来源主要包括两个部分：投资的不动产（养老社区等）租金收入和升值收入。收益的大部分用于发放分红。美国2005年通过的《房地产投资节俭储蓄法案》（*The Real Estate Investment Thrift Savings REITs Act*），将REITs指数期权加入联邦政府的定额供款计划（Defined Contribution Plan）和节俭储蓄计划（the Thrift Savings Plan）推荐投资对象中，降低了REITs的投资成本，让用人单位也成为REITs租金的支付来源之一，由此减轻了个人的养老压力。

美国的专业护理机构主要是传统的护理院（Nursing Home），其主要为有严重行为障碍、生活不能自理的老人提供护理服务。护理院在政府颁发执照后获得成立资格，政府按照一定的标准对其进行管理。老人在护理院养老能得到医疗保险机构和公共医疗补助制度的补偿，但是护理院的费用高昂，每个人每年需支付8万—10万美元。而且，护理院的床位非常紧张，常常一床难求。

（2）“三支柱”养老保险体系

美国现行养老金体系经过40年的发展，逐渐形成了多层次、复杂的“三支柱”格局：“第一支柱”联邦公共养老金、“第二支柱”职业养老金和“第三支柱”个人储蓄养老保险。

“第一支柱”联邦公共养老金（Old-age，Survivors，and Disability，Insurance，OASDI）是涵盖了老年、遗属和残疾保障的政府公共养老金制

---

① 参见《美国养老地产的3种模式及典型案例》，《中国房地产》2019年第29期。

度，属于社会保障制度中的社会保险制度，在美国通常直接被称为社会保障。[①] OASDI 计划面向美国所有在职职工，包括联邦政府和地方政府的公务员、非营利性组织（如慈善机构、教育机构）的雇员、营利性组织（如企业）的雇员、自雇者、工人、现役军人等，其覆盖面非常广泛。根据《社会保障法》规定，美国所有在职职工必须参加 OASDI 计划，由雇主和雇员共同缴纳工薪税，双方各自承担 50%的税款。OASDI 计划的统筹层次高，直接由联邦政府的社会保障署负责公共养老保险基金的筹集、管理和投资。[②]

"第二支柱"职业养老金由公共部门职业养老金计划和私营养老金计划组成。公共部门职业养老金计划由政府出资，属于社会福利的一种。该计划的提供主体是联邦政府、州政府、地方政府以及非营利机构，服务对象是前述主体的雇员。私营养老金计划是营利性组织为保障雇员退休生活而建立的企业年金计划，出资方为雇主，具有自愿性。美国的企业年金计划主要有四种类型：公司型、契约型、基金会型和信托型。企业年金治理结构有两种模式：缴费确定型（Defined Contribution，DC）和待遇确定型（Defined Benefit，DB）。缴费确定型，是指企业和员工向企业年金计划的缴费数目是确定的，雇员按照标准缴纳费用后，企业缴纳与之匹配的费用而非全部费用，雇员的缴费比率一般为工资的 6%—16%。雇员退休后领取的养老金数额为个人账户余额，包括企业和雇员缴纳的费用以及投资所获得的收益。雇员对个人账户中资金的投资享有决策权，在享受收益的同时也要承担投资风险。企业则仅提供个人账户投资组合的专业培训，履行信息披露义务。DC 采用"基金积累制"的财务形式。待遇确定型，是指企业按照事先确定的待遇计算公式发放养老金，根据公式，只要雇员在一段时间内的平均工资和养老金的年度积累率是一定的，其能够获得的养老金待遇就是确定的。[③] DB 计划中雇员一般不需要缴费，由企业承担所有的费用。DB 计划实行集体账户制，由企业决定集体账户中资金的投资事

---

① 参见李瑶、柏正杰《美国企业年金制度的经验、教训与启示——以 401（K）计划为例》，《社会保障研究》2018 年第 6 期。

② 参见董才生、陈静《美国养老金制度对中国企业职工养老金制度改革的启示》，《社会科学战线》2014 年第 9 期。

③ 参见李豫、［美］Albert J. Cristoforo《中国养老保险制度改革与借鉴：美国企业年金制度和资本市场实践》，《浙江金融》2013 年第 6 期。

宜并承担投资风险。DB 计划一般采用“现收现付制”的财务形式。

在美国的企业年金计划中，401（K）计划占据着重要的地位。401（K）计划得名于美国《国内税收法》1978 年增补的第 401（K）条款，该条款是一项针对雇主和雇员的税收优惠条款。[①] 401（K）计划中养老金费用的支付主体包括企业和员工。首先由企业为参与该计划的员工建立一个 401（K）账户，员工每个月按其工资的一定比例向该账户缴纳费用。企业在自愿的情况下，也可以按照一定比例向该账户缴费。通常情况下，企业匹配缴费数额为员工所缴费用的 50%，但最高不超过员工工资收入的 6%。[②] 401（K）计划具有税收递延效应，即员工只需在退休领取个人账户基金时一并缴纳个人所得税，而在每个月缴纳费用或取得收益时，无须缴纳个税。但是如果员工要提前支取 401（K）计划账户的资金，需缴纳 10%的惩罚性税。[③] 401（K）计划的参与者可以通过利用其账户资金进行投资来获得收益。截至 2016 年年底，401（K）计划参与者资产的 67%通过股票基金、平衡基金的股票部分和公司股票投资于股票证券，27%的资产投资于固定收益证券，例如稳定价值投资、债券基金、货币基金和平衡基金的固定收益部分。[④]

“第三支柱”个人储蓄养老保险涵盖了个人退休账户和商业养老保险。个人退休账户（Individual Retirement Accounts，IRA）是一种具有税收优惠性质的个人退休储蓄计划。该计划由个人自愿参与设立，参与者有年龄和年薪限制。IRA 账户拥有者每年可向自己的账户缴存一定数额的现金，并使用账户从事投资活动。存入 IRA 账户的钱属于个人税前收入，账户拥有者只有在退休后将这些投资变现，才可享受投资收益的税收优惠，若要提前支取则必须补缴个人所得税，同时缴纳 10%的罚金。由于 IRA 的税收优惠和便捷的操作，它已成为目前美国的第二大退休储蓄账

---

① 参见王一惠《美国 401k 企业年金计划对我国企业年金运营的借鉴意义》，《国际金融》2016 年第 10 期。

② 参见高幸《我国企业年金制度发展现状及国外经验借鉴》，《改革与战略》2017 年第 5 期。

③ 参见肖汉平《美国 401（K）计划与 IRA 运作机制研究》，《证券市场导报》2005 年第 11 期。

④ Jack VanDerhei，et al.，“401（k）Plan Asset Allocation，Account Balances，and Loan Activity in 2016”，EBRI（Sep. 10，2018），https：//www. ebri. org/content/401（k）- plan - asset - allocation-account-balances-and-loan-activity-in-2016.

户，是美国家庭退休收入的重要来源。

2. 医疗保健服务

在美国，医疗保险是雇主为雇员缴纳的一种保险。为了推广此种医疗保险，美国制定了一系列法律和政策来鼓励雇主为其员工缴纳医疗保险。其中税收优惠是最重要的举措，美国雇主为雇员向保险公司缴纳的保险费用被排除在征税范围之外。雇员获得的报酬中有很大一部分是从应税工资转为免税补贴，即原本雇员获得的收入需缴纳工资税和个人所得税，转变为由雇主为其支付保险费用，收入中的这部分保险费用可以作为税前扣除项目。这样一来，雇员应缴纳的税费也随即降低。这种通过税收优惠的方式为医疗保险提供补贴的政策，不仅适用于私人雇主，也适用于联邦政府。联邦政府也和私人雇主一样，须为其所有员工提供医疗保险。

Medicare 是美国联邦政府于 1965 年创建的一种由联邦政府运营的医疗保险计划。它是美国最大的联邦医疗保险项目，其目标群体是 65 岁以上并拥有社会保障的人群、所有年龄段的晚期肾病或 ALS（肌萎缩性侧索硬化症）患者以及终生残疾人群。但是，Medicare 只覆盖出院后在专业护理机构的有限数量的产后护理日（100 天）。[①] Medicare 的服务内容包括专业护理、职业社会医疗服务、理疗、家庭健康服务等。[②] Medicare 与医疗保险不同，它不直接为老年人提供医疗服务，而是通过筹资来帮助老年人获得主要医疗服务，与劳动者享有的具有私人性质的、大部分由工作单位缴费的保险类似。Medicare 的服务标准是全国统一的，它在全美各地提供的福利待遇也是一致的，是适用于各州的统一项目。Medicare 的保费根据投保类型分为政府承担和个人缴纳政府补贴两种。Medicare 的资金来源于企业和员工缴纳的薪金税与联邦政府的财政支持。

Medicaid 是联邦政府和州政府共同运营的保险计划，其目标群体是收入低于贫困线的 65 岁以上老年人、残疾人和有幼儿的家庭。不同于 Medicare，Medicaid 的标准并非全国统一，而是由各州政府来确定。州政府可以根据实际情况制定 Medicaid 计划中对“低收入”的标准，并决定是否

---

① Kristina L. Guo & Richard J. Castillo, "The U. S. Long Term Care System: Development and Expansion of Naturally Occurring Retirement Communities as an Innovative Model for Aging in Place", *Ageing International*, Vol. 32, No. 7, 2012, p. 212.

② Karen Buhler-Wilkerson, "Care of the Chronically Ill at Home: An Unresolved Dilemma in Health Policy for the United States", *The Milbank Quarterly*, Vol. 85, No. 4, 2007, p. 624.

提供保险。Medicaid 只规定了最少的福利待遇，各州可以根据本地的经济发展水平提供更高的福利待遇。Medicaid 的资金由联邦政府与州政府共同承担，不需要个人缴纳保险费用。

3. 长期护理

在美国，长期护理（Long-term Care）是一种新型医养结合的养老模式。长期护理包括医疗护理或专业护理等一系列服务，但主要包括协助基本的“日常生活活动”（Activities of Daily Living，ADL）。这些活动通常包括吃饭、穿衣、洗澡和使用浴室，以及其他必要的活动，如做饭、家务和购物等。虽然覆盖范围不同，但长期护理服务的范围可以从养老院设施和辅助生活设施扩展到家庭或社区护理，而且这种护理的提供者包括营利机构、非营利机构、个体经营者和家庭成员。① 长期护理的主要服务对象是老年人，但也不限于老年人。根据 2010 年的一项调查研究，在对长期护理有需求的美国人中，65 岁以下的占总人数的 49.2%。长期护理是任何年龄段的客户都关心的问题，但这种护理中最昂贵的形式主要针对老年客户。②

长期护理的费用支付来源主要有三种：公共医疗保险、自费和长期护理保险的理赔。公共医疗保险是长期护理费用支付的主要来源，60%的费用由公共医疗保险承担。③ Medicare 中 A 部分住院保险和 B 部分补充医疗保险涵盖了一部分长期护理服务：在 A 部分住院保险中，若被保险人住院时间超过 3 天，经诊断有护理的需求，允许由具有资格认证的专业护理机构提供护理服务，被保险人可以报销出院之后 100 天以内的护理费用；在 B 部分补充医疗保险中，若被保险人出院后必须接受护理，且在出院后 14 天内开始在定点的家庭健康护理机构接受护理服务，被保险人可报销出院后的长期护理费用。④ 这两部分保险针对的都是患有疾病的被保险人，仅提供“病后护理”，覆盖范围较小。据统计，Medicare 支付的费用

---

① Peter H. Kyle，“Confronting the Elder Care Crisis：the Private Long-term Care Insurance Market and the Utility of Hybrid Products”，*Marquette Elder's Advisor*，Vol. 15，No. 1，Fall 2013，pp. 101-103.

② Richard L. Kaplan，“Financing Long-term Care After Health Care Reform”，*Journal of Retirement Planning*，July - August 2010，p. 9.

③ 参见尤丹丹、陆玲芳、杜见可《美、日、德长期护理保险比较》，《中国商业保险》2016 年第 3 期。

④ 参见李天俊《美国长期护理保险体系的发展与启示》，《劳动保障世界》2020 年第 6 期。

仅占美国长期护理费用的20%。Medicare不支付两种护理服务：一是具有看护性质的居家护理服务；二是因自然衰老导致的身体虚弱和失能所引发的护理院护理服务。①

当人们的资产不足以支付护理费用时，Medicaid会以向护理服务机构支付费用的方式来承担长期护理费用的支付责任，并一直支付费用直到被护理者离世。由于Medicare计划没有涵盖绝大部分长期护理服务，所以长期护理的费用主要来源于Medicaid。Medicaid计划承担了美国专业护理机构一半以上的照护费用，占长期照护费用总额的近40%。不同于Medicare，Medicaid涵盖了护理院护理和居家护理这两种长期护理的费用，保障被保险人由于意外或慢性疾病需要长期护理时能够获得费用的补偿。

自费也是美国老年人支付长期护理费用的一个重要来源，个人自费所支付的费用约占美国长期护理费用总额的29%。享受长期护理服务的个人可以用储蓄、投资或退休养老金来支付长期护理费用，其家庭成员也可以通过向家庭护工、非专业帮工和护理院支付现金的方式来支付长期护理费用。

长期护理保险属于自愿购买的保险，医疗保险公司可以承保，但在承保过程中拥有拒绝承保以及根据预期风险设定保费的权利。当老年人处于需要照护的状态时，由保险公司支付长期护理费用。与主要支付医疗诊断和治疗费用的标准医疗保险不同，长期护理保险是一种长期合同，旨在帮助因身体或认知障碍而难以实施“日常生活活动”的个人（在家或机构）支付援助费用。② 为了推动商业性质长期护理保险的发展，纽约、加利福尼亚、印第安纳和康涅狄格等州政府与保险公司合作推出了长期护理合作计划（Long -Term Care Partnership Policies，LTCPP）。购买此商业保险的被保险人在申请Medicaid时可以享受优惠政策，即适当放宽被保险人的个人财产限制，以鼓励中等收入人群加入此项计划。按照全美长期护理保险协会的定义，要领取长期护理保险理赔，必须要达到6种基本职能

① 参见国务院发展研究中心社会部课题组《养老服务体系发展的国际经验与中国实践》，中国发展出版社2019年版，第294页。

② Jeffrey R. Brown & Amy Finkelstein, “The Private Market for Long-term Care Insurance in the United States: A Review of the Evidence”, *Journal of Risk and Insurance*, Vol. 76, No. 1, 2009, p. 5.

(6ADLs)[①] 中2种受损的条件。如果两种职能受损，就需要接受居家护理或机构护理。参加LTCPP计划的被保险人若是出现可以领取保险理赔的情形，首先向商业保险公司申请领取商业长期护理保险金。若该保险金达到上限，再向政府申请Medicaid救助。政府推出LTCPP计划原本是为了减轻Medicaid的财政支出，但是在实践中，LTCPP计划在此方面产生的实际效果并不显著。[②]

以保险金的偿付方式为分类标准，长期护理保险分为三种类型：实际费用补偿型、定额给付型和直接提供长期护理服务型。长期护理保险的资金来源主要包括保费收入、保费投资收益和政府财政支持这三大部分。保险金的支付方式通常包括及时支付、后期赔款和日结三种，具体的支付方式取决于签订的保险合同条款。[③]

据统计，美国55岁及以上的人群中约8%—10%购买了长期护理保险，目前美国的长期护理费用约60%由Medicare和Medicaid支付，商业保险仅支付长期护理费用的7%。因此，长期护理保险目前还不是美国老年人支付长期护理费用的主要方式。

（二）形成原因

第一，人口老龄化越发严重。按照国际标准，一个国家或地区65岁及以上的人口比例超过7%即称为老龄化社会，超过20%则可以被称为超老龄化社会。[④] 美国早在20世纪40年代就已经进入老龄化社会，其步入老龄化社会已经长达70多年。根据美国人口调查局的统计数据，美国2010年65岁及以上老年人口为4027万人，已经达到总人口数的13%。随着美国第二次世界大战后"婴儿潮"一代逐渐进入老年阶段，美国的老龄化现象会越来越严重，到2030年老年人口将达到7200万，占美国总

① 这6种职能是指吃饭、穿衣、沐浴、如厕、行动和自制，这里的自制（continence）是指不会大小便或失禁。

② Jeffrey Brown, "What Paul Ryan Got Right: Medicaid's Effect on Long-term Care Insurance", Forbes (Mar. 10, 2014), https://www.forbes.com/sites/jeffreybrown/2014/03/10/what-paul-ryan-got-right/#e7c813c218aa.

③ 参见刘丽嫔、陈志喜、张嘉丽《美国长期护理保险的发展经验、制度特点及其对我国的启示》，《卫生软科学》2019年第6期。

④ 参见谢立黎、安瑞霞、汪斌《发达国家老年照护体系的比较分析——以美国、日本、德国为例》，《社会建设》2019年第4期。

人口数的 19.3%，几乎近 1/5 的美国人将达到 65 岁或以上。① 老龄人口的增多意味着退休金和医疗保健投入的增加，社会公共服务与政府的财政支出面临着巨大的压力，社会养老保障体系将迎来挑战。美国人口老龄化的日益严重意味着社会对养老服务的需求大幅增加，但是仅靠政府财政支持无法满足人们对养老服务的需求，因此美国的养老产业市场化程度越来越高。无论是养老服务、医疗保健服务还是像长期护理这样的医养结合服务，其费用最主要的支付来源还是老年人个人或其家庭成员，政府所提供的支持非常有限。

第二，文化观念。美国一直以来都崇尚自由和个人独立，所以美国的老年人一般也不会靠自己儿女的日常照顾来养老。在美国人眼里，"家"的含义比较广泛，它往往指住所或可以安身的场所，不要求一定要有房屋的产权，也不要求和家人共同居住。因此许多老年人往往乐于住在养老社区，接受他人的养老服务，在自己的经济能力承受范围内，享受最好的养老服务。正是由于文化观念的影响，美国老年人在年轻时即开始为自己的老年生活做打算，通过企业年金、退休账户、商业保险等方式将工资收入的一部分累积起来为老年生活提供最基本的物质保障。

第三，收入水平。美国老年人的收入结构比较稳定，其收入主要来源于社会保障金、养老金、工资收入、资产收入及其他收入等。美国的老年贫困率近年来一直处于下降的趋势，1982—2010 年，美国老年贫困率下降了 5.6%，其中下降幅度最大的是 85 岁高龄老年组。老年人经济水平的改善使其在养老服务方面具有更多选择，而不必囿于传统的养老模式。因此，美国的养老服务模式种类越来越多，许多新兴养老模式也受到老人的青睐。相应地，美国的养老服务支付模式也就越来越具有多样化特点。

（三）利弊分析

1. 优点

第一，有利于缓解政府的养老压力。目前美国已经形成了以市场为主导的养老服务模式，除了商业保险提供完全商业化的养老服务，其他养老服务费用的支付来源主要依靠社会保障、个人储蓄和资产以及商业保险

---

① Kristina L. Guo & Richard J. Castillo, "The U. S. Long Term Care System: Development and Expansion of Naturally Occurring Retirement Communities as an Innovative Model for Aging in Place", *Ageing International*, Vol. 32, No. 7, 2012, p. 211.

金。这种支付结构有利于减少美国政府在养老服务方面的财政支出，减轻了政府的养老压力。如果美国的养老服务主要依靠政府，如此高程度的老龄化只会让政府处于巨大的财政压力中。这不仅不会缓解老龄化现象，而且还容易引发新的社会问题。

第二，符合老人的心理预期。在这种支付结构下，老人享受养老服务的级别与自己的个人经济水平密切相关。如果老人在年轻时拥有较高收入，那么其在年老后仍然可以享受较好的养老服务，而不会产生较大的心理落差。

第三，提供综合性的养老服务。美国目前的养老服务体系较为复杂，其中以医养结合为核心的长期护理和以 REITs 为代表的养老地产行业都将养老服务的范围扩大化，形成了一种提供综合性、个性化的养老服务模式。这种模式赋予老年人更大的选择权，有利于其获取最适合自己的养老服务类型，这与养老服务的初衷相符合。

第四，有利于提高养老服务的质量。为了满足消费者不断变化的养老需求，长期护理对养老服务的类型、方式和质量都进行了较大的改善和创新。例如，多层次设施在同一地点提供不同级别的护理，使消费者在一个大型组织内更方便地接受不同类型和级别的护理。长期护理系统实现了真正的服务整合，培养了理想化的连续性护理，为消费者提供了更高质量的养老服务。

2. 缺点

第一，加大贫富差距的可能性。美国的支付模式对低收入群体非常不利，因为该模式导致低收入水平群体的养老负担过重。虽然政府对低收入水平的老人设立了专门的补助计划如 Medicaid，但是由于该计划的标准由各州决定，这可能会造成部分低收入人群无法享受补助计划，而导致这部分群体可能连最低生活水平都无法保障。在市场化程度过高的养老服务模式下，美国社会的贫富差距可能会越来越大，“穷人更穷、富人更富”的现象会越发严重。这在一定程度上会影响美国的社会稳定和经济发展。

第二，养老服务资源分配不公平。美国目前的长期护理系统不是一个理想、全面、综合的系统。养老服务和提供者分布不均，导致许多人得不到充分的养老照护。由于地理位置的限制，在很多地区尤其是农村地区，医疗养老服务资源相对匮乏，许多有养老需求的人群缺乏接受养老服务的途径。

第三，体系过于分散，缺乏协调性。在长期护理模式下，不同的付款人适用不同的报销计划、供应商和行业管理法规，而养老服务的每一方都有自己的目标、利益和规则。例如，护理设施与家庭护理机构有不同的规定，并且监管急性护理和护理院的法律适用于亚急性护理设施。① 由此产生的复杂情况是，许多多层次的长期护理组织必须满足不同的法规要求，甚至是具有冲突的法规。养老服务行业的管理规定在不同地区之间也存在差异，例如根据联邦法律，所有州都必须向养老院管理人员发放许可证，但没有一个全面的标准来规范如何审查、发放。长期护理系统的分散性增加了提供者、付款人和监管机构的负担，但最严重的影响则施加在依赖这种不协调护理系统的消费者身上。

二　英国

（一）基本模式："三支柱"养老金+社区照护与机构照护

1.“三支柱”养老金体系

英国在经过了多次养老服务改革后，形成了目前的“三支柱”养老金体系。具体内容如图 3-1 所示。

第一支柱是国家养老金（State Pension），包括国家基本养老金（Basic State Pension）、“国家第二养老金”计划（State Second Pension，S2P）和“最低收入保障”（Minimum Income Guarantee，MIG），它们都是法定的养老金计划。S2P 是英国布莱尔工党政府上台后提出的一项针对无职业养老金者养老困境的改革计划，也被称为附加国家养老金。S2P 的主要目标群体是非常规就业者，如中低收入人群、长期患病或身体残疾的就业者。如果从业人员缴纳了国家基本养老金（BSP）保险费用但无职业养老金或私人养老金，则其可以获得享受 S2P 的资格。② 国家基本养老金（BSP）和国家第二养老金（S2P）的资金来源包括国家财政和用人单位、从业人员的强制性缴费，所获资金通过国民保险税的方式纳入国家保险基金（National Insurance Fund，NIF）。第一支柱所提供的养老金数额较少，

① Kristina L. Guo & Richard J. Castillo，“The U. S. Long Term Care System：Development and Expansion of Naturally Occurring Retirement Communities as an Innovative Model for Aging in Place”，*Ageing International*，Vol. 32，No. 7，2012，p. 217.

② Peter Taylor - Gooby，“Uncertainty，Trust and Pensions：The Case of the Current UK Reforms”，*Social Policy & Administration*，Vol. 39，No. 3，2005，p. 219.

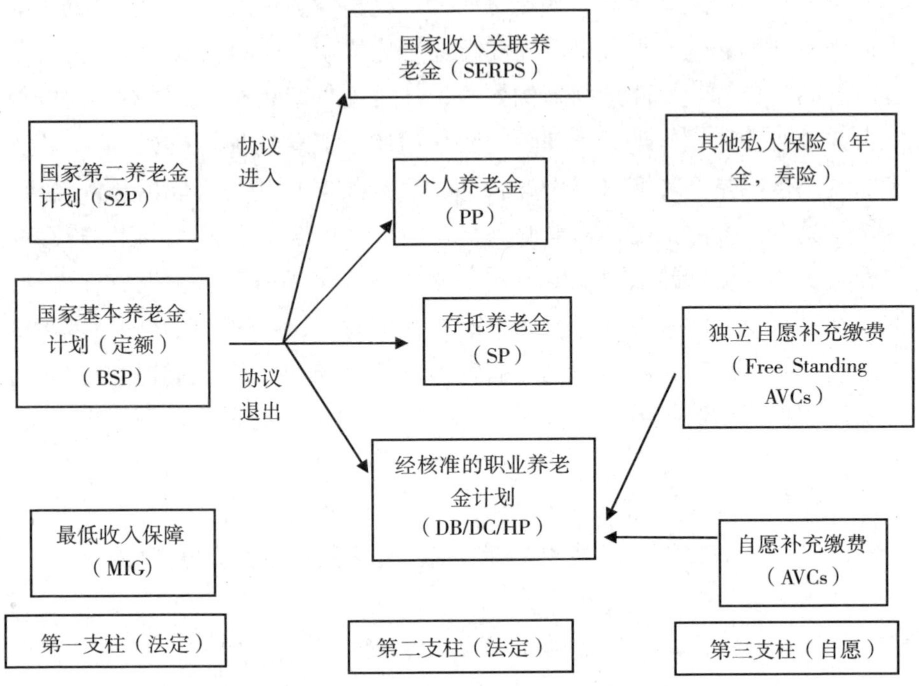

图 3-1 英国“三支柱”养老金体系

只占平均工资的25%左右，仅能维持老年人的基本生活。

第二支柱也是法定的养老金计划，但是为个人提供了更多选择权。第二支柱包括经过认可的职业养老金（Occupational Pension）、个人养老金（Personal Pension）、存托养老金（Stakeholder Pension）和国家收入关联养老金（State Earnings-related Pension Scheme）。职业养老金是由私人和公共部门的雇主给雇员提供的，包括待遇确定型（Defined Benefit，DB）、缴费确定型（Defined Contribution，DC）和二者混合型（Hybrid Plan）。其中DC型计划数量最多，DB型计划覆盖人口数量最多。① 职业养老金享受EET模式。EET是一种延迟纳税模式，是指企业和员工向企业年金计划缴纳的费用及其投资收益均无须缴税，但员工退休后从企业年金计划领取的养老金要进行纳税。这种模式与美国的401（K）计划十分类似。职业养老金提供相对较高数额的养老金，退休后的价格指数最高每年可达

① 参见胡继晔《养老金体系在富裕国家的变化——以英国为例》，《国际经济评论》2011年第6期。

5%。但是由于换工作之间的转移价值不高，职业养老金只对那些长期在同一家公司工作的员工更有利。[①] 存托养老金是一种针对中等收入者的私人利益相关者养老金，其通过强化和透明的制度进行监管，具有低额的管理费用、强大的转让权和高达规定利率的强制性指数化等特点。[②] 国家收入关联养老金的适用对象是缴纳了特定水平国家养老金且属于企业养老金成员的人群，属于补充性质的养老金。[③]

第三支柱是自愿的养老金计划，主要包括私人养老金（Private Pension）、个人储蓄和个人寿险。国家提供的养老金是有限的，往往需要私人养老金或保险来加以补充。[④] 私人养老金的覆盖群体主要是自雇人员和未参加职业养老金计划的人群，提供主体一般包括保险公司或其他金融机构。个人的对其选择范围较大，通常采用 DC 模式。[⑤] 私人养老金基于不确定的投资收益，管理费用较高，所以只有收入水平较高群体能够负担得起。一般从业人员若参加私人养老金计划，则得到的年金数额可能无法维持最基本的生活。[⑥]

2. 社区照护与机构照护

不同于美国，英国的养老服务是政府主导型，具有福利性质。英国养老服务体系源自 1984 年《国民救助法》，服务提供者是地方政府或者独立的服务商。英国养老模式从传统机构养老发展到社区养老，如今英国已经形成了包含多种不同照护服务形式的养老服务体系。具体分为社区照护和机构照护两种照护模式：前者包括在家庭外提供的日间照护、在老人家中提供的照护、提供庇护和额外照护的住房（ECH）；后者包括在养老院、护理院和医院提供照护。

随着社区照护模式的发展，英国目前出现了三种提供住房的社区照护

---

① David Blake，"The UK Pension System：Key Issues"，*Pensions：An International Journal*，Vol. 8，No. 4，2003，p. 331.

② Peter Taylor - Gooby，"Uncertainty，Trust and Pensions：The Case of the Current UK Reforms"，*Social Policy & Administration*，Vol. 39，No. 3，2005，p. 219.

③ Liam Foster，"Active Ageing，Pensions and Retirement in the UK"，*Journal of Population Ageing*，Vol. 11，No. 2，2018，p. 119.

④ David Pitt - Watson，"Tomorrow's Investor"，*Pensions：An International Journal*，Vol. 16，No. 3，2009，p. 194.

⑤ 参见徐璨《英国国家保险基金：传统缴费型主权养老基金的发展及对中国的启示》，《国际经济评论》2019 年第 3 期。

⑥ 参见陈倩《英国养老保险制度市场化改革的经验与启示》，《财经科学》2016 年第 7 期。

形式。一是支持性住房（Supported Housing）。英格兰大约有477526间针对老年人的支持性住房，以及大约55675间额外照护住房（Elderly Accommodation Cousel），为大约6%的老年人提供社区照护服务。二是额外照护住房。目前英国大约有10%的庇护住宅属于额外照护住房。[①] 额外照护的方式主要有两种：运营方自己提供服务或者是雇佣私人家政公司提供服务。一般情况下，所有额外照护住房都提供24小时照护服务。英国政府近年来致力于发展额外照护住房模式，并为此预留了资金，以提供财政支持。三是终身之家。“终身之家”可以被归为通用住房，其设计理念是建造能够满足各个年龄段人群在不同健康状况下需要的住所。然而在实践中，按照“终身之家”标准修建的房屋在英格兰房屋总量中所占比例非常小，而且地方政府很少在建筑或规划标准中明确提及需满足“高龄友好”（age friendly）要求。因此“终身之家”模式还处于起步阶段，需要政府和社会更多的支持。

英国老年人照护支付体系主要包括中央政府的普惠式照护津贴和地方政府的审查式照护服务。由中央政府提供的普惠式照护津贴包括：支付给有照护需求的老年人本人的护理津贴（Attendance Allowance）和支付给为老年人提供照护服务的家庭成员的照护服务者津贴（Carer Allowance）。前者是一项具有普惠性的现金支付模式，其获取资格仅与老年人对照护的需求程度有关，与个人经济状况无关。后者是对家庭成员照护老人的一种支持和认可。根据相关规定，如果家庭成员每周的照护时间超过35小时，并且每周的收入在缴税和支付养老保险费后不超过120镑，可以申请每周64.6镑的照护津贴。[②] 此种津贴的数额有限，往往不能起到较大的补助作用，只是英国政府鼓励家庭成员照护的一种形式。地方政府的审查式照护服务包括提出申请、需求评估和资产审查三个环节。对于满足照护资格的老年人，可以获得社会照护预算，并选择预算的支付方式。该预算的额度与其收入水平相关，地方政府会根据差额补贴原则进行支付。英国老年人照护支付体系的内容如表3-3所示。

① 参见国务院发展研究中心社会部课题组《养老服务体系发展的国际经验与中国实践》，中国发展出版社2019年版，第102—105页。

② 参见石琤《社会照护给付：英国经验与中国选择》，《湖湘论坛》2019年第2期。

表 3-3　**英国老年人照护支付体系**

<table>
<tr><th>支付主体</th><th>支付原则</th><th>支付方式</th><th>支付对象</th><th>费用标准</th><th>用途限制</th></tr>
<tr><td rowspan="2">中央政府</td><td rowspan="2">普惠制</td><td rowspan="2">现金</td><td>接受照护服务的老人（AA）</td><td>57.3£ /周或 85.5£ /周</td><td>无</td></tr>
<tr><td>提供照护服务的家庭成员（CA）</td><td>64.6£ /周</td><td>照护津贴</td></tr>
<tr><td>地方政府</td><td>审查制</td><td>现金/服务</td><td>通过审查的申请人</td><td>各地标准不同</td><td>限于照护服务</td></tr>
</table>

英国的老年人照护费用支付模式主要包括两种：个人预算账户（Personal Budge Account）和直接付费（Direct Payment），老年人对支付模式具有选择权。个人预算账户模式下，地方政府以服务的形式支付老年照护费用，养老服务供应商由地方政府负责遴选，遴选通过后双方签订开放式合同（open contract）。通过审查的老年人只能在通过遴选的服务供应商中进行选择。直接付费模式下，地方政府会将照护预算补贴金额直接支付给符合条件的服务使用者（或指定的朋友/家庭成员），用来替代照护服务。① 个人或其家人、朋友可以根据照护需求和偏好自行购买服务，但是支出的内容必须与照护有关，每一笔支出必须明确记录在照护方案内，以便接受地方政府的审查和监督。② 在这种模式下，照护需求者可以选择最适合自己的养老服务模式。英国的老年人照护支付模式已经实现了从提供服务到直接付费的转换。为了减轻政府的养老压力，英国政府鼓励老年人采用直接付费模式，目前英国的老年照护以直接付费模式为主。在这种情况下，养老基金与个人储蓄非常相似，因为每个雇员都有一个个人账户，并对基金中的部分准备金有个人索赔权。

（二）形成原因

第一，老龄化程度日益严重。根据英国国家统计局（ONS）统计数据，2008—2018 年，65 岁至 84 岁的人口增加了 23.0%，达到 1060 万，

① John Woolham, et al., "Do Direct Payments Improve Outcomes for Older People who Receive Social Care? Differences in Outcome between People Aged 75+ who have a Managed Personal Budget or a Direct Payment", *Ageing & Society*, Vol. 37, No. 5, 2017, p. 962.

② 参见国务院发展研究中心社会部课题组《养老服务体系发展的国际经验与中国实践》，中国发展出版社 2019 年版，第 114—121 页。

85岁及以上人口增加22.8%，达到160万。[①] 老龄人口的迅速增长给英国养老服务体系带来了挑战。英国每年大约40%的医疗保健预算和50%的社会护理预算用于老年人，如果英国不改变原有的养老服务模式，未来若干年将很有可能无力承担英国老年人的养老费用支出。英国的养老服务一直以来都以政府为主导，但是面对社会老龄化的日益严峻，英国政府不得不作出改变，逐渐将养老服务市场化，以淡化政府在养老服务中的作用。因此，英国政府在养老服务的支付模式方面大力提倡直接付费模式，以此减轻政府的压力。在直接付费模式下，政府只需将养老金发放给需要照护的人或其家人、朋友，不需要花费时间和精力遴选服务供应商，节省了政府的大量资源。

第二，个人经济水平的改善。根据英国国家统计局（ONS）统计数据，2008—2017年，英国人口的总体贫困率从18.7%下降至17%，长期贫困率从8.5%下降至7.8%。英国老年人的经济状况一直在改善，如果英国政府仍旧采用以前提供服务的养老模式，会限制老年人对养老服务的选择范围，可能无法满足目前老年人对养老服务的需求。直接付费模式下，老年人可以根据自己的健康状况、兴趣爱好等自主选择适合自己的养老服务。欲在自己原住所享受养老服务的老人可以选择居家养老，完全丧失生活自理能力的老人可以选择到专业护理机构养老，喜欢社区生活的老人可以选择社区养老。

第三，医疗资源和养老资源的匮乏。由于英国老年人口不断增加，社会对医疗和养老资源的需求也迅速增长。根据经济合作与发展组织（OECD）的统计数据，2007—2017年，英国每1000个居民拥有医院的床位数从3.39个下降至2.54个，紧急护理的平均住院日从6.4天缩减到5.9天。[②] 医疗资源的紧缺加重了政府的负担，迫切需要新的举措来应对老年人与日俱增的医疗护理需求。英国政府鼓励的直接付费模式促进了医疗养老服务的市场化，刺激了医疗养老市场的发展，从而一定程度上增加了社会上医疗养老资源的供给，缓解了医养资源匮乏的问题。

---

① 参见英国国家统计局（ONS）官方网站：https：//www.ons.gov.uk/peoplepopulationandcommunity/populationandmigration/populationestimates/bulletins/annualmidyearpopulationestimates/mid2018，2019年11月19日访问。

② 参见经济合作与发展组织（OECD）官方网站：https：//data.oecd.org/united-kingdom.htm，2019年11月19日访问。

（三）直接付费模式的利弊分析

1. 优点

第一，增加竞争因素以降低成本。对符合资格的照护需求者采取直接付费模式，将改变以前地方政府与养老服务供应商签订批量采购合同的方式。很多地方政府已经开始转变为与养老服务供应商签订框架协议，即地方政府仅与服务供应商就合同价格达成一致，但不会向其承诺大规模采购量。这样的模式增加了照护提供市场的竞争力，政府可以通过给服务供应商降低承诺来加大其压力，从而以更低的价格签订合同。

第二，增强照护需求者的选择权。按照政府提供服务的模式，照护需求者的选择范围十分有限，只能在政府遴选出的服务供应商中选择，导致其不一定能够选到最适合自己的养老服务。而直接付费模式赋予了照护需求者极大的自主选择空间，直接支付模式的用户对自己的时间和任务拥有更大的控制权。[①] 这更加有利于照护需求者享受到与自己健康状况和兴趣偏好相符合的养老服务，提高了养老服务的质量。

2. 缺点

第一，账户管理缺乏包容性。在直接付费账户的管理中，许多信息可能是通过互联网来获取的，这对许多老年人来讲是一个很大的挑战。而且，直接付费方式不适合失能的老年人，如老年痴呆症患者或因其他原因完全丧失生活自理能力的老人。他们自己无法购买照护服务，只能依靠家庭成员或朋友。此外，大多数老年人思想比较传统，他们对地方政府管理个人账户的能力已经产生了长期的信赖，不太能够接受直接付费模式。

第二，有可能降低地方政府有效落实个性化服务的能力。约 82% 的社会照护领域的工作人员认为直接付费模式助长了官僚主义，其中的自助式服务增加了政府在评估过程中的工作量。相较于以服务支付养老费用，直接付费模式中政府只需评估申请者资格，而不需要考虑养老服务的具体内容。这很有可能降低了地方政府有效落实个性化服务的能力。此外，评估过程过于烦琐、复杂，增加了服务申请者的时间成本，不利于保障有迫

① John Woolham, et al., "Do Direct Payments Improve Outcomes for Older People who Receive Social Care? Differences in Outcome between People Aged 75+ who have a Managed Personal Budget or a Direct Payment", *Ageing & Society*, Vol. 37, No. 5, 2017, p. 971.

切照护需求的老人及时享受照护服务。

第三，不具有普适性。直接付费模式仅适宜在经济发达地区实行，不适用于农村或偏远地区。农村或偏远地区的养老服务供应商数量有限，服务类型较少。若没有政府遴选养老服务，老年人只能在有限的范围内进行选择，可能无法选择到心仪的养老服务。

第四，服务质量难以与制度相匹配。英国政府要发展直接付费模式，就必须创造各种有利的发展环境，如制定与之配套的相关养老政策。但是，目前英国的社会照护服务水平还没有达到与直接付费模式下的个性化服务相匹配的程度，地方照护服务的质量尤其需要提高。

第五，个人成本偏高。目前，英国接受直接付费模式服务的老年人仅占照护使用者总数的3.6%。这种模式在英国并不普遍，仍需大力推广。在政府与养老服务供应商签订批量采购合同的情况下，政府可以以较低的价格签订合同。但是个人在与服务供应商签订合同时，价格往往更高，因此在直接付费模式下，个人的照护成本有所增加。

三 澳大利亚

（一）基本模式："三支柱"养老保险+未来基金+过渡护理等

1. "三支柱"养老保险体系

与许多发达国家一样，澳大利亚的养老服务也采用"三支柱"体系。第一支柱是由政府提供财政支持的国民年金（Age Pension），资金来源于一般税收，其养老金替代率为20%—25%。第二支柱是雇主缴费的强制退休年金，即超级年金计划（Superannuation），是澳洲养老金体系的主体部分，其养老金替代率大约是40%。第三支柱是个人自愿性养老储蓄和养老补充保险，政府通过税收优惠政策鼓励个人及其雇主参与自愿养老保险。[①]

第一支柱国民年金，又被称为公共养老金（Public Pension），属于DB型养老金。其标准不高，目前单身人士获得的基本养老金数额大约为周平均工资的27%，一对夫妻获得的基本养老金数额大约为周平均工资

① 参见齐传钧《澳大利亚"未来基金"的缘起、治理与启示》，《国际经济评论》2019年第3期。

的 41%。[①] 因此，国家养老金在补助方面的作用较小，仅仅能为公民提供基本生活保障。个人的收入水平越高，其获得国家基本养老金数额就越少。当个人收入水平达到一定数额时，就失去了获得基本养老金的资格。国家基本养老金在澳大利亚的覆盖率很高，大约覆盖了 75%的人口。

第二支柱超级年金计划实行基金累积制，市场上有 DC 型、DB 型和混合型三类基金相互竞争，但 DC 型养老基金占据主导地位，其资产占养老金资产总额的 90%。超级年金的资金来源于强制性的雇主缴费，雇员可以通过委托代理关系授权专业投资机构对养老基金进行投资运营，以此来获得收益。根据现行法律规定，若雇员在一个月内的税前工资为 450 澳元及以上，雇主必须在其工资之外缴费，缴费比例不得低于雇员税前工资的 9.5%。而雇员则可以选择在税前或税后向超级年金基金自愿缴费。[②] 目前超级年金基金主要包括公司基金、公共部门基金、行业基金、零售基金、小型基金和自我管理基金六种类型。[③] 在 2014 年澳大利亚的大型养老基金排名中，前五名进入了全球前 100 名的范围。第一名是主权基金，第三名为政府基金，第二、四、五名均为行业基金。

第三支柱中自愿型超级年金是最普遍的一种类型，其实行基金累积制，属于 DC 型养老金，并通过超级年金体系进行投资运营并获取收益。澳大利亚政府通过出台一系列税收优惠政策，鼓励个人参加自愿性养老储蓄或保险。

2. 未来基金

除了“三支柱”以外，澳大利亚还建立了未来基金（Future Fund，FF）以作为储备养老金。FF 是根据 2006 年《未来基金法案》授权设计的一种公积金，是一种国家所有的、独立管理的长期储蓄投资基金。它用于建立一般养老金储备，以应对澳大利亚政府迄今为止尚未提供资金的养老金负债。根据 2006 年《未来基金法》的规定，从 2020 年起可从 FF 中

---

① 参见［澳］华安德《老龄化社会的社会保障问题——以澳大利亚和中国为例》，《国外理论动态》2014 年第 7 期。

② Don U. A. Galagedera，“Modelling Superannuation Fund Management Function as a Two-stage Process for Overall and Stage-level Performance Appraisal”，*Applied Economics*，Vol. 50，No. 22，2018，p. 2439.

③ 参见袁中美《养老基金投资 PPP 基础设施项目的国际比较及启示》，《当代经济管理》2016 年第 9 期。

提取资金，以支付联邦政府每年的无资金养老金负债。虽然立法允许从2020年7月1日起从未来基金中支取资金，但政府在2017—2018年度预算中宣布，至少在2026—2027年之前，不会支取资金。[①] 同时，政府将减少该基金的拨款，以加强政府的长期财政状况。FF的创建并不是为了从有限的资源中开发长期收入流，而是为了管理澳大利亚近期的住房和商品繁荣带来的超额收入。FF与传统养老基金的区别在于，虽然FF是为偿还养老金负债而设立的，但基金的预期受益人对其资产没有直接的法定索取权。[②] FF积累的资产来源于过去的预算盈余、公共资产销售和再投资收益，这些收益只能用于支付养老金。

FF由三部分组成：未来基金特别账户（Future Fund Special Account）、未来基金监护人理事会（Future Fund Board of Guardians）和未来基金管理局（Future Fund Management Agency）。监护人理事会负责决定如何投资每个基金的资产，并维护FF的独立性。理事会由一名主席和六名其他成员组成，财政部部长根据法律规定，通过对成员在金融资产投资、管理投资和公司治理方面的专长或经验的考核任命成员。成员以兼职形式任命，任期不超过五年，且可以连任。未来基金管理局负责就每项基金最适当的投资战略向监护人理事会提供咨询或建议，并负责执行这些战略。管理局的成员来自投资、金融、法律、运营等多个行业，具备管理企业日常运营所需的技能和管理私营部门的经验。

3. 过渡护理

近年来，随着澳大利亚的老龄化程度不断加重，慢性病发病率不断上升，社会对急性护理服务的需求不断增加。由此，一种新型的老年人急性期后护理模式——过渡护理（Transition Care，TC）随即产生。这种模式提供协调出院、持续护理支持，并且侧重于身体功能恢复。TC提供广泛的护理服务，包括但不限于病例管理、护理、社会工作、理疗、专业治疗和个人护理服务，如协助洗澡。具体的服务内容会在客户协议中列明。TC计划的目标人群包括以下两种：一是老人的生理、认知和心理机能有

① Future Fund Board of Guardians, *Future Fund Annual Report 2018-2019*, 2019, Future Fund Board of Guardians, p. 116, https://www.futurefund.gov.au/about-us/annual-reports, PDF accessed on Nov. 23.

② Richard Eccleston, "Australia's Future Fund: A Future beyond the GFC", *Journal of the Asia Pacific Economy*, Vol. 17, No. 2, 2012, p. 287.

进一步提高的可能，并且有机会达到能够独立生活的程度。二是通过护理重点优化老人的身体机能，同时帮助他们及其家人或护理人员作出适当的长期护理安排。

TC 计划的护理时间是有限的，所需时间取决于个人情况。最普遍的情形有两种：通常情况下，TC 护理的时间是 6—8 周，最长不得超过 12 周。如果需要进一步的治疗，可以向老年护理评估服务机构（Aged Care Assessment Service，ACAS）请求延长 42 天（或 6 周）的最长期限。将护理期间已经延长到最长期限的人，不能再次要求延长。大多数（超过 2/3）的 TC 场所都是以社区为基础的，不同的州之间存在差异。提供 TC 服务的工作人员模式在澳大利亚各地各不相同，TC 可以由国家资助的医疗服务机构或老年护理机构提供，具体取决于各州卫生部或当地的偏好。

TC 费用的支付是以护理的场所而非护理的方式为基础。在专门的场所（如康复机构）中进行的临床干预比在非专门场所（如居家护理）中提供的相同干预效果更好。两者之间最主要的不同并非护理的地理位置，而是护理工作人员的构成。[①] TC 的大部分费用由国家和州政府提供的补贴支付，但是政府要求有支付能力的人缴纳日常护理费。日常护理费的最高标准按基本单一养老金计算，每年调整两次（3 月和 9 月各调整一次）。选择社区护理的客户需缴纳基本单一养老金日利率的 17.5%，选择居家护理的客户需缴纳基本单一养老金日利率的 85%。[②] 任何影响个人支付护理费用能力的财务问题都应与个人的病例经理讨论。根据澳大利亚卫生部门制定的《过渡护理准则（2019）》[*Transition Care Program Guidelines* (2019)]，护理服务提供商应与被护理者签订护理协议，双方应就协议中涉及的所有费用达成一致。若被护理者经济困难，服务提供者可以选择免除其护理费用。

4. 家庭护理套餐

为了让老年人尽可能在家里养老，节约养老资源，澳大利亚政府为需要个人护理和家庭援助的老年人提供了家庭护理套餐（Home Care Packa-

---

① Leonard C Gray, et al., "How Effective are Programs at Managing Transition from Hospital to Home? A Case Study of the Australian Transition Care Program", *BMC Geriatrics*, Vol. 12, No. 1, 2012, p. 2.

② 参见 health. vic 网站：https：//www2. health. vic. gov. au/hospitals－and－health－services/patient-care/rehabilitation-complex-care/transition-care-program，2019 年 11 月 19 日访问。

ges)。2013 年 6 月之前，澳大利亚的家庭护理套餐有三种类型：社区老年护理套餐（Community Aged Care Packages，CACPs）、居家老年护理（Extended Aged Care at Home，EACH）和居家老年痴呆护理（Extended Aged Care at Home Dementia，EACH-D）。CACPs 每周提供大约 6 小时的护理，是三种套餐中级别最低的护理；EACH 每周提供 17—26 小时的高级护理；EACH-D 则是为有失智症状的个人提供最高水平的护理。截至 2011 年 6 月，澳大利亚共有 50893 个家庭护理场所，包括 41020 个 CACP、6904 个 EACH 和 2969 个 EACH-D。继老年护理改革之后，从 2013 年 7 月起，澳大利亚的家庭护理套餐变为四个级别的家庭护理，即基本护理、低水平护理、中等护理和高水平护理，同时还为失智患者提供额外的补充护理。在澳大利亚，老年护理评估小组（Aged Care Assessment Teams，ACATs）充当老年护理服务的看门人，通过评估个人的医疗、身体、社会和心理需求，并考虑到他们的生活环境和收入水平，确定谁有资格享受家庭护理套餐。[①]

（二）形成原因

第一，人口老龄化严重。与其他发达国家一样，澳大利亚的人口老龄化也越发严重。根据经济合作与发展组织（OECD）的统计数据，2004—2014 年，澳大利亚 65 岁及以上的人口比例从 12.84%增长至 14.71%。[②] 一方面，人口老龄化将导致社会对养老金、老年保健和其他医疗服务的需求增加。根据澳大利亚生产力委员会（2005 年）的数据，到 2045 年，这些服务将额外花费国内生产总值（GDP）的 6%。澳大利亚健康与老龄化部门的数据则显示，仅联邦老年护理支出预计将从 2006—2007 年占 GDP 的 0.8%增加到 2046—2047 年占 GDP 的 2.0%，而同期联邦公立医院和私人医疗保险支出预计将从占 GDP 的 1.2%增加到占 GDP 的 2.3%。[③] 另一方面，社会的老年人口比例增加，就业人口比例就会减少，劳动参与率的

---

① Lee-Fay Low, et al.,“Community Care for the Elderly: Needs and Service Use Study (CENSUS): Who Receives Home Care Packages and What are the Outcomes?” *Australasian Journal on Ageing*, Vol. 34, No. 3, 2015, p. 1.

② 参见经济合作与发展组织（OECD）官方网站：https://data.oecd.org/pop/elderly-population.htm#indicator-chart，2019 年 11 月 19 日访问。

③ Lynne C Giles, et al.,“The Distribution of Health Services for Older People in Australia: Where does Transition Care Fit”, *Australian Health Review*, Vol. 33, No. 4, 2009, p. 581.

下降会导致经济的长期增长潜力下降，从而限制财政收入的增长空间。[①]在这种背景下，澳大利亚政府决定将市场融入国家的养老服务体系，增加养老服务的市场化程度。澳大利亚的未来基金和新西兰的私人养老储蓄计划都是养老服务市场化的体现。

第二，政府负债过多。澳大利亚政府自20世纪70年代后期开始，财政收入增长速度减慢，其不得不采取紧缩性货币政策和扩张性财政政策，最终导致政府预算赤字规模的迅速膨胀。据OECD的统计数据，2015年澳大利亚政府的一般性债务占GDP的64%。[②]在2007—2008年的联邦预算中，澳大利亚财政部评估无资金准备的养老金负债为1030亿美元，占GDP的10%以上，预计到2019—2020年将增长到1480亿美元，到2046—2047年将远远超过2000亿美元。[③]面对如此沉重的债务负担，澳大利亚政府不得不将国家主权基金模式（National Sovereign Fund，SWF）和市场化机制引入养老服务体系中，以减轻政府的财政负担。

第三，养老服务供给过少。为澳大利亚老年人提供护理服务的资源包括医院和老年护理服务。医院提供急性和亚急性服务，如康复治疗、床位管理等，老年护理服务则包括居家养老设施和社区家庭护理。澳大利亚养老服务的主要提供者是非营利组织，从社区照料服务来源看，养老服务中仅11%由州/地方政府提供，6%由营利组织提供，83%由非营利组织提供。[④]政府和非营利组织不能通过提供养老服务获利，并且养老市场的竞争力较小，社会整体的养老资源供给也较少。此外，澳大利亚的医疗资源非常紧张，医疗机构缩短住院时间以增加出院人数的措施并没有抑制医疗成本的增加，也并未对缓解医疗资源匮乏的问题产生太大的影响。[⑤]随着老龄化程度的加重，政府和非营利组织提供的养老资源与医疗资源已经不

---

① Richard Eccleston，“Australia's Future Fund：A Future beyond the GFC”，*Journal of the Asia Pacific Economy*，Vol. 17，No. 2，2012，p. 285.

② 参见经济合作与发展组织（OECD）官方网站：https：//data. oecd. org/gga/general-government-debt. htm，2019年11月19日访问。

③ Anthony J. Makin，“What Future for the Future Fund”，*Economic Papers*，Vol. 28，No. 2，2009，p. 122.

④ 参见钟慧澜、章晓懿《从国家福利到混合福利：瑞典、英国、澳大利亚养老服务市场化改革道路选择及启示》，《经济体制改革》2016年第5期。

⑤ Coleman EA & Boult C，“Improving the Quality of Transitional Care for Persons with Complex Care Needs”，*Journal of the American Geriatrics Society*，Vol. 51，No. 4，2003，p. 855.

能满足社会的养老需求。因此，政府将市场化机制引入养老服务，以加大非营利组织和营利组织之间的竞争力，扩大养老服务的供给。

（三）利弊分析

1. 优点

第一，有利于减轻财政压力。在人口老龄化可能对澳大利亚政府财政造成重大压力之际，FF通过帮助偿还养老金债务，缓解了政府的财政压力。从财政政策的角度来看，FF的结构和理念意味着其会导致预算盈余、政府支出的减少和税率的提高。① 一方面，FF作为一种投资工具，用于管理财政战略的盈余收入；另一方面，政府将其用作宏观经济政策工具，缓解增加支出和减税的需求，以减轻澳大利亚经济的通胀压力。

第二，有利于提高养老服务的质量。面对老龄化带来的巨大财政压力，为了使部分有护理需求者能够返回家园，而不是过早地进入养老机构，政府大力推行TC养老模式。② 在TC模式下，老人可以在自己习惯的环境中享受养老服务，不需要从家里搬到养老机构或医院。这更加符合老人的需求，提高了老人对养老服务的满意度，进而提高了养老服务的质量。

第三，扩大了养老服务的选择范围。根据澳大利亚1997年出台的《老年护理法案》，TC计划的护理场所比较灵活，老人可以选择在住宅区护理或社区（家庭）护理或两者结合。因此，TC计划赋予了老人更大选择权，他们可以根据自己的经济水平、身体状况和个人偏好等情况选择适合自己的服务类型。

第四，节约医疗资源。相关研究表明，TC计划在降低再入院率、提高医疗保健利用率和提高患者满意度方面发挥了巨大的作用。③ TC计划减少了老年人的住院时间，增加了医院在一定时期的出院率，提高了利用医疗资源的效率，缓解了澳大利亚医疗资源紧张的问题。

---

① John Freebairn, "Some Macroeconomic Implications of the Future Fund", *Australian Economic Review*, Vol. 41, No. 4, 2008, p. 114.

② Dorothy Hung & Robynn Cheng Leidig, "Implementing a Transitional Care Program to Reduce Hospital Readmissions Among Older Adults", *Journal of Nursing Care Quality*, Vol. 30, No. 2, 2015, p. 121.

③ Lian Leng Low, et al., "Effectiveness of a Transitional Home Care Program in Reducing Acute Hospital Utilization: A Quasi-experimental Study", *BMC Health Services Research*, Vol. 15, No. 1, 2015, p. 2.

2. 缺点

第一，不利于提升经济效率。按照主流的公共选择理论，在以政治竞争激烈为特征的国家中，政府倾向于将重点放在眼前的需求上，而不会为了长期战略目标推迟现有的开支。FF 的出现打破了这一传统，因此在 FF 成立之初，澳大利亚国内产生了许多质疑的声音。例如，澳大利亚工商业协会（Australian Chamber of Commence and Industry）认为，政府用于建立 FF 的财政盈余延误了税收系统的改革，限制了个人储蓄的增加，对增加政府的长期收入和提升国家的经济效率方面并没有太大的帮助。

第二，用户费用偏高。在 TC 计划中，虽然大部分费用由政府承担，但是被护理者最多仍需缴纳基本单一养老金日利率的 85%作为护理费用。澳大利亚政府只决定可收取护理费用的最高额度，每个州的具体政策不同，护理服务提供商也多种多样，因此各地 TC 的费用可能会有较大差异。护理服务提供商具有营利性质，故其提供的收费标准不会过低。根据《过渡护理准则（2019）》规定，在被护理者有经济困难的情况下，护理服务提供商享有免除护理费用的权利。但是，免除费用的标准不明确，是否能够免费很大程度上由护理服务提供商决定。由于其具有商业性和营利性，该条规则在实践中的可操作性不强。因此总体上来看，TC 计划的费用仍然处于较高水平，不能满足经济困难人群的养老需求。

四　中国香港地区

（一）基本模式："三支柱" +安老服务

香港的老年社会福利体系按照服务形式可以分为经济援助和直接服务，前者是指"三支柱"养老保障制度，后者则是指由非政府机构以资助模式提供的直接服务，而政府仅在资金和政策上提供支持。香港的老年社会福利体系按照服务内容可以分为养老保险、老年社会救助和老年社会福利（即狭义的安老服务）。[①] 以下重点介绍"三支柱"体系和狭义的安老服务。

1. "三支柱"养老保障制度

（1）第一支柱：公共计划。公共计划包括综合社会保障援助计划

---

① 参见王海英、梁波《老龄化与养老服务：香港的经验与启示》，《中国人力资源开发》2014 年第 16 期。

(Comprehensive Social Security Assistance Scheme, CSSA) 和公共福利金计划 (Social Security Allowance Scheme, SSA), 公共计划由政府通过税收支付老人的养老保障资金, 个人无须缴纳费用。

综援计划通过入息补助的方式帮助经济上无法自给自足的人士, 该计划的目标群体不限于老人, 但它能够为老人提供最基础的养老保障。综援计划的援助金分为三类: 标准金额、补助金和特别津贴。不同类别的受助人获得的标准金额有所不同, 标准金额主要用来保障生活上的基本需要。补助金中的长期个案补助金、社区生活补助金和院舍照顾补助金可以适用于老年人。有老年成员的受助家庭, 若连续领取援助金达 12 个月或以上, 可以按照家庭中老年成员的人数, 领取每年一次的长期个案补助金; 未居住在院舍的老年综援受助人, 每月可领取社区生活补助金, 以保障他们在社区的生活; 居住在非资助院舍的老年综援受助人, 每月可领取院舍照顾补助金, 以减轻他们的院舍费用负担。特别津贴主要是为了应对个人或家庭的特别需要, 如复康和医疗用具等支出。

公共福利金计划的适用对象是严重残疾或年龄在 65 岁或以上的香港居民, 补助方式是每月提供现金津贴。同一个人不能同时参与公共福利金计划和综援计划, 并且每一个人只能领取公共福利金计划下的一种津贴。公共福利金计划下, 针对老年人的津贴包括高龄津贴、普通长者生活津贴以及高额长者生活津贴。高龄津贴主要针对的是 70 岁或以上的老人, 没有资产和收入的限制; 普通长者生活津贴和高额长者生活津贴均要求申请人年龄在 65 岁或以上, 且每月收入及资产未超过规定的限额。①

(2) 第二支柱: 强积金计划。2000 年 12 月正式实施的强制性公积金计划 (Mandatory Provident Fund Schemes, MPF) 是一种实行个人账户完全积累和市场化投资营运的强制性养老保障制度, 属于 DC 型养老金。②强积金计划的覆盖范围广泛, 除 6 类获豁免人士外, 所有年满 18 周岁未满 65 周岁的一般雇员、临时雇员和自雇人士, 均须参加强积金计划。获豁免人士包括: 家务雇员、自雇小贩、受法定退休金计划或公积金计划保

---

① 参见香港特别行政区社会福利署官网: https: //www. swd. gov. hk/sc/index/site_ pubsvc/page_ socsecu/sub_ ssallowance/, 2020 年 6 月 6 日访问。

② 参见胡秋明、袁中美《社会养老保险个人账户基金管理模式探析——基于新加坡中央公积金和香港强积金制度的比较分析》,《投资研究》2011 年第 3 期。

障的人士（如公务员和津贴或补助学校的教员）、获发强积金豁免证明书的职业退休计划的成员、来港工作不超过 13 个月或受海外退休计划保障的海外人士以及驻港欧洲联盟属下欧洲委员会办事处的雇员。

强积金计划的内容具体分为 3 类：集成信托计划、雇主营办计划和行业计划。集成信托计划是最常见的强积金计划，覆盖了所有雇主、雇员、自雇人士以及在其他计划中享有累算权益的人士。该计划通过集合雇主、雇员和自雇人士缴纳的费用进行集中管理和投资运营，实现规模经济效益，主要适用于中小型雇主。雇主营办计划仅允许受雇于同一雇主或其关联公司的雇员参加，参与该计划的雇主必须拥有庞大的雇员数目，才能获得成本效益，故主要适用于公司规模较大的雇主。行业计划专为流动性较高的行业（如饮食业和建造业）的雇员而设，尤其是由雇主按日雇用或雇用期少于 60 日的临时雇员。他们若在饮食和建筑这两个行业内转职，只要其原雇主和新雇主参加的行业计划相同，就无须改变参保关系，该计划为流动性较高的行业雇员的转职提供了便利。

强积金计划的费用支付由雇主和雇员共同承担，根据雇员每月有关入息[①]的高低而实行不同的缴纳标准。若雇员的每月有关入息低于 7100 港元，雇主应缴纳雇员每月入息的 5%，雇员则无须缴纳费用；若雇员的每月有关入息在 7100—30000 港元之间，则雇主和雇员各缴纳 5%；若雇员的每月有关入息高于 30000 港元，则雇主和雇员各缴纳 1500 港元。[②] 自雇人士也须定期向强积金计划缴纳费用，供款额根据有关入息的数额而有所差异。若自雇人士的有关入息低于每月 7100 港元或每年 85200 港元，则无须供款；若自雇人士的有关入息在每月 7100—30000 港元之间或者每年 85200—360000 港元之间，则须缴纳有关入息的 5%；若自雇人士的有关入息高于每月 30000 港元或每年 360000 港元，则需每月缴纳 1500 港元或每年缴纳 18000 港元。[③] 雇主、雇员和自雇人士还可以选择在强制性供款

① 有关入息是指雇主以金钱形式已支付或须支付雇员的任何工资、薪金、假期津贴、费用、佣金、花红、奖金、合约酬金、赏钱或津贴，但不包括《雇佣条例》（香港法例第 57 章）下的遣散费或长期服务金。

② 参见叶振东、孙文彬《强积金：香港养老政策的经验与反思》，《新视野》2017 年第 4 期。

③ 参见强制性公积金计划管理局官网：http：//www.mpfa.org.hk/sch/mpf_ system/system_ features/contributions/index.jsp，2020 年 6 月 9 日访问。

以外，作出额外的自愿性供款。

强积金计划由雇主选择，雇员可以在已选强积金计划的范围内根据自己的收入情况、风险承受能力、投资倾向等选择成分基金产品，并且可以在一年以内对投资组合进行至少一次及以上的调整变更。[①] 根据《强制性公积金计划条例》的规定，每个强积金计划至少要提供一个强积金保守基金，在此基础上，还会提供其他投资基金选择，包括收益稳定的低风险基金和收益高的高风险基金。强积金计划的成分基金主要包括以下 6 种：货币市场基金、保证基金、债券基金、混合资产基金、股票基金和指数基金。强积金保守基金属于货币市场基金的一种，仅投资港元资产（包括短期银行存款或短期债券），该种基金风险低、收益少。货币市场基金一般只投资于到期日较短（不超过 90 天）的投资工具，如优质的短期有息证券，以此来获得比储蓄存款更高的收益。保证基金为强积金计划成员提供各种形式的保证，主要包括本金保证和最低回报保证，保证人会就提供的保证收取保证费或储备费。债券基金的投资对象是由政府、公营机构、银行、商业机构或多边国家机构（如世界银行）发行的债券或债务工具，其收益主要来自债券的利息收入和通过在市场上买卖债券所获得的利润。混合资产基金主要投资于债券和股票，这种基金的风险介于债券基金和股票基金之间，债券基金所占比例越大，风险越低，股票基金所占比例越大，风险越高。股票基金主要投资于在核准股票交易所交易的股票，其风险较高，受股市动荡和汇率变化的影响较大，但所获收益也较高。指数基金以特定指数（如恒生指数、标准普尔 500 指数或 iBoxx 债券指数等）为标的指数，并以该指数的成分股为投资对象。

强积金计划和基金以信托的形式进行运营，由私营机构负责强积金计划的缴费、运营、投资等环节。强积金计划的参与主体包括强积金受托人、计划管理人、保管人、投资经理和强积金中介人。雇主、雇员和自雇人士向受托人缴纳供款，受托人负责委任保管人保管信托资产，委任投资经理管理投资资产，计划管理人代表受托人负责处理日常行政工作，强积金中介人则负责强积金产品的销售和推销活动。积金局负责监管强积金计

① 参见张细松《中国商业银行发展养老金融业务研究》，《华北电力大学学报》（社会科学版）2019 年第 3 期。

划的运作，保障强积金计划的运行安全。[①]

一般情况下，强积金计划的成员要年满65岁才可以按月或者一次性提取累算权益。[②] 只有在以下6种特殊情况下才可提前提取累算权益：年满60岁并提早退休；永久离开香港；完全丧失行为能力；罹患末期疾病；账户结余不超过5000港元，而提出申索的日期与该成员最近的供款日相距至少12个月；死亡（累算权益将成为成员遗产的一部分，可由遗产代理人申索）。参与强积金计划的雇主、雇员和自雇人士可以享受税项宽减待遇。对于强制性供款，雇主和雇员均可以在缴费阶段、投资阶段和权益领取阶段申请扣税；对于自愿性供款，雇主可以在缴费阶段、投资阶段和权益领取阶段申请扣税，但扣除额不得超过雇员总薪酬的15%，雇员则不可以申请扣税。

（3）第三支柱：自愿性质的个人储蓄及投资。自愿性质的个人储蓄及投资是对第一支柱和第二支柱的补充，由于公共计划和强积金计划能够提供的养老资助有限，因此许多老人选择通过个人储蓄或投资等方式来满足自己的养老需求。购买商业养老保险是个人投资中最常见的一种方式。商业养老保险分为传统型、分红型、万能型和投资联结型，传统型的预定利率是确定的，一般在2.0%—2.4%；分红型通常有保底的预定利率，一般在1.5%—2.0%；万能型的保底收益一般在1.75%—2.5%；投资联结型的收益则与不同种类投资产品的收益挂钩。

"以房养老"和"以租养老"也是第三支柱的重要组成部分。香港政府为了帮助老人养老，推出了安老按揭计划（又称逆向按揭），这种"以房养老"的模式通过将老人所有的房屋进行抵押来获取收益。年龄在55岁以上的香港居民，可以将自己所有的且已还清房贷的住宅物业向银行提出按揭，但该房屋的楼龄必须在50年以下。安老按揭计划将老人的房屋提前变现，老人在获得稳定收益的同时还可以继续在自己的房屋居住，但由于安老按揭计划有房屋估值的上限，所以可能存在房屋价值高于养老金数额的情况。"以租养老"是指将老人所有的房屋抵押给金融机构，由金融机构将房屋进行出租，由此获得的收益部分属于老人，在这种模式下，

① 参见樊恒希、徐春华《香港强积金制度对完善内地企业年金制度的启示》，《财经理论与实践》2017年第3期。

② 参见湛江《香港强积金制度对内地的启示》，《南方金融》2015年第8期。

老人可以不转移房屋产权，但无法继续在该房屋中居住。

2. 安老服务

香港的安老服务的目标是使老人能够有尊严地生活，并为他们提供适当的支援，最终实现“老有所属、老有所养、老有所为”的理想。其基本原则是“以居家养老为本，院舍照顾为后援”，即通过提高安老服务的质量尽量让老人居家养老或在自己熟悉的社区养老，同时对有特殊养老需求的老人提供院舍服务。[①] 香港的安老服务体系由长者社区支援服务和安老院舍照顾服务 2 个子系统构成。

（1）长者社区支援服务。长者社区支援服务旨在鼓励老人尽量留在自己熟悉的社区中安享晚年，同时为护老者提供支援。长者社区支援服务主要分为 3 类：长者中心服务、长者社区照顾服务和其他支援服务。长者中心服务旨在为老人及其照护者提供地区层面的社区支援服务，以便他们在邻近其住所的中心接受多元化的服务。长者中心服务包括长者地区中心、长者支援服务队、长者邻舍中心和长者活动中心。[②] 长者社区照顾服务的主要对象是身体状况不佳且缺乏家人照顾的老人，服务地点在老人熟悉的家居和社区环境内，服务内容是为老人提供照顾、护理、康复训练和社交活动等服务。长者社区照顾服务包括长者日间护理中心/单位、长者日间暂托服务、改善家居及社区照顾服务、综合家居照顾服务以及家务助理服务。其他支援服务旨在让老人能够在社区安老，发展自己的潜能，向社会做出贡献。其他支援服务包括长者咭计划、老有所为活动计划、护老者支援服务以及长者度假中心。[③]

香港长者社区照顾服务的资金主要来源于政府资助、服务收费和社会募捐。政府资助是最重要的筹资渠道，其资助模式为“整笔拨款津助制度”，即政府直接就某一服务项目拨出整笔款项，拨款后非政府组织不能再额外申请补助，有剩余的资金也无须退还。在“整笔拨款津助制度”下，非政府组织可以自由、灵活地调配资源以满足不同类型服务的需要，从而提高服务的质量。截至 2018 年 8 月 1 日，共有 169 间接受津助的非

① 参见李艺炜《香港安老服务体系及其对内地的启示》，《北京青年政治学院学报》2013 年第 4 期。

② 参见唐咏、徐永德《香港“持续照顾”的老年福利政策及其借鉴意义》，《山东社会科学》2010 年第 11 期。

③ 参见唐莹莹《借鉴香港安老经验 应对北京老龄化》，《北京人大》2015 年第 4 期。

政府组织，其中164间已加入“整笔拨款津助制度”，这些组织从政府得到的拨款在2017—2018年度整体资助额中所占比例超过99%。服务收费包括政府资助服务收费和私营机构服务收费，前者的费用低，后者的费用高，如在改善家居及社区照顾服务和综合家居照顾服务中，政府资助的服务费用为每小时5.4—19元，而私营机构的服务费用为每小时50—100元。[①] 社会募捐也是长者社区照顾服务的重要资金来源，主要发挥补充作用，在整个资金来源中所占比例较小，募捐的方式主要是通过企业和市民的慈善捐款来筹集资金，具体形式包括设立专门的慈善基金、逐户募捐、设置流动的捐款收集箱、进行义演和义卖等。

（2）安老院舍照顾服务

安老院舍照顾服务的服务对象包括以下2种：一是年龄在65岁或以上，由于个人、社会、健康或其他原因而无法居家养老的老人；二是年龄在60—64岁之间，但确有接受住宿照顾的需求的老人。根据老人不同程度的护理需求，安老院舍照顾服务可以分为4种类型，从最低护理程度到最高护理程度分别为长者宿舍、安老院、护理安老院和护养院。长者宿舍的服务对象为有自理能力的老人，服务内容包括提供群居的住宿服务、社会工作服务、安排人员提供24小时支援服务等。安老院的服务对象是未能独自居住，但有一定的自理能力，可以照顾自己的起居，在“安老服务统一评估机制”下被评为没有或轻度缺损的老人，服务内容包括提供住宿照顾、膳食和有限的起居照顾服务。护理安老院的服务对象是健康状况不佳、身体机能丧失或衰退，在“安老服务统一评估机制”下被评为中度缺损，无法照顾自己的起居，但在精神上适合群体生活的老人，服务内容包括提供住宿照顾、膳食、起居照顾和有限的护理服务。护养院的服务对象是健康状况不佳、身体机能丧失或衰退，在“安老服务统一评估机制”下被评为严重缺损，无法照顾自己的起居，但在精神上适合群体生活的老人，服务内容包括提供住宿照顾、膳食、起居照顾、护理服务、定时的基本医疗照顾和康复服务等。[②] 除了上述4种主要的院舍服务以

---

① 参见施巍巍、刘雨蓓《香港长者社区照顾的福利多元主义视域》，《学术交流》2016年第3期。

② 参见徐怡珊、周典、刘楠《香港安老服务设施体系的构成特征及其规划启示》，《国际城市规划》2017年第6期。

外，香港特区政府还实施了其他支援性服务，如特别照顾补助金、安老院内的“疗养护理单位”、长者紧急住宿服务、长者住宿暂托服务等。①

安老院舍照顾服务的收费标准因服务类型的不同而有所差异。长者宿舍每月收费为502港元；安老院服务中，伤残津贴受助人每月收费为1559港元，非伤残津贴受助人每月收费为1481港元；护理安老院中，已转型或提升为提供持续照顾服务的护理安老床位每月收费为2060港元，一般的护理安老床位中伤残津贴受助人每月收费为1871港元，非伤残津贴受助人每月收费为1660港元；护养院每月收费为2054港元，政府通过“护养院宿位买位计划”购买的私营护养院床位每月收费为2060港元。

（二）形成原因

第一，养老观念的转变。在20世纪70年代以前，港英政府在养老保障方面采取了完全不干预甚至不承担责任的态度。其以中国传统观念孝道为借口，主张养老是家庭内部的问题，政府不宜过多干预。当时香港居民的养老观念比较传统，认为家庭成员是养老责任的主要承担主体。随着人口老龄化的日趋严重，传统的家庭照顾模式逐渐无法满足人们的养老需求，人们的养老观念也发生了转变，社区养老和机构养老开始迅速发展。香港居民养老观念的转变有利于养老服务形式的多元化发展，是刺激养老服务市场繁荣的观念因素。

第二，经济状况的好转。香港回归后不久就爆发了亚洲金融危机，香港经济受到了重创，1998年香港经济甚至出现了严重的负增长现象，这给特区政府造成了巨大的财政压力。在香港经济衰退的情况下，为了避免过度干预社会福利对经济活动产生负面影响，特区政府将发展经济作为首要目标，减少了对养老保障等社会福利的支出。随着香港经济状况的好转，特区政府逐渐加大了对养老服务的支持力度，完善了医疗保健、居家养老、院舍养老、社区养老等养老服务，形成了如今庞大的“安老服务”体系。

第三，人口老龄化的现实。在20世纪70年代以前，香港还没有成为老龄化社会。当时香港约有一半的人口为21岁及以下的年轻人，老年人口所占比例小，社会的养老负担不重，因此养老问题并未引起人们的重

① 参见香港特别行政区社会福利署官网：https：//www. swd. gov. hk/sc/index/site_ pubsvc/page_ elderly/sub_ residentia/，2020年6月9日访问。

视。根据香港特区政府统计处发布的数据，2016年香港65岁以上的老年人达116.3万，老年人口占总人口的比例由2006年的12.4%增长至2016年的15.9%。香港的人口老龄化问题愈加凸显，社会的养老负担也越来越大。为了应对人口老龄化，政府开始加大对养老保障的支持力度，并不断完善“三支柱”养老保障制度和安老服务体系。

第四，特区政府的政策导向。20世纪70—90年代，港英政府对养老保障坚持“积极不干预”的原则，养老服务主要由家庭成员和社会组织提供，政府在养老保障方面发挥的作用非常小。在香港回归之前，港英政府突然大规模增加社会保障方面的支出，使特区政府负担了巨大的社会保障压力。尽管如此，特区政府仍然将“照顾长者”作为其社会政策的重点，提出了“老有所养、老有所属、老有所为”的目标，在整合现有养老服务资源的基础上，及时推出了新的养老服务计划以满足老年人的需求。香港回归之后，特区政府还制定了“安老服务统一评估机制”“香港强积金制度”和“长期护理服务中央轮候册”等法律制度，为完善养老福利制度提供了有力的法律保障。

（三）利弊分析

1. 优点

第一，较为全面的服务内容。香港的养老服务提供者通过对老人的身体状况、个人喜好、生活自理能力等方面进行综合评估，针对不同的老人提供不同类型的服务。香港的养老服务内容较为全面，个人照顾服务、护理服务和改善家居及社区照顾服务保障了老人的基本生活，医疗照顾、康复运动促进了老人身体机能的恢复，社交和康乐活动丰富了老人的娱乐生活。在判断老人适合哪种养老服务时，养老服务提供者不仅要考虑老人的生理状态，还要考虑老人的心理需求，如是否接受群体生活。

第二，合理化的养老资源分配。香港的一些非营利组织推出了“自负盈亏”的养老服务项目，采用“能者自付”和“共同付款”的理念，对不同经济水平的服务接受者适用不同的付费方式。这种模式可以促进养老资源的合理分配，把政府服务补贴用于低收入群体，通过对中收入群体进行资产审查确定政府与服务接受者付费的比例，而高收入群体则可以通过“能者自付”的方式，快速获得高质量的养老服务。

第三，科学的统一评估机制。香港从2000年11月开始实行“安老服务统一评估机制”，由评估员采用国际认可的评估工具，评估老人在护理方面的需求，如老人的身体健康状况、生活自理能力、精神状态、个人偏好等，编配合适的长期护理服务。“安老服务统一评估机制”适用于申请安老院（2003 年 1 月 1 日前的申请）、护理安老院、护养院、长者日间护理中心、改善家居及社区照顾服务以及综合家居照顾服务内的伤残和体弱个案。这一评估机制根据个人的具体情况，为老人提供最合适的养老服务，同时也节约了部分不必要的财政开支。

2. 缺点

第一，安老院舍照顾服务提供的宿位有限。根据香港社会福利署发布的数据，截至 2020 年 3 月 31 日，安老院提供的宿位共 529 个，护理安老院提供的宿位共 27069 个，护理院提供的宿位共 5957 个，共计 33555 个宿位。可见，安老院舍照顾服务提供的宿位远远不能满足社会的养老需求。香港特区政府鼓励老人居家养老或在社区养老，但许多老人的身体状况和精神状态不允许他们在家或在社区居住。安老院舍照顾服务所能提供的宿位过少，很多老人只能选择住在医院，这导致医疗资源更加紧张，不利于养老资源和医疗资源的有效配置。

第二，强积金的收益率偏低。以强积金前 15 年年率化内部收益率计算，一位收入中等的市民（月薪 15000 元），供款 40 年后，退休时每月的退休金平均所得替代率仅 25%。政府在最初制订强积金计划时，为了提高私营市场投资选择的多元性，设置了多达 457 个成分基金。过多的成分基金数目造成了投资规模的分散，增加了运行成本，降低了收益。加之雇员无权选择强积金提供者，负责投资的银行和基金经理有可能会偏向雇主一方，而非为雇员获取更多的收益。低收益率的强积金计划在应对老人的养老需求方面发挥的作用较小。

第四章

三支柱支付模式的国内现状

第一节　国内现有支付模式

从发达国家的改革实践来看，单一的养老金制度无法应对人口老龄化的巨大压力，也无法满足老年群体多样化的需求。因此，由世界银行提出的多支柱养老保险在世界范围内得到推广。“三支柱”养老体系的最大优势是能平衡实现政府、单位和个人对养老责任的负担，促进养老金体系的可持续发展。[①] 前文已述及，大陆法系和英美法系的大多数国家都通过建立“三支柱”养老保险体系，来减缓人口老龄化所带来的医疗和养老压力。经过多年的探索实践，随着2018年5月个税递延型商业养老保险试点的实施，标志着我国第三支柱养老金体系的初步建立。至此，我国的“三支柱”养老金体系已基本建立。第一支柱为基本养老保险（全国社会保障基金为第一支柱的资金补充），包括职工基本养老保险和城乡居民基本养老保险；第二支柱为补充养老保险，包括企业年金和职业年金；第三支柱为个人养老金，税延型养老保险为我国目前第三支柱的唯一形式。尽管目前“三支柱”养老金体系建设取得初步成效，但仍难以应对我国人口老龄化飞速变化的巨大压力以及老龄人口对晚年高质量生活的需求。“三支柱”养老体系发展不够均衡，对第一支柱依赖过高，而第二、第三支柱则发展缓慢。[②] 截至2018年年底，中国养老金结存金额为7.8万亿元，占GDP总量的8.6%。同时，三支柱养老金占比分别为74.7%、

① 参见董克用、施文凯《加快建设中国特色第三支柱个人养老金制度：理论探讨与政策选择》，《社会保障研究》2020年第2期。

② 参见娄飞鹏《我国养老金三支柱体系建设的历程、问题与建议》，《金融发展研究》2020年第2期。

25.3%、0，而美国则为10.2%、58.1%、31.8%。显而易见，我国养老金保障水平低，第一支柱占比高，第二支柱占比低，第三支柱缺位。对标全球，中国私人养老金资产存量低，占GDP比率低，与已步入老龄化社会多年的发达国家差距显著。[①] 在支付模式方面，由于三支柱养老金体系的社保属性，大多采取公共部门以直接支付形式提供给符合条件老年人的支付模式。

一 基本养老保险费用支付模式现状

（一）基本养老保险的运行现状

基本养老保险作为我国“三支柱”养老保险中的第一支柱，不仅要解决我国众多人口的养老难题，且由于其长期积累特性和巨额给付规模，还决定了其对整个社会保障制度的成败具有根本性的影响。[②] 总体而言，经过多年探索实践，我国基本养老保险制度建设已经取得较为明显的成效。既符合经济社会发展需要，在应对人口老龄化、推动经济体制转型方面也发挥了积极作用。[③] 基本养老保险按适用对象可划分为职工基本养老保险和城乡居民基本养老保险。目前已经实现广覆盖，提供基本生活保障。其具体包括以下几个方面特点。

第一，覆盖范围广泛，基金收入初具规模。首先，参保人数众多。根据2019年人力资源和社会保障统计快报数据，截至2019年年底，城镇职工基本养老保险以及城乡居民基本养老保险的参保人数合计已达9.6亿人次，基本实现了广覆盖。其次，基金收入初具规模，主要收入来源于城镇职工基本养老保险，城乡居民养老保险收入占比较小。2019年二者分别为5.2万亿元及0.4万亿元，合计达5.6万亿元。人均结存略有提升，年末结存由2012年年末的26243亿元上升至2018年年末的58152亿元，年复合增长率为14.2%。[④]

---

① 参见兴业证券《中国三支柱养老体系及资产配置研究》，2020年2月17日，资料来源：Wind数据库。

② 参见郑功成《全国统筹：优化养老保险制度的治本之计》，《光明日报》2013年7月23日第15版。

③ 参见董克用、姚余栋主编《中国养老金金融发展报告（2016）》，社会科学文献出版社2016年版，第10页。

④ 参见人社部网站：http：//www.mohrss.gov.cn/SYrlzyhshbzb/zwgk/szrs/tjsj/202001/t20200121_356806.html，2020年5月7日访问。

第二，提供的保障标准较低。基本养老保险为社会保障的性质，这决定了其仅能提供基本的生活保障，而无法满足目前老年人口日益增加的对高质量养老服务的需求。根据人社部的数据资料，有研究者指出，2018年职工基本养老保险共11798万人次领取了保险待遇，人均金额维持在3153元/月左右，基本能满足日常生活需求。但就城乡基本养老保险而言，其替代率较低，2018年共有15798万人领取待遇，但人均金额仅有152元/月。

第三，造成的财政压力过大。在两大基本养老保险中，城乡居民保险个人缴费共分为100—2000元共12个档次，缴费整体较低，而主要供款方为政府。政府给付当年的老年人口基础养老金，同时对中年居民的缴费予以补助。政府财政对基本养老保险基金的补助支出日益增加，增速亦平均维持在15%左右。同时，基本养老金的支出/收入比从2012年的76.6%快速增长至2019年前11个月的94.7%。[①] 随着我国老龄化速度的加快，已给财政支出造成很大的压力。

第四，地区统筹管理模式导致区域利益失衡的格局。职工基本养老保险由省级政府管理，实施现收现付的统筹账户制度。该模式导致的后果是国家法定的统一制度沦为地方性的制度安排，不同地区缴费率和待遇呈现差异化发展。随着老龄化速度加快，劳动人口的流动性加强，养老保险基金在不同地区间呈现收支结余两极分化，不利于区域协同化发展，导致了一系列负面效应。这不仅损害了基本养老保险制度的公平价值取向，也限制了该制度的互助共济功能。[②] 基于该现实，2018年7月职工基本养老保险基金中央调剂制度实施。依据该制度，各地按照比例向中央上缴资金，再由中央按离退休人数向各地拨付。其目的在于适度调剂各省份职工养老基金，将资金向中西部及老工业基地省份调拨，以确保养老金按时足额发放。

第五，市场化运营程度有所提高。目前基本养老保险基金的投资步骤为：先由各省级政府将辖区内的养老金归集到省级社会保障基本财政专户，在留下部分支付费用后；再由各省作为委托人，将剩余部分资金交由

① 参见兴业证券《中国三支柱养老体系及资产配置研究》，2020年2月17日。

② 参见郑功成《从地区分割到全国统筹：中国职工基本养老保险制度深化改革的必由之路》，《中国人民大学学报》2015年第3期。

全国社会保障基金理事会管理；社保基金理事会再选择商业银行安全保管养老基金资产，由专业投资管理机构对养老金进行运营投资。该模式进一步提高了市场化运营程度。但是，受制于相关投资规定的限制，基本养老基金投资范围较窄，固定资产利息收入为其最主要收益来源。2017 年和 2018 年的投资收益率分别为 5. 23%和 2. 56%。[①] 在基金支付压力增大的背景下，提高基本养老保险基金的增值保值能力显得尤为重要。

（二）社会保障基金是第一支柱的有力补充

除基本养老保险基金外，社会保障基金是我国第一支柱养老金的有力补充，主要用于人口老龄化高峰时期的养老保险等社会保障支出的补充和调剂。老龄化程度的不断加深导致我国养老金给付的缺口逐渐增大，目前国有资本划转以及社保基金的保值增值分别从财政性净拨入、投资增额两个口径促进社保基金扩容，提升基本养老保障的可持续性。具体体现如下。

第一，国有资本划转是充实社会保障基金、应对老龄化风险的重要途径。从域外经验来看，许多国家都采取国有资本充实社会保障基金的做法。如美国将国有股份和收益用于 EITC（Earned Income Tax Credit，劳动所得税收抵免）计划，补贴职工养老缴费。[②] 日本建立了国民年金及厚生年金社会保险缴费特别账户，通过对这些年金账户实施统一管理，以财政收入补充社会保障基金。[③] 我国近年来充分认识到划转国资充实社保基金的重要性，2017 年 11 月国务院发布关于《划转部分国有资本充实社保基金实施方案》，选择部分中央企业和省份开始试点，统一划转企业国有股份的 10%充实社保基金。2019 年，财政部、人社部、国资委、税务总局、证监会等五部门联合发布《关于全面推开划转部分国有资本充实社保基金工作的通知》，全面推进国有资本划转工作。随着老龄化程度的不断加深，国有资本划转的范围应当不断加大，一方面可以促进基本养老保险的可持续发展；另一方面也能减轻中央财政的支付压力。

第二，我国社会保障基金具有良好的增值保值能力。现行法律、行政

---

① 参见兴业证券《中国三支柱养老体系及资产配置研究》，2020 年 2 月 17 日。

② 参见徐锦文《美国社会保障制度简介及启示》，《湖北财经》2002 年第 2 期。

③ 参见崔开昌、丁金宏《划转国有资本充实社会保障基金问题探究》，《中国特色社会主义研究》2016 年第 5 期。

法规关于社保基金投资的限制兼具谨慎性与灵活性，体现为：一是投资限制总体上偏于谨慎，如规定银行存款和国债占比须高于50%；二是相对于基本养老保险基金而言更为灵活，权益资产投资上限可达资产净值的40%，且允许境外资产配置。[①] 根据社保基金理事会的相关数据，2009—2018年平均投资收益率稳定在8%上下。其收益率较高，波动较小。社保基金投资应遵照相关管理规定，根据不同资产的风险收益特征，构建适宜的资产组合，在安全性、流动性以及收益性三大原则之中寻找平衡点，以较低投资风险获得较高投资收益。[②]

（三）基本养老保险费用的支付

基本养老保险以养老金形式直接支付给满足给付条件的对象。我国基本养老保险采用社会统筹与个人账户相结合的筹集模式，在基本养老金的计发上采用结构式计发办法，强调个人账户养老金的激励因素和劳动贡献差别。随着人口老龄化、长寿风险等因素的影响，我国养老保险金的支出将大大提高，从而减低了养老保险基金的可持续性。[③] 如前文所述，由于基本养老保险由省级政府统筹，随着劳动力流动以及地方缴费比例的差异，全国已有某些省份养老保险基金出现当期收不抵支的情况。有研究者指出，我国基本养老保险待遇过于依赖财政，养老保险基金支出情况不容乐观。在未来几十年内将出现严重的支付缺口，产生巨额的财政负担。[④] 为保证基本养老保险基金支付的可持续性，国家采取了保险基金中央调剂制度、延迟退休制度等政策工具措施。还有学者提出，应当通过降低养老金待遇增速，回归基本养老保险只是维持退休后基本生活保障的目标。同时引入养老金自动平衡机制，基于法定程式化的调整规则，结合预期寿命、老龄化率、投资回报率等参数变化，自动调整养老金水平，使给付与缴费保持一个动态平衡。[⑤]

---

① 参见兴业证券《中国三支柱养老体系及资产配置研究》，2020年2月17日，资料来源：Wind数据库。

② 参见徐锦文《社会保障基金保值增值研究》，博士学位论文，华中科技大学，2005年。

③ 参见石晨曦、曾益《破解养老金支付困境：中央调剂制度的效应分析》，《财贸经济》2019年第2期。

④ 参见王焕清《我国养老保险的模式选择与基金缺口预测》，《统计与决策》2012年第19期。

⑤ 参见苏春红、李松《养老金支付风险预测及延迟退休作用评估——以S省为例》，《财政研究》2016年第7期。

二　企业年金和职业年金费用支付模式现状

我国养老金第二支柱是企业年金及职业年金。前者的适用对象为参与企业年金计划的企业职工，不具有强制性；后者的适用对象为参加机关事业单位基本养老保险的机关与国家事业单位的职工，具有强制性。企业年金的非强制性决定了其较低的参与性。我国城镇就业人口绝大多数分布在中小民营企业，其参与企业年金的积极性不够，而职业年金的惠及人群在我国仅占极小部分比例。一方面，成熟的企业年金制度不仅能够体现用人单位对雇员的“雇主责任”，提升其社会影响力。另一方面，从国外经验来看，形成成熟规模的年金市场将是缓解国家养老负担的有力武器，能够在基本养老保险金的基础上进一步保障退休人员的老年生活。

（一）企业年金的运行现状

与第一支柱基本养老保险相比，第二支柱企业年金发展较为落后。具体体现如下几个方面。

第一，覆盖率低，市场规模小。截至 2018 年年末，我国企业总数达 3474.2 万户，但参与企业年金计划的比例仅有 0.25%。[①] 参与人数仅占城镇总就业人口的 5.77%，城镇就业人口的 80%以上集中在民营企业，可见覆盖率较低。截至 2019 年第三季度，企业年金累计结存 16951 亿元，2018 年为 14779 亿元，仅占比同期 GDP 的 1.6%。[②]

第二，相关市场集中度较高，区域发展失衡。根据 2018 年《全国企业年金基金数据业务摘要》，2018 年年末，参与企业年金计划的央企职工数量和资金规模分别占到了总市场规模的 50.88%、56.80%。而在经济欠发达地区，由于企业效益不佳，企业年金覆盖率低、基金规模小。我国就业人口主要集中在中小民营企业，由于其较重的税收负担，未来我国参与企业年金建制的企业增长空间将受到限制。

第三，能够为退休职工提供更多的养老保障，但替代率相对偏低。首先，参与企业年金的前提是企业及其职工依法参加了基本养老保险，在养老保险的基础上，企业年金能够为退休职工提供双重养老保障。2019 年

① 参见王佳林《我国企业年金市场发展探析：现状、挑战及建议》，《南方金融》2020 年第 4 期。

② 参见人社部 2018—2019 年发布的有关统计数据。

第二季度，企业年金的领取待遇为2519元/月。结合2019年人均GDP约为70770元，企业年金替代率约为42.7%。由于参与企业年金计划的多为国内大型企业，人均收入高于平均值，因此实际替代率还应低于该数值。①

第四，保值增值能力略有欠缺。依据2018年《全国企业年金基金数据业务摘要》的统计数据，近几年企业年金基金结余增长率呈现出下降趋势：2014—2018年，我国企业年金的收益率分别为9.30%、9.88%、3.03%、5.00%和3.01%。究其原因，一方面，企业年金的投资区域被局限于国内；另一方面，投资渠道也较为单一。与基本养老保险相比，企业年金的优势在于自由灵活的投资机制和相对较高的投资收益，但目前我国企业年金市场的投资运营优势未能得到有效发挥。② 其主要原因在于：其一，我国企业年金市场的特殊性，促使其投资考核机制更注重短期收益，而丧失长期投资计划的优势。其二，从企业年金的整体投资收益看来，一部分企业年金投资过于谨慎，导致收益率偏低。

尽管目前我国年金市场还存在诸多局限性，但随着经济社会的发展，也面临着新的机遇。党的十九大指出，我国经济已由高速增长阶段转向高质量发展阶段。社会制度、法律体系日趋完善，为企业提供了更为良好的营商环境，因此有利于鼓励更多企业积极参与年金计划。此外，对职工而言，我国的养老保障制度旨在保障个人最基本的生存，而随着人们经济条件的提高，对养老服务水平的质量要求也随之提高。因此，这也为企业年金市场提供了新的发展机遇。一国的养老保障体系需要分层设计，并逐步提升保障质量和保障水平。随着我国第一支柱基本养老保险的稳步发展，越多的人已经参加底层养老保障机制，那么追求高层次养老保险机制的人也会越来越多。③ 同时，《企业年金办法》等系列文件的出台，鼓励企业由自愿建立转为自主建立，降低了企业缴费和总缴费的上线，明确了企业缴费的归属机制，使得企业年金制度得到进一步地规范。简言之，新的经

① 参见兴业证券《中国三支柱养老体系及资产配置研究》，2020年2月17日，资料来源：Wind数据库。

② 参见李瑶、柏正杰《美国企业年金制度的经验、教训与启示——以401（K）计划为例》，《社会保障研究》2018年第6期。

③ 参见王佳林《我国企业年金市场发展探析：现状、挑战及建议》，《南方金融》2020年第4期。

济环境下，稳步推进的基本养老保险制度和居民收入水平不断提高等因素，都为进一步改善年金市场环境奠定了良好基础。

（二）职业年金的运行现状

职业年金作为我国养老金第二支柱的主要部分，仅适用于机关与国家事业单位职工，具有适用对象有限、强制性、覆盖率高、投资收益较高等特点。职业年金相较于企业年金起步更晚，2008 年 2 月国务院印发《事业单位工作人员养老保险制度改革试点方案》（国发〔2008〕10 号），在山西、上海、浙江、广东和重庆五个省市实施试点，就缴费办法、分配方法等相关制度进行设计，探索建立职业年金制度。2015 年 4 月，国务院办公厅印发《机关事业单位职业年金办法》（国办发〔2015〕18 号）。该办法规定，从 2014 年 10 月 1 日起开始实施机关事业单位工作人员职业年金制度。2017 年 8 月，新疆维吾尔自治区发布的《自治区机关事业单位职业年金管理暂行办法》正式拉开了各地职业年金地方性办法出台的序幕。各地在国家相关规定的基础上，结合本地区的实际情况，对职业年金计划的设置以及基金管理相关规定进行了完善和补充。① 2019 年 4 月底，山东省率先开始启动职业年金投资运营。截至同年 5 月底，分四批资金共投资 425 亿元，涉及 265 万人。②

尽管起步晚于企业年金，但由于具有强制性，加之适用对象远远小于企业年金，因此职业年金覆盖率远超企业年金。截至 2019 年 5 月 31 日，职业年金累计结余 6100 亿元。在共有 3612 万名机关事业单位工作人员参与养老基本保险的基础上，又有 2970 万人加入了职业年金，覆盖率高达 82%。③ 此外，职业年金投资限制亦小于企业年金，因此其具有更好的保值增值能力。在投资托管方面，以法人受托机构为主，理事会受托比例逐渐下降。在法人受托的情形下，又以保险系投资管理人为主，基金及券商市场份额逐步缩减。保险系管理资产份额稳步上升的原因在于，保险机构兼具受托、投管和账管业务资格，业务协同度高，人员配置较为充足。总体而言，由于职业年金适用对象的限制，其在我国三支柱体系中的影响

① 参见董克用、姚余栋《中国养老金融发展现状、挑战与趋势研判》，《养老金融评论》2019 年第 5 辑。

② 山东省社保中西机关事业养老保险处处长楼群伟在 2019 年 7 月 27 日“中国养老金融 50 人论坛 2019 年上海峰会”提及的数据。

③ 参见兴业证券《中国三支柱养老体系及资产配置研究》，2020 年 2 月 17 日。

较小。

（三）企业年金和职业年金的支付

企业年金基金由企业缴费、个人缴费以及基金投资收益共同组成，随着企业年金基金规模的扩大，支付金额和人数也在逐年递增。根据《企业年金办法》第24条，职工在达到退休年龄或者完全丧失劳动能力时，可以从本人企业年金个人账户中按月、分次或一次性领取企业年金，也可以将本人企业年金个人账户资金全部或部分购买商业养老保险产品，根据保险合同领取待遇。依据不同的保险合同，被保险人受领的可能是现金，也可能是相关的养老医疗服务。与基本养老保险待遇相比，企业年金待遇保障水平更高，服务内容也更加多样。在未来若干年内，企业年金的支付面临与基本养老保险基金同样的威胁，即出现严重的资金缺口。此外，企业年金覆盖率不足，不利于我国“多层次混合型”养老保障体系的建设。有学者指出，企业年金本应成为退休收入的重要来源之一，但由于其过低的参与率，领取人数和支付总额都不够理想。[①] 实际上，尽管企业年金参与度不高，但人均待遇已在稳步上升。根据2015年的数据，全年企业年金领取人数为90万人，支付总金额为260亿元，人均一次性领取金额为2.9万元。2018年第二季度《全国企业年金基金业务数据摘要》显示，本季度待遇支付情况为：支付总金额为105.05亿元，总领取人数为106.44万人；一次性领取人数为4.4万人，一次性领取金额为28.59亿元，人均一次性领取金额约为6.5万元。[②] 尽管人均待遇有所上升，但不可否认的是，在支付水平和基金规模上，我国年金市场与发达国家年金市场还存在巨大差距。

改革开放以前，我国机关事业单位职工养老模式主要采取单位保障模式，公职人员无须缴费，养老金来源为财政拨款，但养老金替代率却远高于企业职工。该制度导致权利义务的失衡，从而引发了社会争议。[③] 职业年金制度的建立，对促进社会公平有着重要意义。根据《机关事业单位

---

① 参见郑秉文《扩大参与率：企业年金改革的抉择》，《中国人口科学》2017年第1期。

② 参见人社部网站：http://www.mohrss.gov.cn/SYrlzyhshbzb/zwgk/szrs/tjgb/，人力资源和社会保障部社会保险基金监管局《全国企业年金基金业务数据摘要：2018年二季度》，2020年5月19日访问。

③ 参见王延中《中国社会保障收入再分配情况调查》，社会科学文献出版社2013年版，第80—126页。

职业年金办法》（国办发〔2015〕18 号）规定，单位缴纳本单位工资总额的 8%，个人缴纳本人缴费工资的 4%。假设缴费工资为 5000 元，工资增长率为 3%，投资回报率为 4%，则缴费 30 年大约能积累基金 30 万元。假设领取职业年金的时间为 20 年，则分摊到每月大约为 1250 元。考虑到通货膨胀等因素，退休后领取的职业年金数额占比退休前工资的替代率约为 20%。[①] 职业年金待遇和企业年金的支付形式相同，也是通过养老金或者保险待遇的形式发放。另外，尽管替代率不高，但对比企业年金，职业年金能够提供更高水平的养老保障。

三 个人养老费用支付现状

个人养老金作为我国养老金三支柱的第三支柱，起步较晚，各项制度正在稳步探索建立的过程中。尽管第三支柱养老金在我国目前基础较为薄弱，但它是响应养老保险应由国家、企业、个人三方共同负担政策必不可缺少的一环，对我国养老保障体系建设有着重要的战略意义。2018 年 5 月，财政部、国家税务总局、人力资源和社会保障部、中国银行保险监督管理委员会、中国证券监督管理委员会五部委联合印发《关于开展个人税收递延型商业养老保险试点的通知》（财税〔2018〕22 号，以下简称《试点通知》），在上海、福建和苏州工业园区实施个人税收递延型商业养老保险试点，标志着我国第三支柱个人养老金制度正式开启。目前，保险是第三支柱的唯一产品形式。

（一）个人养老金试点的现状

从试点情况来看，截至 2019 年 6 月 30 日，银保监会批准的 23 家个人税延型商业养老保险机构中，已有 20 家机构开发的 66 款产品获准销售，试点地区保费收入共计 1.55 亿元，承保保单 4.45 万件。[②] 个税递减型养老保险试点取得了一定的成效，但总体实施效果欠佳，仍存在较大改进空间。其存在的问题归纳总结如下。

第一，税收优惠力度不够。目前试点采用的是 EET 税收优惠模式，

① 参见吕学静《我国机关事业单位建立职业年金的几点思考》，《社会保障研究》2015 年第 1 卷。

② 参见董克用、施文凯《中国养老金融发展报告（2019）》，社会科学文献出版社 2019 年版，第 200 页。

具体操作为：在缴费环节，根据相应的标准在税前支列保费，个人若在两个或两个以上试点地区获得收入，只能选择一个地区进行税前扣除。在投资环节，根据相应的税收规定，计入个人商业养老保险账户内的投资收益，免征个人所得税。在领取环节，达到投保约定开始领取日且达到法定退休年龄，或者个人身故、发生保险合同约定的全残或罹患重疾，可以领取相应保险金。在领取环节按实际税率7.5%征收个人所得税。有研究者以一个试点地区30周岁、月工资10000元的男性公民为例计算了相应的节税力度。2019年上海地区社保和公积金共计扣除工资收入的17.5%，若其每月可税前扣除保费600元，则在该阶段其可以少缴纳个人所得税35.5元/月，30年则累计节省12780元，占其收入比例的0.036‰；假设其月均收入为16667元及以上，每月可税前扣除保费1000元，少缴纳个人所得税100元/月，30年累计节省36000元，占其收入比为0.06‰以下。[①] 可见，税收优惠力度相对微弱，对职工参保的吸引力有限。从国外经验来看，美国养老保障体制改革中取得巨大成功的一个重要原因，就是税收优惠激励到位。其他欧美国家亦通过设置不同的税收优惠模式、不同的优惠税率和最高缴存限额等措施，激励不同目标群体自愿加入个人商业储蓄养老计划。[②]

第二，市场集中度高，客户投资偏向稳健型产品。税延型养老保险的市场集中度较高，截至2019年上半年，国寿、太保、平安、泰康四家险企的市场集中率高达84.09%。依据保险原理，当市场集中率大于30%时，即为寡占型市场，表明相关保险市场缺乏竞争力，少数几家保险公司的服务质量直接关系到客户体验。税延型商业养老保险共有三类四款产品形态，分别为：收益确定型（A类）、收益保底型（B类）以及收益浮动型（C类）。其中B类产品根据领取方式的不同，又可分为按月结算收益的产品（B1型）和按季度结算收益的产品（B2款）。在三类四款产品中，产品形态类似，但保底收益产品更受欢迎。开展承保业务以来，A类和B1类产品占比最高，分别为39%和45%。大部分投保人都选择了收益

① 参见兴业证券《中国三支柱养老体系及资产配置研究》，2020年2月17日，资料来源：Wind数据库。

② 参见金凤《个人税收递延型商业养老保险回顾与展望》，《经济研究导刊》2020年第6期。

确定型和收益保底型产品，体现了投保人希望获得绝对保障收益，风险规避偏好较为明显。①

第三，试点制度设计不足。具体体现在如下几个方面。

其一，试点地区实施模式为产品制，有待于向账户制转变。第三支柱实施模式包括产品制和账户制。产品制，是指个人购买第三支柱合格金融产品作为参与载体，购买支出在国家规定额度内享受税收优惠。该模式将税收优惠制度体现于产品层面，领取养老待遇需由个人向产品管理人提出申请。账户制，是指开立专门的个人商业养老资金账户作为参与载体，通过该账户进行缴费、购买产品、查询权益信息、领取养老待遇等。该模式将税收优惠体现于账户层面，个人缴费在国家规定额度内享受税收优惠，账户对税收优惠额度内和超出部分的缴费进行区分。② 账户制显然比产品制更为便利，且更能连接第二、第三支柱中的资金流。但受制于现实条件，我国当前第三支柱的实施模式仍为产品制，仅将部分商业养老保险纳入税收优惠范围。

其二，操作流程复杂。《试点通知》规定的税前扣除额度计算方式复杂，操作过程烦琐。在采取产品制的模式下，个人购买税延型养老保险后，每月需在中保信平台下载凭证，再由人力部门根据提交凭证计算工资和个税。每月优惠为月收入的6%或是1000元或者更低，须以每月计算核实为准。该操作模式实质上是“退税”模式，因此抵扣流程烦琐复杂。③ 而且，由于试点地区多采用单位代扣代缴的个税申报方式，也一定程度上增加了人力部门的工作量。

其三，适用对象偏窄。《试点通知》规定的适用对象仅为取得工资薪金、连续性劳务报酬所得的个人以及个体工商户，将灵活就业人员和城乡居民养老保险参保人排除在外，致使覆盖人群有限。在实际操作中，产品的实际适用对象主要是中高收入者。由于中低收入者工资未达到5000元个税起征点，因此无法享受实质的税收优惠，这种选择性税收优惠对低收

---

① 参见陈璨《个人税收递延型养老保险试点进展与经验思考》，《中国保险》2019年第8期。

② 参见中国养老金融50人论坛《养老金融蓝皮书：中国养老金融发展报告（2019）》，社会科学文献出版社2019年版，第287页。

③ 参见董克用、施文凯《加快建设中国特色第三支柱个人养老金制度：理论探讨与政策选择》，《社会保障研究》2020年第2期。

入群体有失公平。

（二）个人养老金试点的支付

由于我国第三支柱养老模式刚刚启动，因此相应的支付模式尚处于探索建立阶段。发展第三支柱目前已成为我国提高养老保障水平的重要举措，三支柱养老体系建设的目标方向应当充分发挥商业养老保险的资产配置优势，结合不断提高的养老需求、国家支持政策等众多因素，使商业养老保险成为发展重点。目前，各险企均已涉足商业养老领域，形成了“养老年金+养老地产+长期护理”的产业链，商业养老保险产品逐渐呈现多样化的竞争态势。在此背景下，我国第三支柱养老有望打破传统第一、第二支柱以养老金形式的直接支付模式，将保险待遇与医疗养老服务相连接，通过提供相关医疗、养老、居家服务来实现养老待遇的给付。具体模式内容详见本书第六章。

第三支柱个人养老金体系的建立和完善对我国养老保障体系的完善具有重要的战略意义。随着经济水平和生活水平的提高，人们对养老生活保障水平的追求也越来越高，在第一支柱保障基本生活水平、第二支柱覆盖率有限的前提下，大力发展第三支柱能进一步提高国民的养老水平。同时，参加第三支柱不受就业类别的限制，能将灵活就业者等人员也纳入个人养老金体系之中，从而提高了养老金覆盖面。此外，第三支柱还有利于鼓励国民尽早制定长期养老规划，提升其风险防御意识。

第二节　前二支柱现有支付模式的评价

如前文所述，医养费用支付模式应当符合资金利用效率最大化、目标群体覆盖率最大化、合法合规性和可持续发展这四大原则。同时，还应考虑到在相应的支付模式下对社保部门、养老机构、商业保险公司等不同机构运行的影响。基于上述因素，本节对三支柱养老体系中的前二支柱支付模式进行简要评价，对第三支柱支付模式的评价参见本书第五章。

一　基本养老保险支付模式的评价

第一，资金利用效率最大化原则尚未得到充分贯彻。基本养老保险待遇以养老金形式支付给符合条件的对象，保险基金由省级政府筹集，在留存相应的养老金支付费用后，委托全国社会保障基金理事会进行投资管理。再由社保基金理事会选择商业银行安全保管养老基金资产，在委托专业投资管理机构对养老金进行运营投资。在该支付模式下，尽管目前我国基本养老账户仍有相当数量的结余，但是个人账户的“空账”问题较为普遍。作为一个未富先老的发展中国家，为保证第一支柱的稳定性，我国基本养老保险基金应当在稳健投资运营的基础上进一步提升市场化程度，以实现资金利用效率的最大化。

第二，目标群体覆盖率最大化原则基本得以实现。基本养老保险具有覆盖广泛、保障基本等特点，其支付模式亦与该特点相适应。基本养老保险的适用对象既包括年满 16 周岁（不含在校学生）、非国家机关和事业单位工作人员以及不属于职工基本养老保险制度覆盖范围的城乡居民，也包括城镇各类企业职工、城镇灵活就业人员和个体工商户（含农村户口人员），基本上囊括了市场上所有劳动力对象，因此具有第二、第三支柱无法比拟的广覆盖性。采取现金形式的支付模式，可以使参保人员方便、快捷地获取养老金，也便于国家构建全国联网的基本养老保险体系。该支付模式有利于实现目标群体覆盖率最大化原则。

第三，有利于实现合法合规性原则。由于基本养老保险养老金的支付模式具有较强的客观确定性，因此套保风险极低。城乡居民基本养老保险的领取对象为累计缴费满 15 年，年满 60 周岁的老年群体；职工基本养老保险的领取条件为达到法定退休年龄并办理了退休手续，累计缴费满 15 年的人员。该标准对被保险人年龄、缴费年限等要求具有严格的客观确定性，因此套保风险极大地被降低。不大可能出现诸如医保中以医疗名义开取保健品处方，或者将医疗床位变相改为养老床位，从而套取医保资金的违规违法行为。政府部门在发放养老待遇时，也须进行严格审核，以杜绝不符合领取条件的对象申领养老金的现象。

第四，可持续发展原则的实现面临巨大挑战。具体体现为：其一，基本养老保险养老金的现金支付模式给财政支出造成巨大压力。2011—2018 年，财政对基本养老保险基金的补助逐年上升，从 2011 年的 2192 亿元升至 2018 年的 5310 亿元，年均增速平均值大约在 15%左右。[①] 随着我国老龄人口的快速增长，仅仅依靠财政支出的增加将不利于提升基本养老保险基金的保障水平。其二，以省级为单位的支付模式扩大了地区差异，加剧

① 参见兴业证券《中国三支柱养老体系及资产配置研究》，2020 年 2 月 17 日。

了社会不公。有学者指出，地区分割统筹制度导致地区之间养老保险实际缴费负担畸轻畸重，突破了筹资公平与市场经济竞争公平的底线。① 在地区分割统筹的制度之下，劳动力输入地区如广东、浙江等地养老负担较轻，实际缴费率低且基金结余增加；而劳动力输出省市如东北三省的养老负担则畸重，收不抵支的情形时有发生。虽然近年来国家对职工基本养老金实行中央调剂制度以缓解上述问题，但如何进一步实现筹资公平、缩小地区差异，还有待探索。

基本养老保险采取直接支付模式，直接影响对象仅涉及社保机构对养老金的监管、发放以及全国社会保障基金理事会的投资管理。基于上文分析可知，现有支付模式基本运行良好，但也存在各省份差异大、偿付压力大等问题。随着社保基金的扩容和国有资本划转力度的加大，投资收益率增长趋势乐观。而且，随着第二、第三支柱的逐步发展，也会分担部分财政基金的偿付压力。总体而言，现行支付模式运行良好，不存在明显的弊端或者漏洞。

二　企业年金支付模式的评价

第一，资金利用效率最大化原则尚有提升空间。目前企业年金的委托管理模式为：企业和职工作为委托人，将年金以信托方式托管给企业年金理事会或者符合规定的法定受托机构，再由受托人、托管人、账户管理人这三方主体进行投资运营。2007—2018 年，我国企业年金市场平均收益率为 6.97%，2013—2018 年，企业年金市场当年投资收益累计达到 2792 亿元。企业年金计划的可靠性得到了参与职工的广泛认可，从 2013 年到 2018 年，我国企业年金计划分次领取人数比重由 35.31%上升到 88.65%，分次领取的支付模式成为我国企业年金计划的主要领取方式。② 这有助于进一步提升我国企业年金的投资环境。但也有学者指出，应当进一步发挥企业年金制度的投资运营优势，以自由灵活的投资机制来获取较基本养老保险更高的投资收益，进一步发挥市场的激励效应，吸引更多企业职工参

① 参见郑功成《从地区分割到全国统筹——中国职工基本养老保险制度深化改革的必由之路》，《中国人民大学学报》2015 年第 3 期。

② 参见《全国企业年金基金数据业务摘要（2013 年度—2018 年度）》，人社部官网：http：//www.mohrss.gov.cn/。

与企业年金计划。[①] 整体而言，企业年金资金利用效率偏向谨慎，近年来收益率略有下降，但投资的审慎性使企业年金的收益率波动低于社会保障基金，且跑赢 CPI（Consumer Price Index）。

第二，目标群体覆盖率最大化原则的实现效果不理想。我国企业年金的适用对象为参与企业年金计划的企业职工，由于年金计划的非强制性，且受制于我国经济现状等原因，导致企业年金计划的覆盖率不够理想。企业年金的现金支付形式、分次领取的支付模式也未能对改善该状况发挥一定作用。首先，参与企业年金的前提是参加基本养老保险，而由于基本养老保险覆盖率广泛的特点，此前提并非阻碍参与年金计划的因素。因此较为理想的状态是，基本养老保险与年金计划相结合，进一步满足职工的基本养老保障需求。但目前的现实是，在企业年金的资产金额构成上，央企年金资产占比为总金额的 57%，而对于我国主要就业人口集中的中小民营企业，该部分年金规模较小。其次，区域发展失衡导致发达地区不仅有更大的年金规模，也有更高质量的养老服务可供选择，而欠发达地区企业收益率不高，年金覆盖率低，基金规模小，市场上提供养老服务的企业选择有限。尽管我国的企业年金发展已有一段实践，但覆盖率低、发展失衡等问题仍未得到有效解决。

第三，合法合规性原则方面存在一定风险。在现有支付模式下，企业年金的支付条件是参与的企业职工达到法定退休年龄或者完全丧失劳动能力、出国定居等。支付方式可以选择按期或者一次性以现金形式支付给受领对象，亦可以选择以领取商业养老保险待遇代替直接支付。可见，在支付端并不存在明显的违法违规风险。在运行端，《企业年金办法》改革之前企业年金的管理运营主要包括企业自办模式、社保机构经办模式以及保险公司经办模式。[②] 在企业自办模式下，当企业不能严格区分年金资产与企业自身资产时，如果企业发生资金困难，企业年金就存在被挪用风险。[③] 在保险公司经办模式下，也面临着企业自办模式的相同风险，即保

① 参见王佳林《我国企业年金市场发展探析：现状、挑战及建议》，《南方金融》2020 年第 4 期。

② 参见李连友、徐俊杰《我国企业年金运行机制的构建》，《湖南大学学报》（社会科学版）2004 年第 3 期。

③ 参见崔少敏、文武等《补充养老保险：原理、运营与管理》，中国劳动社会保障出版社 2003 年版，第 98 页。

险公司经营状况不佳的情形下，若不将企业年金业务独立出来，年金资产也存在被挪用的可能。[①] 某些保险公司为套取保费，在为客户办理企业年金性质的团体养老保险时，约定被保险人可随时办理退保业务，导致其沦为套取保费和少数企业领导人“洗钱”的工具。[②] 为应对这些问题，近年来在企业年金规范化的发展过程中，逐步实现将年金资金信托给企业年金理事会，再由其委托相应的机构投资运营。该做法还能起到各机构之间互相监督的作用，从而大大降低了违法违规风险。

第四，可持续发展原则的实现尚处于起步阶段。从发展历程看来，我国企业年金制度采用的是探索性、实验性的举措，以及逐步推动的渐进式发展模式。这种发展模式使企业年金制度体系面临着严峻挑战。[③] 目前企业年金的各项配套制度是在不同时期为解决特定的现实问题而设，导致的后果是部分制度之间可能存在冲突，实际实施效果大打折扣。此外，渐进式改革造成的目标短期化难以适应长期发展，短期目标的解决难以触及内部真正矛盾。在核心问题未得到妥善解决的前提下，后期易出现风险集中增量爆发的情况。从投资运营情况来看，从 2008 年到 2019 年，中国企业年金累计结存同比增速放缓，从 2012 年的峰值 35%下降到 2018 年的 14.7%；从企业年金的历年投资收益率来看，投资的审慎性导致收益率偏低，2016—2018 年的当年投资收益率分别为 3%、5%、3%。[④] 近年的投资收益率未能充分体现企业年金制度的投资运营优势，其重要原因之一是我国企业年金市场特殊的投资考核机制，使其偏重于短期收益，导致无法发挥企业年金计划长期投资的优势。[⑤] 因此，我国企业年金市场及支付模式要实现可持续发展，必须注重制度设计的系统性和整体性，尽可能避免因短期利益而牺牲长远发展的目标。

基于以上分析，我国企业年金制度体系、支付模式与基本养老保险基

---

① 参见张树新《企业补充养老保险谁管好》，《中国社会保障》2002 年第 2 期。

② 参见李连友、徐俊杰《我国企业年金运行机制的构建》，《湖南大学学报》（社会科学版）2004 年第 3 期。

③ 参见董克用、张栋《人口老龄化高原背景下加快我国养老金体系结构化改革的思考》，《新疆师范大学学报》（哲学社会科学版）2018 年第 6 期。

④ 数据参见兴业证券《中国三支柱养老体系及资产配置研究》，2020 年 2 月 17 日，资料来源：Wind 数据库。

⑤ 参见王佳林《我国企业年金市场发展探析：现状、挑战及建议》，《南方金融》2020 年第 4 期。

金相比，存在的问题较多，主要体现为覆盖率难以提升，过于注重短期目标而忽视了长期有效机制的建立等。随着我国经济增速的放缓，企业年金建制企业数未来的增加空间、待遇水平提升空间都必将受到不利影响。因此，应当从制度设计、税收鼓励、投资机制等多方面对现存问题予以妥善解决，以实现企业年金制度的可持续发展。

第五章

医养费用商业支付模式的国内现状

第一节　国内现有主要商业支付模式

一　亲和源模式：重资产销售

（一）典型案例介绍

1. 亲和源

亲和源模式，是指以老年社区产权转让为主要经营模式的医养结合支付模式。其中，上海亲和源是其中较为典型的一个项目。亲和源以会员制为依托，融居家养老、社区养老和机构养老，打造高端养老社区。亲和源旗舰店位于上海浦东康桥，现在拥有的会员数量已经超过2000名。项目共占地125亩，拥有15栋830余套公寓，建筑面积达10万平方米的无障碍、花园式、生态型老年社区。相关生活医疗商业配套包括会所、餐厅、医院/护理院、度假酒店、各种活动空间等。同时提供生活、健康、娱乐三大板块的秘书式服务，24小时为社区会员对接服务需求。近年来，亲和源不断扩大其在全国范围内的版图，海南三亚、辽宁营口、浙江海宁、浙江宁波等地陆续兴建亲和源社区。其中，有的采取控股形式持有模式，也有采取参股形式收购模式。可以说，亲和源正在摸索建立会员制养老连锁经营模式。

目前亲和源主要有三个产品线，分别是老年公寓、护理院和度假产品。老年公寓目标客群为年龄在60—80岁、家庭资产在300万—1000万元之间的老年人。护理院的目标客群为80岁以上、生活不能自理的老年人。度假产品的目标客群是年龄在50—70岁之间、家庭资产在3000万—

8000 万元之间的老年人。①

亲和源的收费形式采取会员制。这是一种比较新型的支付模式，但本质上仍然是一种以产权销售为内容的支付模式。亲和源会员卡分为 A 卡和 B 卡，A 卡住户拥有永久居住转让权；B 卡住户本人享有终身居住权。亲和源盈利主要依靠销售会员卡，以及住户缴纳的年费。A 卡住户在入住两年后可以转让会员资格，也可以继承；B 卡住户可在 15 年内退出会员。卡费主要用于清偿开发建设的费用，年费主要用于支付日常运营管理费用。尽管亲和源采取会员制的新型支付模式，但由于其运营战略是“投资+运营”，结合产权转让的产品模式，其实际上也是一种重资产的房地产销售模式。相比传统的房地产销售，该模式具有以下优势：厂商可以选择同质化的服务对象；住户可以不受房屋的限制，即可以自由选择居所地点和居所大小，给客户提供了极大的灵活性；卡费和服务费分离，现金流稳定且持久；退出机制灵活。正因有这些优点，亲和源正在寻求资产证券化的契机。

经过多年的运营，亲和源也暴露出实际运营中存在的一系列问题。例如，消费群的不信任、缺乏政府支持、融资成本高、创新时间成本高、土地政策的限制、专业的护理团队招聘难、专门针对高龄人群的保险机制落后、群体阿尔茨海默症应对困难等。而且，重资产投资建设模式的扩张速度十分缓慢，很难跟上市场需求。因此，该模式处于正在逐步摸索转型时期，希望通过轻资产投资等方式实行规模经济和品牌扩张。

2. 凤凰怡然居

江苏凤凰置业投资股份有限公司在坚持房地产开发主业经营的同时，积极探索战略转型，进军健康养老产业。凤凰怡然居是其打造的健康养老社区，也是公司践行转型布局的试点项目。该公司的开发战略是，通过与养老团队的合作，聘请专业企业对公司养老地产项目进行咨询、规划、设计，使社区设施智能化和适老化智能化，并将社会资源、政策资源进行充分整合，努力形成“机构+社区+家庭”三位一体、医养融合的康复养老管理模式，从而实现医疗保健、养老养生、旅游度假多个领域协同发展。

2013 年 10 月，凤凰股份投资 5 亿元专门用于打造养老地产项目。

① 参见天风证券《养老行业蓄势待发，居家养老将成主流》，2019 年 3 月 18 日，资料来源：Wind 数据库。

2014年3月，公司与凤凰集团、省人民医院及仁医投资签订战略合作协议，同年7月又与江苏宁宜置业签署协议，购买其子公司100%股权，将该子公司作为开发养老项目的项目公司。2017年，凤凰怡然居开始建设。该项目占地283亩，建筑面积约17.2万平方米，主要为花园洋房和低层建筑产品，并配有活动中心、康复养老中心。截至2019年12月末，一、二组团花园洋房竣工交付；三、四组团别墅区正在进行上部结构施工，有40栋完成主体结构封顶。此外，公司积极与南京爱乐思健康管理公司合作，构建了包括康复医师、康复治疗师和康复护士等80多人的康复团队。①

该项目有相当大部分采取商品房预售的形式出卖，所以也是一个重资产项目。尽管该公司与医院、健康管理公司之间存在合作计划，但是相对于其他养老地产项目来说，该项目用于医养产品的投资明显相对较小。虽然在设计上进行了适老化改造，但是整体上与市场一般商品房的区别并不明显。

3. 乌镇雅园

绿城的乌镇雅园也是采取亲和源模式的典型案例之一。养生养老、健康医疗和休闲度假是绿城养老项目的三大主题。除了自助养老居住区乌镇雅园以外，绿城旗下还拥有一个欧洲品牌的医疗公园、护理养老中心等。在该项目中，最大的特色是一所3.5万平方米规模的老年大学——颐乐学院。绿城将1500亩国际健康生态休闲产业园内的650亩核心地块用于打造乌镇雅园。其包括六大功能区块，是一座规模庞大的复合休闲健康养老主题园区。园区内在售产品有多层、高层公寓和小独栋（均为70年产权）。园区还提供基础的物业、健康管理服务，以及颐乐学院相关课程和内部设施使用。这些服务都需要另外收取费用。该项目2013年7月首次开盘，雅园前期2000多套养老公寓和别墅产品全面售罄，售价还上涨了50%。其中小高层均价为24000元/平方米，物业费为3.5元/平方米/月。②

① 参见凤凰股份《转型康养，打造文化和养老结合的新型高端养老地产》，搜狐网：https://www.sohu.com/a/393184896_611014。

② 参见康养产业研习社《房企进军养老地产的玩法与活法》，搜狐网：https://www.sohu.com/a/331945271_715936。

与其他养老地产项目的一个明显区别是，乌镇雅园对外宣传的品牌是“学院式养老”。除了在建筑风格上采取新民国风，营造一种大学校园氛围外，开发团队还从更深层次探寻“学院式养老”的内涵。其目的在于，使长者在园区真正健康、快乐、长寿、有意义地生活，也即“颐、乐、学、为”。目前，乌镇雅园着力在两个方面进行完善。其一，打造以健康管理、老年专科、护理为特色的医疗机构。计划再建造100—200个床位和300—500个护理房间。将现在规划的护理区域与医院合二为一。其二，完善酒店、商业及部分颐乐学院功能的布局。目前设置的商业配套相对零散，未形成聚合的小镇中心概念。未来会将医院、酒店、商业及颐乐学院的部分功能加以整合，形成特色小镇，发挥集聚效应，为商业经营营造氛围。

4. 北京乐成恭和家园

恭和家园养老房产项目由乐成老年事业投资有限公司投资建设。该项目建有养老居室365套，配套的医疗、护理、餐饮等公共服务设施由养老服务企业持有经营。该项目建筑规模达到5万平方米，由“养老居室”“长期照料（医护）床位”和“公共空间”三大主体部分构成，融合了居家养老、社区养老和机构养老的优势。恭和家园力图实现居家养老和机构养老的有效衔接，将居家养老镶嵌在机构养老之中。

该项目最重要的亮点是，它是目前全国唯一拥有共有产权的居家养老示范社区。作为全国首创的试点项目，该项目的产权权属问题一直受到外界关注。据了解，乐成恭和家园的房产是有产权证的。产权证与普通住房产权证具备同等作用及价值，发布单位及概况等都无太大区别，唯一区别是标注了5%产权部分归乐成养老持有。房屋的升值收益归房屋所有人所有。获得产权后，用户可以与普通商品房一样出租、出售，价格由买卖双方自主确定，收益也将归卖方所有。与此同时，买卖恭和家园养老居室，不受北京现行普通商品房限购政策影响。但唯一的条件是，买房人或者租房人的家中必须有60岁以上的老人。

截至2018年，园区共计入住151位老人，期房已经售罄，精装现房正在销售中。房屋均价在每平方米5万元左右，比周边商品房市场价略低。用户最大年龄97岁，最小年龄60岁，单人户21%，双人户79%，女性 56%，男性 44%。[①]

（二）模式特点

亲和源及其类似模式是我国医养结合行业的一个缩影，其支付模式具有养老地产的一般特点。分述如下。

第一，支付价款大部分用于偿还投资者前期的银行贷款。从以上不同的产品线来看，这些产品都离不开地产和社区的打造。换言之，养老地产是目前医养结合行业比较明确的一个共识。最主要原因是养老地产的回报率很高。[②] 就目前情况来看，养老地产仍然无法脱离地产开发的融资模式，即以银行信贷为主要融资手段。与域外养老地产项目的融资手段相比，我国养老地产项目的融资方式较为单一。投资者对我国养老需求的良好预期固然是一方面的原因，但是更重要的原因是我国银行信贷利率相对较低，以及金融融资手段的缺乏。

第二，首次支付价款占整体费用的较大比例。该特点由前一特点衍生而来。由于银行对于信用风险的严格控制，以及养老地产项目投资成本高、投资周期长等特点，促使能够获取该类贷款的项目必须有高于市场平均水平的信用担保。这是我国目前养老地产项目基本上只有几个地产巨头企业从事开发的主要原因。大规模、重点投资建设这类项目的保险企业并不多。为控制信用风险，银行发放的项目贷款一般不会很长，对于地产项目尤其如此。在一般的房地产开发中，银行会要求地产项目以收取的房产预售款优先偿还贷款。此种还款方式也被适用于养老地产。养老地产中的“使用权转让费”，实际上相当于一般房地产开发中的“房产预售款”。

除使用权转让的支付方式外，还有支付押金的方式。由于押金最终需要返还给支付者，所以押金的作用与使用权转让费有所不同，押金主要用于回收营运资金。除房产开发外，医疗、文娱、餐饮等设施也需要在前期投入大量资金。项目开发者利用所占有押金进行投资，以获取投资收益，是回收营运资金的主要方式。尽管押金数额巨大，但事实上仍然不能完全支撑起医养项目的运营。例如，有研究者指出，保利集团旗下的和熹会由

---

① 参见《乐成恭和家园：共享养老模式解决养老痛点》，中国新闻网：https：//www. sohu. com/a/279294406_ 123753。

② 参见韩思哲《房地产投资信托与中国养老地产融资模式》，《国际经济合作》2018 年第 11 期。

于营运资金不足，无法聘请足够的护理人员，导致养老项目空置率高，无法实现盈利目标，致使该项目在前期亏损严重。①

第三，这类养老地产的土地性质大多是具有 70 年使用期限的居住用地。根据我国《城镇国有土地使用权出让和转让暂行条例》第 12 条，居住用地的使用期限为 70 年，使用期限届满后可以自动续期。目前市场上大部分用于出售的养老地产均属于这种居住用地。一些出租的养老社区或者旅游养老社区，则多为商业用地或者旅游用地。因商业用地和旅游用地有明确的规划限制，不得随意兴建住宅。此外，由于商业用地、旅游用地的使用年限较短且无法自动续期，因此不适合作为出售房产的用地。

（三）优劣分析

1. 优点

第一，投资者资金压力较低。在这种模式下，用户的首次支付价款占整体费用的比例较高。该款项无论用于偿还贷款，还是用于弥补营运资金，都可以有效缓解投资项目所产生的资金压力。亲和源投资运营模式就是最典型的一个例子。亲和源的收费包括两部分，分别是办卡费用和年费。由于亲和源采取的是房地产开发模式，前期的投资建设必然占用企业大量的资金。通过借贷形式获取开发资金，也会使公司的流动资产或者信用额度都被大幅度占用。但是，一旦养老社区投入使用，就能够收取一大笔办卡费用，即产权转让费用，就可以在短期内弥补所占用的投资成本。另外，对一些保险公司而言，前期大多是全资投入建设有关设施，后期则选择长期持有出租或出售相应产权的模式。② 采用这种支付模式不仅有助于保险公司抵御通货膨胀对其长期收益率的不利影响，而且能提高其偿付能力。

第二，更易形成规模效益。大规模生产导致的经济效益简称规模经济，是指在一定的产量范围内，随着产量的增加，平均成本不断降低的事实。规模经济是由于一定的产量范围内，在固定成本变化不大的前提下，新增产品可以分担更多的固定成本，从而使总成本下降。我国以居家养老

---

① 参见刘桦、陈瑞华、张楠《中外养老地产企业融资状况比较分析》，《财会通讯》2019 年第 5 期。

② 参见张佩《寿险业介入养老产业的现实障碍与路径选择》，《保险研究》2013 年第 11 期。

为主，如果单独地向社区老人提供个别照料服务，这种服务的成本是高昂的，只可能由公共财政支持，私人投资者无法独自提供这种服务的供给。[①] 养老地产可以很好地解决该问题。该模式实际上是将需求者集中起来，降低了私人投资者对客户的筛选成本。此外，考虑到我国传统文化的影响，老年人普遍倾向于与子女同住，由子女对其进行照顾。因此，这种购买模式能够很好地契合我国消费者的心理。此类项目通常会将护理区和非护理区分开，非护理区可向老年人的子女出售。

第三，支付价款的流向清晰，便于实施监管。在不使用 PPP 模式进行投资和建设的情形下，这种支付方式只有三方：投资者、购买者和银行。整个支付过程中的现金流比较容易得到监控。在有政府投资进入的情形下，项目往往需要经过听证、招投标等监督程序，这使整个项目得到更大的透明度。相比之下，在 REITs 模式下，由于我国相应法律法规尚不清晰，有可能造成监管上的困难。REITs 模式中存在四方主体，即房地产开发商、REITs、运营商和养老机构住户。仅 REITs 就涉及资金募集和收益分配这两个资金流向，而且其资金流向还是二级市场上众多的、不特定的主体。这导致对价款流向的监管较为困难。另外，REITs 将募集到的资金投资于不动产建设工程中，对如何确保资金账户的独立性，也是监管的难题。

2. 缺点

第一，购买者负担过大，难以实现目标群体最大化原则。从国内情况来看，目前此类地产养老项目基本上只针对高收入群体。但在现实生活中，往往是城镇化水平越低的地区人群对医养结合服务的需求越大。[②] 从国外经验来看，美国的长期护理保险计划的费用也因为过高，而使得实际使用人群受到极大的限制。[③] 而且，购买者的议价能力比开发商更弱。退休老人是最主要的购买群体，在购买养老地产时，退休老人通常会根据自己的需求谨慎选择适合的房型，而且大部分退休老人需要为此拿出毕生积

---

① 参见詹祥、周绿林等《日本老龄介护保险的创新改革及挑战》，《中国卫生事业管理》2017 年第 2 期。

② 参见张良文等《基于 Andersen 模型的“医养结合”型机构养老需求的影响因素研究》，《中国卫生统计》2019 年第 3 期。

③ Lawrence A. Frolik, “Private Long-term Care Insurance: Not the Solution to the High Cost of Long-term Care for the Elderly”, *Elder Law Journal*, Vol. 23, No. 2, 2016, pp. 371-416.

蓄以求度过安逸舒适的晚年。此外，养老地产的配套设施涵盖医疗、文娱等多个方面，但这些设施的实际运营状况以及具体作用，很难在购房时候充分了解。因此，购房者和开发商、运营商之间存在事实上的严重信息不对称。

第二，不利于实现资金利用效率最大化原则。一方面，对于供给方来说，如果采用投资自建的方式，那么供给方必然承担大量资金和资产被占用、信用被挤压的压力。利用 PPP 模式和 REITs 是我国医养行业发展的适宜方向，这两种模式可以极大提高供给方的资金利用效率。另一方面，对于购买方而言，如果一次性地给付大笔押金或购房款，由于货币的时间价值，将使其蒙受货币贬值以及其他投资收益减少等相关成本损失。这将直接影响购买者能否实现资金的有效利用，并决定其购买服务的意愿。①

第三，产业的可持续发展较弱。只需支付一定费用就可以购买房产入住养老社区，容易忽视对客户资质的审查，这使得购买型医养费用支付模式类似于商品房购置行为。中国平安的养生养老综合服务社区、合众优年的“优年生活”连锁型持续健康退休社区等养老项目已打破目前养老社区“只租不售”的模式。如果保险公司在享受政府相关税收优惠的同时又销售商品房，将会导致养老市场的混乱，不利于其养老社区的长期发展。

二 远洋模式：轻资产租赁

（一）典型案例介绍

1. 远洋“椿萱茂”

远洋模式，是指以租赁方式运营养老社区的支付模式。采取该模式的开发商往往采取轻资产投资，或者通过租赁土地、现有房产的方式进行投资。远洋养老最初锁定北京市场进行开发，初步运营后逐步向京津冀、长三角、珠三角、长江中游、川渝五大城市群扩张。现已在北京运营 4 个老年公寓，全国 8 个城市布局 21 个项目。远洋地产旗下的养老服务品牌“椿萱茂”与美国失智照护运营商 Meridian 展开合作，引进认可疗法等失智照护方法，力图打造专业的老年失智照护解决方案“忆路同行”。虽然

① 参见［美］斯科特·斯玛特、劳伦斯·吉特曼、迈克尔·乔恩科《投资学基础》（第 12 版），孙国伟译，中国人民大学出版社 2018 年版，第 136—140 页。

是房地产开发商，但远洋地产目前布局的这些养老照料机构中，房屋和土地都不是公司的固定资产，而全部采取租用方式。但是，近年来随着“椿萱茂”品牌和运营模式的成熟，远洋地产有逐步转向采用轻重资产并重模式的趋势。

“椿萱茂”是远洋旗下的养老品牌，涵盖老年公寓、长者社区、照料中心三大产品线，覆盖居家养老、社区养老和机构养老三种主流养老模式。老年公寓定位机构养老，服务对象是80岁以上独立、护理、失能老人，大致规模在8000—20000平方米之间。目前远洋·椿萱茂（北京亦庄）、远洋·椿萱茂（北京双桥）等都属于该类型。长者社区定位复合型养老社区，客群以独立老人和活力老人为主，并提供老人在不同身体阶段的养老服务。该社区规模在2万—20万平方米之间。照料中心定位社区居家养老，大部分产品嵌入或在社区周边，为周边社区居家养老的老人提供便捷的服务，主力产品规格有800—3000平方米。[①]

以北京亦庄的“椿萱茂”社区为例，该社区的老年公寓分为双人间、单人间等户型。双人间的使用面积约35平方米，付费方式只有“押金+月费”形式，不出售社区的产权。月费包括房间费、基础服务费、餐费等费用。以双人间为例，朝西的户型每月费用为18400元/户，朝南的户型每月费用为19400元/户。除了月费外，入住前还需缴纳押金100000元/人。

以广州科林路的“椿萱茂”社区为例。该社区的老年公寓分为双人间、单人间等户型。双人间的使用面积约37—45平方米，付费方式只有“押金+月费”形式，不出售社区的产权。月费包括房间费、基础服务费、餐费等费用。广州社区采取按人收费，每月费用7000—8000元/人。除了月费外，入住前还需缴纳押金100000元/人。

2. 万科“随园嘉树”

万科2009年推出首个养老项目“随园嘉树”，自此开始打造“3+N”养老产品体系。所谓“3+N”养老产品体系，是指兼顾综合养老社区、嵌入式养老中心、养老公寓三个主要养老产品形态，配置N个专业医疗资源的经营模式。其现有支付模式对应不同的产品线。第一类产品线为持续

① 参见《远洋养老产品发展概况》，搜狐网：https：//www.sohu.com/a/143315752_825955。

照护社区，如“随园嘉树”“随园”等，目标客群是独立老人、活力老人，常见的支付模式为“使用权转让+服务费”或者“租赁+服务费”。第二类产品线为城市全托中心，如“榕悦城市长者照料中心”“怡园”，目标客群是高领、护理老人，常见的支付模式为“押金+月费”。第三类产品线为社区嵌入中心，如“橡树汇”“万科幸福家”“随园之家”“嘉园”等，目标客群是周边社区居家养老的老人，常见支付模式为“押金+月费、服务费”。

用于兴建随园嘉树的土地性质为旅游用地，而旅游用地使用期限仅有40年。因此，即使按照2003年建成开始使用计算，其使用期限至2043年届满。目前，随园嘉树采取租赁模式，只租不售。租赁期分为5年和15年，房屋户型有75平方米、100平方米和110平方米三种：5年短期租赁的费用在30万—45万元之间；15年长期租赁的费用介于75万—130万元之间。除了租赁费用外，养老社区还将按月收取服务费，每户每月租金和服务费约1万元（每户可容纳2名老人）。随园护理院则是单独收费，目前采取按月缴费的模式。床位费为150—300元/床/天，护理费为750—4500元/月。①

3. 保利和熹会

北京保利安平养老产业投资管理有限公司由保利地产及安平投资有限公司共同出资建立。北京市海淀区和熹会老年公寓是“保利安平·和熹会”的第一个项目。该老年公寓正式运营于2012年11月22日，总建筑面积约2.2万平方米，是以保利西山林语社区内的酒店进行适老化改造而成。和熹会总建筑面积22300平方米，建筑共7层、200个房间、230余张床位。

和熹会最早定位为专门服务自理老人，养老设施，但在运营中发现市场刚需是介助、介护等服务，遂向服务不自理型老人转变。目前，自理型和不自理型老人的入住比例大约为4∶6。据了解，入住老人特点有四高。第一是年龄高，平均年龄82.2岁，最年轻的69岁，最大的98岁，其中90岁以上老人15位。第二是知识层次高，入住老人大多是老大学生、我国的第一代建设者、科学家、第一代工作者或者烈士后代。第三是退休前

① 参见《解构养老地产：随园嘉树何以成为业界榜样》，搜狐网：https：//www.sohu.com/a/321669254_266939。

职务高，基本为处级以上干部。第四是服务需求高，尤其是精神需求。因此，入住老人对管理者和服务人员往往有更高的服务需求。

和熹会的收费模式采取“会员费+月费”形式。其中会员费相当于押金，有10万级、20万级和30万级。三种级别的会员费可以分别享受7.5折、6折和5折的床位费优惠。月费包括床位费、餐费和综合服务费。对于自理型老人，公寓有标间和VIP套房两种。根据朝向标间的床位费在4000—5000元/人不等，餐费统一为900元/人/月，综合服务费统一为500元/人/月。而VIP套房有13000元/套/月和15000元/套/月两种。除此之外，住户还需缴纳医疗备用金20000元/人，一次性安置费1000元/人。另外，还有零星的冬季取暖等附加费用。

对于非自理型老人提供的公寓，与自理型老人的公寓收费基本一致。但是护理费用更高，介于800—3800元/人/月之间。针对非自理型老人，还有一种加护间，每月床位费原价3000元，餐费为900元/人/月，综合服务费介于2500—3800元/人/月。此外，和熹会还提供特别一对一的护理服务，每月费用为9800元。[①] 部分房间设计为两人间，但大多入住老人为单人入住，所以为了能够拥有较私密空间，部分老人需要付2份床位费，加重了支付的负担。从整体的项目开发来看，和熹会共有200个房间，满负荷运营入住老人应在300人以下，属于中等规模的养老机构。其运营管理模式能否被大型养老机构（床位600—1000张，甚至以上）复制，还有待观察。

（二）模式特点

与亲和源模式类似，远洋模式也是以养老地产为依托的医养结合发展模式。但是，远洋模式在经营方式和支付模式方面与亲和源模式存在诸多差异。具有以下几个方面特点。

第一，采取轻资产为主、重资产为辅的投资策略。社会分工精细化到一定程度以后，一般直接面向消费者的大多是轻资产。例如，医院作为一个实体，它的楼宇和检测治疗仪器等是重资产，而医疗管理体系、医疗科技部分是轻资产。轻资产投资模式，一般是指企业紧紧抓住自己的核心业务，而将非核心业务外包出去。轻资产运营是以价值为驱动的资本战略。

---

① 《投资超过50亿涉足养老，保利地产要做房企中最会养老的企业》，搜狐网：https：//www. sohu. com/a/160181134_ 133140。

轻资产投资模式主要是增加公司资本投入，避免持有大量资产，特别是避免在生产领域内投入大量固定资产。

第二，在支付模式上，以租金模式为主、混合模式为辅。具体而言，老年公寓为“押金+月费”方式，长者社区为“会员费+月费”方式，照料中心收取社区居家养老服务费。这种盈利策略是以会员费实现部分资金回笼，以押金用于获取投资收益，另外以月费、服务费维持日常运转。这种支付模式得以实际操作的原因与其以轻资产为主、重资产为辅的投资策略有很大关系。前期投资大量轻资产而非重资产，大大缩减了前期的投资成本并减小了流动资金的压力。

第三，更适合与 REITs 相结合。有研究者认为，我国养老地产的突破口是 REITs。任何产业链的形成都是一个完整的资本循环，养老产业也不例外。只要养老地产能够有长期稳定的回报给 REITs 投资者，REITs 就能够为养老地产提供低成本的资金支持，从而快速形成专业化的养老产业链。2017 年 10 月 23 日，国内首单央企租赁住房 REITs、首单储架发行 REITs——中联前海开源—保利地产租赁住房一号资金支持专项计划获得上海证券交易所审议通过。本单 REITs 产品总规模为 50 亿元，产品结构设计方面，以保利地产自持租赁住房作为底层物业资产，包括位于广州、重庆、北京、大连、沈阳等区域的瑜璟阁商务公寓、诺雅服务式公寓、N+青年公寓、和熹会四大租赁物业品牌。这些物业分别由保利地产旗下租赁住房管理运营平台“保利商业公司”“安平养老公司”负责运营。

从本质上说，养老公寓、租赁公寓等投资方式的现金流特征具有类似性，即都是采取月租金方式来回笼租金，这也是当前政策层面积极关注的一种方式。对于此类 REITs 来说，实际上也说明企业需要金融创新，进而形成更大的资金来源，而轻资产运营的模式将会更适合 REITs，因为它将更多的费用收取放到实际运营过程中。这导致日常的现金流规模会更大。而且，轻资产在产品设计方面具有更大的灵活性，有利于开展金融创新。因此，REITs 模式非常有可能成为未来中国养老地产的发展方向。

（三）优劣分析

1. 优点

第一，很大程度上降低了投资方的投资风险。这也是该模式区别于亲和源模式的最显著优点。该模式通过租赁的方式，避免在前期投入巨大的成本，一旦市场发生变化或者项目方运营失败，投资者能迅速地撤离，以控制损失的范围。另外，轻资产的持有成本低廉，项目方能够迅速地扩张，在短时间内对市场进行渗透。但是，这种渗透仅限于空间，至于能否对市场份额进行抢夺，仍然取决于服务的质量。准确地说，该模式成功与否的关键在于能否提供适宜用户的优质服务。在这种模式下，由于住户无须预先购买房产，只需缴纳一定押金和每月缴纳服务费，这就意味着用户的退出成本或者转换成本同样很低。因此，用户的讨价还价能力比亲和源模式下的客户大得多。如果未能获得满意的服务，他们较易选择退出。为避免这种情形出现，很多供应商都会设置一个最低租赁期限，以规避运营风险。

第二，充分贯彻“居家护理先于设施内护理”原则。如上文所述，该原则的目的是尽可能帮助护理需求者恢复生理和心理健康，在无法恢复的情况下，也优先鼓励亲友参与护理，以减少孤独感、提高生活质量。亲和源模式下，首次支付款项的金额巨大，而我国现阶段高端客户总量偏少，大部分家庭都无法负担。远洋模式为解决居家养老问题提供了一个合适的解决方案。从可持续发展的角度来看，远洋模式与间接支付模式的匹配程度较高。政府部门可以通过购买远洋养老服务的方式，解决居家养老的问题。这也是日本介护制度的雏形。①

第三，适用范围十分广泛。在现行法律框架下，尽管国家鼓励险资投资养老地产，但禁止其从事应由房地产企业进行的一级开发及商业销售。因此，保险公司出售相关养老社区的产权在现阶段存在一定法律障碍。银行等金融机构也面临同样的限制问题。这在很大程度上限制了保险资金和金融市场的资金流入医养行业。由于远洋模式不涉及不动产产权的出售，所以上述法律限制不构成运营障碍。而且，这种模式的风险更为可控，因此更容易被需要保证资金灵活性的保险公司和金融机构所接受。

2. 缺点

第一，管理和运营风险较高。因为在该模式下出租率较难控制，前期回收成本速度较慢。而且，这种模式对运营管理方提出了更高的要求。由于此类项目并非采取自建的方式，而是采取租赁现有资质条件符合要求的养老公寓的方式，首先会面临筛选、甄别、选择租赁标的问题。如果租赁

---

① 参见詹祥、周绿林等《日本老龄介护保险的创新改革及挑战》，《中国卫生事业管理》2017 年第 2 期。

标的不符合相关资质条件，又会产生如何进行改造的问题。在实际运营阶段，由于这些公寓的原有管理模式与养老项目管理模式存在差距，对这些公寓的管理人员进行培训、监督和管理，将直接影响该模式的服务质量。

第二，对资金流依赖程度较高。该模式可能会面临与公营养老机构类似的问题。目前公营养老机构收费定价较低，但运营情况仍旧不容乐观。因为降低收费可能导致养老机构陷入“降低收费—收益不佳—降低服务标准—入住减少—收益更差”的恶性循环。① 远洋模式应极力避免上述情形的发生。在远洋模式下，由于运营方十分依赖月费和服务费的收取，一旦资金流不足，其日常经营的服务质量将会受到极大影响，甚至逐步地造成资金链断裂的恶果。

第三，监管成本较高。我国目前对养老护理中护理等级的划分缺少统一标准和依据，医疗系统和养老系统之间关于护理等级的分类标准存在着明显的差异，从而导致医养结合性养老机构服务对象的不明确。② 在此背景下，如何确定准入条件成为该模式投入运营的前提条件。如果准入条件过低，那么享受服务的人群范围可能过于宽泛，而加重养老场所内医疗设施的负担，或者占用更急需者的医疗资源。如果准入条件过高，又不利于客户群体的扩大。如何充分贯彻上文确定的四项原则，并实现各原则之间的合理平衡，是这种模式能否得以广泛应用的关键。

三 泰康模式：保险加养老

（一）典型案例介绍

1. 泰康之家

“泰康之家”是泰康保险集团旗下的养老品牌，也是目前市场上由保险公司作为投资和运营主体比较成熟的一种发展模式。泰康保险集团旗下有5大子公司，其中泰康人寿、泰康在线、泰康养老3家公司以不同的方式经营保险业务。泰康资产管理有限责任公司主要负责管理保险资金的投资，泰康健投公司负责养老社区、康复医院、综合医疗、纪念园、写字楼等实体产业的投资、开发和运营。就管控关系而言，“泰康之家”养老社区是泰康健投独立运营的项目。泰康健投与泰康人寿之间存在委托管理关

① 参见周国明、贾让成《机构养老的宁波模式》，浙江大学出版社2016年版，第74页。
② 参见郭丽君主编《“医养结合”养老服务体系》，科学出版社2019年版，第116页。

系，由泰康健投将泰康人寿的保险资金投资到养老社区、康复医院等实体产业。2009年，泰康获得保监会批准的投资养老社区试点资格，开始在一、二线重点城市规划高端连锁养老社区“泰康之家”，目前已在北京、上海、广州、成都等19个城市规划布局，北京燕园、上海申园、广州粤园、成都蜀园、苏州吴园和武汉楚园已正式投入运营。

在支付模式方面，泰康之家参考海外成熟养老社区模式，采用“押金+乐泰卡+月费”的模式。押金和乐泰卡作为履行入住协议各项义务的保证金，及客户使用社区设备、设施以及应对可能突发的健康事件的服务押金。入住未满3个月或入住满3年，退住时押金全额无息退还，其他提前退住的情况，需要扣除一定比例的费用。特定保险客户或相关权益人在满足相关条件的前提下，可免押金入住。月费按月缴纳，包括房屋使用费和居家费用。

2. 复星星堡

星堡养老社区是复星保德信的养老品牌项目，是复星集团旗下的高端养老机构。复星保德信在全国主要城市都有建设类似项目的计划。北京、天津和上海的项目目前都已经可以入住，杭州、广州、成都、昆明等其他10个城市的项目正在筹建中。星堡在上海目前有两个养老社区：一个是星堡浦江养老社区；另一个是星堡宝山中环养老社区。

以上海星堡养老社区为例，该社区是由复星集团和美国峰堡集团于2013年5月共同合资成立的养老社区。复星集团是集房地产、卫生保健和医药行业等业务于一体的中国最大的民营综合集团之一。集团旗下还拥有中国最大医药集团之一的复星医药、著名连锁药店品牌——复美大药房，以及与美国投资公司合作的高端医疗品牌——和睦家医院。峰堡集团（Fortress）是一家全球领先的投资管理集团，集团旗下拥有三家美国最大的养老产业运营商，分别是主营能够自理、护理全程服务的Brookdale Senior Living、主营自理服务的Holiday Retirement和主营护理服务的Blue Harbor。峰堡集团在美国和加拿大拥有1000多家连锁养老社区，目前有十几万会员入住，拥有30多年丰富的养老服务经验。星堡社区的运营不仅借鉴了先进的国外管理经验，还具有雄厚的本土资源优势。

在上海最早开业的是星堡中环养老社区（一期）。该社区在2013年5月正式开业，是星堡在上海的第一个持续照料退休社区（CCRC社区），即从独立居住、协助护理到临终关怀的一站式服务社区。总面积1.8万平方米，共有189个独立居住房间，30个双人居住的协助护理床位，目前已有超过300位老人成功入住星堡，97%的超高入住率。星堡中环养老社区（二期）在参考一期建设的基础之上新建9万平方米的老年公寓社区，可容纳约900户。社区内有三种房型，分别是一室一厅、一室户和两室两厅。面积在40多平方米到130平方米之间不等。

在支付模式方面，星堡社区和泰康之家采取的方式类似。客户入住前需要先从复星集团旗下的保险公司购买200万的保险。入住之后，需要每个月缴纳养老公寓的月费，月费内容包括房屋租金、安保费用、设施服务费、活动费、交通费等。一人入住的月费最低为8000元，二人入住则收取1.1万—2.7万元不等的费用。以二人入住为例，一年总费用平均在21万元左右。另外，入住之前还需缴纳每户3万元的居家设置费。①

3. 太保社区

2014年经原保监会批准，中国太平洋保险集团设立了养老产业投资管理平台——太平洋保险养老产业投资管理有限责任公司，开始进入养老产业。2019年，太保家园·大理颐老院国际乐养社区项目、成都国际颐养社区和杭州国际颐养社区项目正式开工建设，上海、厦门、南京等地的拟投资养老社区项目也取得重大进展。公司规划至2021年，中国太平洋保险集团预计在北京、青岛、厦门、南京、武汉、广州、深圳、珠海完成布局；至2025年，预计完成规划中6个城郊型和度假型社区，以及若干个城市型养老社区。公司将运营8000—10000套高端养老公寓，运营床位数达到1万—1.2万。另外，中国太平洋保险集团还着力投资和运作养老地产项目——“太平小镇”。上海周浦梧桐人家是其首个旗舰项目，已于2019年11月投入运营。

太保养老社区依据“聚焦集团保险主业高地城市、聚焦长三角等经济区域中心城市群、聚焦人口老龄化重度城市”的原则进行布局，按照“南北呼应、东西并进、全国连锁”的思路，加快推进6个城郊型和度假型高端养老社区项目落地。计划投资100亿完成养老产业初始阶段的布局，其中70亿建设城郊大型CCRC养老社区，30亿建设城市中小型康养项目。

---

① 参见《复星集团养老品牌项目——星堡养老社区》，搜狐网：https：//www.sohu.com/a/321844395_ 115804。

太保养老产业对养老市场做了细分，打造覆盖从55—100岁的全年龄段养老社区产品，包括乐养、颐养、康养三大产品线。乐养产品线是面向55—69岁的低龄老人，以旅居候鸟式养老业态为主；颐养产品线是面向70—79岁的中龄老人的城郊型产品，以健康活力养老业态为主，颐养社区为CCRC（持续照护）模式，提供独立生活、协助生活、专业护理（含记忆照料）三种不同类型的服务；康养产品线是面向80岁以上的高龄老人的城市型养护产品，以康复护理业态为主。[①]

（二）模式特点

第一，目标客户明确，锁定高端客户人群。“泰康之家”的目标客户主要是“三高一主”（高知、高干、高管、企业主）。近年来，泰康之家紧抓主流客户主流市场，通过持续优化产品，造福于更广泛的客户群体。通过对燕园、申园开业后社区的运营、客户的反馈等方面的分析总结，泰康对后续建设的养老社区产品规划进行综合优化，在超一线、一线、二线城市建设的养老社区，产品规划差异与城市特点和客户需求相匹配，在保证养老社区的运营、养老质量和现有入住客户的入住体验的前提下，让更多的老年人群能够享受到高品质的医养服务。

第二，以重资产投资自建为主。“泰康之家”目前的商业模式是以重资产投资为主，从资金投入、建设周期等方面来看，初期成本较高。在此情况下，多数公司会进行生态投资和战略投资，对越重要的产业持股比例越高。虽然这种投资模式的投资规模大、回报期长，但保险公司的优势在于资金体量大，能够满足养老社区开发初期较大的资金需求。而且保险资金负债周期长，与养老机构的回报期相匹配。目前，“泰康之家”基本上属于全资投入。为减轻公司的资金负担，近年建立的泰康健康产业基金通过管理、经营进行战略投资、生态投资，开拓更宽的投资渠道。从长期来看，该模式养老机构在经营得当、运营良好的情况下，保险公司能获得长期稳定的投资收益。

第三，以为目标客户提供“支付+服务”的整体养老解决方案作为运营重点目标。一方面，通过运营养老社区，可以较大规模地促进保单销售，从而反哺养老社区投资建设和运营，并帮助保险客户前置养老规划和

① 参见天风证券《保险“养老社区”，布局养老产业，抢占蓝海市场，提升保险服务覆盖度》，2020年2月16日，资料来源：Wind数据库。

资金准备；另一方面，通过提供高品质的养老社区为客户提供实际的养老解决方案，通过现有客户入住率的提升构成运营可行性的基础。目前投资养老地产的各保险公司均推出了“消费者购买指定种类及金额的保险产品即可取得养老社区入住资格”的营销模式，以此来促进保单销售。目前主要有以下营销方式：其一，体验式营销。带客户参观体验养老社区，描绘未来养老生活，吸引客户入住以销售保单。其二，期货现货同时销售。客户可以通过购买现货即刻入住养老社区，也可以通过购买达到一定保费标准的保单后获得限量的养老机构入住资格，以中高端养老社区入住权未来的稀缺性来吸引高净值客户。但现阶段保险产品与养老社区的对接尚处于较浅层次，大部分养老社区的入住费用未与保险给付挂钩，还未真正做到以养老服务替代保险现金给付。在养老社区的运营中，如何强化保险产品与养老社区之间更深层次的对接仍有待探索。

（三）优劣分析

1. 优点

第一，有利于保险品牌的升值。泰康模式将品牌的打造和维护放在最优位置。主要体现在两个方面。其一，泰康将自身传统优势项目，即保险产品与养老产品相结合。保险业和养老健康产业天然高度契合，二者都是为人的生命、健康、安全提供保障。保险产品作为支付端，养老健康产业作为服务端与保险对接，即“保险+养老社区”可以实现由养老服务替代现金补偿。保险资金投资养老地产能有效延长产业链，建立健康和养老产业各个环节与保险保障之间的连接和增效机制，实现全生命周期覆盖。养老社区向上衔接养老险、长护险、医疗险等保险产品，同时带动下游的老年医疗、护理服务、慢病管理、智能养老等健康产业，保险公司以此整合相关产业、增加盈利渠道。与万科“房产+养老”模式相比，泰康“保险+养老”模式无疑更加符合医养结合的主题。其二，泰康以重资产的方式自建养老社区，但并不销售该社区的房产。《保险资金投资不动产暂行办法》第 15 条①规定，保险公司投资养老不动产，自投资协议签署之日

① 该条规定：保险资金投资不动产，应当合理安排持有不动产的方式、种类和期限。以债权、股权、物权方式投资的不动产，其剩余土地使用年限不得低于 15 年，且自投资协议签署之日起 5 年内不得转让。保险公司内部转让自用性不动产，或者委托投资机构以所持有的不动产为基础资产，发起设立或者发行不动产相关金融产品的除外。

起 5 年之内不能转让。第 16 条规定，保险公司不得投资开发或者销售商业住宅。虽然排除销售是法律限制的直接结果，但从另一方面来看，该模式对提高行业竞争力也有较大的积极作用。如果出售产权，可能会降低养老社区的入住门槛，并对养老服务的质量产生影响，进而降低自身的竞争优势。

第二，政策优惠期促进保险公司进入养老产业。从 2015 年开始，国家政策开始对养老产业有所倾斜，设立了专门的养老用地。各地政府设定的拿地要求有所不同，如从事养老行业的年限、养老社区的数量等。这对于具备养老产品开发经验的保险公司而言，明显较为有利。泰康集团十分注重与地方政府的合作，已经和多个地方政府建立长期战略合作关系。目前各地政府的合作态度也都比较积极。在养老社区实际运营过程中，房产税的费用占比较大。近期国家发布了房产税减免的相关政策，但是各地还没有出台相应的实施细则，具体的补贴数额因公司和政府的协调沟通情况有所不同。

第三，中期可大概率实现扭亏为盈。养老社区的项目成本主要由拿地成本、开发成本和后期运营成本构成。在重资产模式下，初期拿地成本和开发成本很大，后期运营成本中护理人员工资、物业管理费用占主要部分，仅仅依靠社区租金和服务费、一次性押金的投资收入很难短期内收回投资。依据这些年的实际运营情况，该模式养老社区项目在中期基本可以实现运营层面的盈利。从国外经验来看，一个养老社区入住率如果达到 65%—70%，就可以实现运营的盈亏平衡，即收入与支出达到不需要提供流动性支持的状态。目前，泰康燕园一期（2015 年开始营业）的独立生活区入住率达到 99. 7%，申园（2016 年开始营业）的入住率超 90%，两园均已实现盈利。

2. 缺点

第一，投资回收期相对较长，前期投资成本巨大，不同地方的园区因入住率不同，盈利能力因此也有差异。在“泰康之家”的三种收费项目中，押金在财务上属于负债，主要用于投资养老社区二期、三期的开发建设；保费进入保险资金专门账户，按照保险资金运用的规则进行管理，如投资养老社区、股票、债券等；月费作为社区的日常运营的经营现金流，用于资金周转，不用于大额投资，只进行日常理财。从利润构成来说，月费占利润的绝大部分。因此，入住率的高低直接决定了园区的盈利水平。

据了解，北京和上海的园区已实现成本回收，而且营业现金流充足。再加上土地、不动产增值的因素，未来北京、上海的养老社区应该能够取得更为良好的发展，其他地方的园区尚在培育和建设中。

第二，与公共政策对接存在一定障碍。该问题其实并不只存在于保险加养老模式，而是我国医养结合发展领域中的普遍问题。在我国现行法律政策框架下，不存在像美国的 Medicare、Medicaid 模式。养老社区的客户在缴纳养老费用时没有与社保体系衔接，仍然由老人以个人身份缴纳社保。其后，分别根据养老保险和医疗保险的政策规定，向不同的行政部门进行报销。虽然我国部分城市已经实行长期护理保险制度试点，但是公共政策与商业服务供应商尚未形成有效衔接。[①] 针对该问题，近年来泰康保险集团试图推出“泰康之家”与商业长期护理保险相结合的方案，探索医养结合与公共政策对接的有效途径。

四　南京新百模式：战略转型者

（一）典型案例介绍

1. 南京新百

南京市新街口百货商店股份有限公司（以下简称南京新百）最早成立于 1952 年 8 月，是南京地区第一家国营百货商店，也是我国大型综合零售企业的代表之一。2016 年公司参与认购成立生物医疗产业并购基金和医疗服务产业并购基金，投入的资本分别为 4 亿元和 2000 万元人民币。这标志着南京新百开始向医药、养老产业转型。

南京新百的健康养老业务主要通过子公司安康通、Natali、A. S. Nursing 和 Natali（中国）来经营。安康通是服务于全国的居家养老服务型企业，以自主运营的云中心、自主研发的各类信息管理系统、专业化的助老助残服务团队为基础，为广大老年群体和社区居民提供全方位的居家生活服务。Natali 主要在以色列国内开展居家养老和远程医疗服务，是以色列领先的提供远程医疗和远程照护、紧急救助和居家养老、团体健康服务的服务商，

---

① 据调研了解，长期护理制度在每个地方的标准（评级标准、年龄限制等）不同。客户持养老社区入住合同到户口所在地的民政部门登记，经民政部门审核，若符合长期护理的资格，则直接将长期护理补助金拨到客户在养老社区的账户。社区在收取月费时会将长期护理补助金扣除，客户只需缴纳扣除后的剩余部分费用。但是，各地的长期护理保险对老人的补助较少，一般为 1000—2000 元。

也是以色列最大的民营医疗护理服务公司。A. S. Nursing 拥有 30 多年的居家护理服务经验，在以色列全国拥有 26 家分支机构，覆盖以色列全境，是以色列第四大居家上门护理公司。经营模式是由护理公司组织专业护工，为生活不能完全自理的老人或残疾人士提供上门护理服务。Natali（中国）引进以色列先进的健康管理与养老服务产品与解决方案，结合中国本土国情创新商业模式，为金融机构、大型企业、地产社区等提供有针对性的健康管理增值服务和一站式健康养老服务，主营业务聚焦健康管理服务与高端居家养老服务。

南京新百原来的主营业务是百货业务，勇敢地转战医养健康行业，这种战略转型的风险十分巨大。从某种角度来说，南京新百是目前医养健康行业转型者中最成功的典范。依据 2019 年度中期报告，南京新百的净利润达到 9. 79 亿元，其中医疗健康板块的业务贡献了近 6 成的净利润。此前，2018 年同期南京新百亏损 13. 06 亿元。南京新百不仅实现了扭亏为盈，企业价值在总体上也增长迅速。

2. 宜华健康

宜华健康医疗股份有限公司曾经是粤东地区房地产行业首家上市公司，2014 年公司谋求向大健康方向转型。但是，与其他房地产企业大力发展养老地产不同，宜华健康并没有在转型初期投资大量的资本兴建养老社区，而是向一些提供养老服务的供应商进行股权收购。公司作价 23. 77 亿元向集团母公司出售了三家控股地产子公司 100% 的股权，同时以 19. 25 亿元分别收购血糖、血压监测领域医疗器械厂商爱奥乐，和医疗服务管理提供商孜赛勒康 100%的股权。在此之前，宜华健康已经收购了我国最大的医院非诊疗业务服务企业——众安康。[①]

众安康为全国超过 120 家的大中型医院提供全方位非诊疗综合服务。致力于打造“专业化、一体化”的医疗机构非诊疗支持保障服务体系，为各类医疗机构提供包括医疗导医导诊辅助服务、医疗设施维护和保养服务、环境管理服务、安全管理服务等在内的医疗后勤综合服务以及专业的医疗工程服务。结合在过去房地产业务中积累的丰富供应链管理经验，宜华健康可以发挥优势完善众安康的供应链服务体系，有望形成大型区域连

① 参见申万宏源《华丽转型，打造医疗养老大健康龙头企业》，2016 年 1 月 25 日，资料来源：Wind 数据库。

锁医院托管集团，或者医院建设项目服务提供商。

爱奥乐是国内远程血糖血压监测领域内知名的医疗器械产品生产商，以生产 POCT 及远程医疗检测仪为主。公司专注于血压、血糖及试纸等即时检验（POCT）医疗器械及耗材产品的生产。公司拥有先进电子和生化研发技术与专业的技术研发团队，是国家级高新技术企业、深圳市高新技术企业。宜华健康未来还将继续加大研发投入，计划平均每年增加 15 项左右的工程研发知识产权，并依托在远程医疗器械产品的技术优势，进一步研发建立云健康管理平台，并开拓远程医疗服务。

达孜赛勒康是专业从事医疗投资与医疗服务管理的公司，其在伽马刀肿瘤治疗领域处于领先地位。在诊疗中心板块，达孜赛勒康与解放军 455 医院合作建立了高端肿瘤中心，致力于成为专业的肿瘤诊疗设备和服务整体解决方案的提供商。在医院管理咨询板块，达孜赛勒康下属南昌 334 医院，是一所集医疗、教学、科研、预防保健、职业病防治、健康体检为一体的三级综合医院。

宜华健康在医疗服务方面的业务通过并购扩张速度十分迅速，但是其战略目标并非局限于医疗服务供应商的定位，而是积极寻求向养老社区转型的机会。目前，宜华健康拟与康桥资产、亲和源投资、亲和源置业及亲和源签订股权收购框架协议。如果收购完成，那么宜华健康将会成为亲和源的股东。

3. 双箭股份

浙江双箭橡胶股份有限公司原本是一家专业生产输送带、平胶带和胶管系列产品的管带行业骨干企业。近年来，该公司开始进入养老健康产业，战略转型开始于 2016 年。该公司提出“做大养老产业，打造知名品牌”的战略构想，推动公司以轻资产养老模式进行对外扩张，在保证服务质量优质稳定的基础上继续加大市场开拓力度。

2016—2017 年，双箭股份分别完成了对桐乡和济颐养院有限公司 22.5%股权、湖州市社会福利中心发展有限公司 67%股权收购，合计耗资 4.08 亿元。2018 年公司全资子公司桐乡和济颐养院平稳发展，而且凤鸣街道养老服务中心也已正式开始运营。2019 年上半年，桐乡和济颐养院有限公司与桐乡市社会福利中心签署合作协议，双方利用各自优势谋求进一步的协同发展，扩大养老健康行业的版图。同时，和济公司设立桐乡和济护理院有限公司，进一步推进医养结合的发展。

尽管尚处于缓慢拓展培育期，养老板块的业务收入已经进入公司主营业务收入构成中。2019年上半年，双箭股份养老服务收入为886.88万元，占公司营业收入的1.24%，毛利率为1.94%，较去年同期大幅上升。其中，桐乡和济颐养院有限公司净利润4.78万元，首次实现盈利。[①] 公司目前正在探索医养结合的发展模式，也试图学习日本养老机构的运营模式。公司未来有望稳步推进养老健康产业布局，将养老产业打造成公司新的利润增长点。公司希望进一步完善养老产业布局，树立养老产业标杆及标准，扩大品牌知名度，实现养老业务在行业内的战略目标。

4. 湖南发展

湖南发展集团股份有限公司原来的主营业务是水力发电综合开发经营。为抓住医养结合产业的发展机遇，湖南发展将健康产业作为新的战略方向，打造第二主业。公司目前的发展战略是“以水力发电和健康养生养老为主，辅以股权投资”的主业发展方向，主要通过推进医疗、养老两大业务来实现健康产业的发展目标。

湖南发展第一个项目是与湘雅博爱康复医院联手合作的。湖南发展与湘雅医院采取不投资、不占股的合作模式，实际上是一种契约式战略联盟。博爱康复医院的名称前被冠以“湘雅”二字，以此借助湘雅医院强大的品牌影响及医疗技术迅速实现盈利。湘雅博爱医院还可接受从湘雅医院转诊的病患，形成良好的客户基础。在转诊资源共享的前提下，湘雅博爱康复医院支付给湘雅医院品牌费、技术使用费、多点执业等费用，二者在品牌冠名和技术支持方面以固定费用的形式进行合作。当床位数超过一定数量后双方将进一步完善合作模式。

湖南发展在养老服务产业积极布局，与祥茂投资、宇田集团达成合作协议，共同在长沙县合作开发占地3000亩的春华健康城养老健康项目，构建医疗养老产业链。春华健康城是公司大健康产业布局的首个养老项目，设计床位约10000张，约分三期投入，投资周期8—9年。项目落成后，计划按照每人每月3000元的价格收取服务费。长沙市养老机构的入住率普遍较高，预计以健康城为核心的养老产业会具有广大的客户群体。此外，湖南发展以机构养老作为主要业务方向，与湖南高新创投健康养老

---

① 参见天风证券《保险“养老社区”，布局养老产业，抢占蓝海市场，提升保险服务覆盖度》，2020年2月16日，资料来源：Wind数据库。

基金展开合作，后续有望加大养老项目的投资力度，实现康复医疗和养老产业链的协同发展。①

湖南发展的实际控制人是湖南省人民政府。实际控制人通过信托或其他资产管理方式控制公司，未来将利用自身优势为公司发展提供政策、资源等支持。例如，湘雅博爱康复医院目前已经与残疾人保障的政府机构合作，通过政府机构途径入住医院的比例未来将会更高。另外，公司目前水电业务发展稳健，给公司提供了稳定的现金流，为公司向外扩张提供了充足且持续的资金支持。但值得深思的是，公司跨越行业发展新的业务，可能使公司经营风险加大。而且，医养业务的投入占用公司大量的资金，既影响了公司原有业务的管理，又会加大公司的财务风险。

（二）模式特点

虽然上述企业原来的主营业务涉及各不相同的领域，但都体现了从医养结合相关度基本为零的产业向医养结合产业转型的发展模式。这种模式具有以下两个方面特征。

第一，转型企业必须在原行业内取得足够的成功。南京新百原来的主要业务为百货零售，商业部分包括南京新百中心店，东方福来德购物中心南京店、徐州店。这些店铺属于全国范围内的头部商圈。有研究者指出，只有在原行业内取得足够的资本，才拥有跨行业并购的能力。因为对未涉足过的产业进行资产重组，其中涉及大量的资本，且需要面对巨大的风险。②

第二，如果采取并购的方式进行转型，目标公司需要具备核心竞争力才能使并购方的价值实现增长。③ 这种核心竞争力体现在两个方面。其一，可复制性。南京新百为了打入健康养老行业，先后并购了两家公司，分别是安康通和三胞国际医疗有限公司。前者是国内智慧居家养老的龙头企业，后者是以色列在应用互联网技术提供居家养老服务领域最大的民营医疗护理服务公司。两家目标公司均拥有丰富的运营和服务提供经验，而

---

① 参见申万宏源《受益湖南国企改革，转型医疗养老大健康》，2015年11月10日，资料来源：Wind数据库。

② 参见杨威、赵仲匡、宋敏《多元化并购溢价与企业转型》，《金融研究》2019年第5期。

③ 但也有国外研究者认为，跨行业并购会产生负面的市场效应。Philip G. Berger & Eli Ofek, “Diversification's Effect on Firm Value”, *Journal of Financial Economics*, Vol. 37, No. 1, 1995, pp. 39–65.

且两者都是应用互联网技术、人工智能等技术的公司。技术的可复制性可以使南京新百能够在短时间内快速冲破行业的壁垒。其二，协同效应。三胞国际医疗有限公司下有 Natali、A. S. Nursing 和 Natali（中国）三家实业公司。Natali 主营业务是视频医生问诊、远程健康管理、智能居家看护等。A. S. Nursing 主要提供专业居家护理及照看服务、专业私人住院护理服务以及养老与护理服务相关的咨询服务。这两家子公司在资源共享和业务合作上都能发挥强大的协同效应，尤其是 Natali 核心的紧急救援服务及远程医疗服务能够提前发现 A. S. Nursing 的潜在用户。目标公司内部或目标公司与并购方能够发挥协同效应是很重要的，而在跨行业并购中显得更加重要。跨行业并购中一般难以产生良好的市场效应，但是如果存在有效的协同效应，那么产生正的累积超额收益的机会将会大大提高。

（三）优劣分析

1. 优点

南京新百模式确实为跨越行业进入医养行业提供一个范例。但是，这种模式能否取得最终的成功，还有待时间的检验。仅从学理角度来看，这种模式具有以下几方面优点。

第一，股权并购，引入境外品牌产品，为创新产品激发活力。有研究者认为，并购能够为企业创新带来一定的活力。① 笔者认为，在不同的行业和领域可能应做具体分析。如果南京新百并购的是传统的地产或者保险行业，先毋论获取许可方面的合规性问题，单就增持重资产这方面来看，就增大了并购的风险。而且，跨行业并购方往往欠缺相关方面经营经验，也加大了并购失败的风险。但是，南京新百显然避开这些风险点。它选择了以股权并购的形式，而且还投资了以新兴技术为主导的医养结合产业，为试图转型的其他企业树立了成功的典范。

第二，丰富市场供应商，提升市场竞争度。前述万科模式、远洋模式和泰康模式都是传统的房地产企业和保险企业，都处于医养服务的上游企业。它们将商业版图扩展到医养结合领域，从增加产品附加值的角度来说，其都有合理的理由进行大量的投资。相较而言，南京新百原本从事与医养行业完全无关的零售业，这种跨行业并购一般来说是十分危险的。但是从市场整体环境来看，多一些这种跨行业企业的加入，可以增加市场的

① 参见陈爱贞、张鹏飞《并购模式与企业创新》，《中国工业经济》2019 年第 12 期。

整体竞争性，降低市场的垄断程度。从实际情况来看，房地产企业主导以养老地产为依托的医养结合模式占据市场的主要份额，而南京新百的智慧医养服务确实开发了新的“蓝海”。

第三，为间接支付模式提供了新的产品。在万科模式或泰康模式下，需要购买房产或者购买保险，或者支付大额押金才能享受相关医养服务。这种支付模式的设计主要以客户个人为关注点，而与政府部门的对接则存在诸多困难。南京新百提供的是远程医疗、专业护理、照看服务等产品，这些都是可以通过政府购买的形式为老年人提供的产品。这也是日本介护制度得以运作良好的机理所在。

2. 缺点

如上文一直强调的，这种跨行业并购的方式具有很大的风险。主要体现在以下两个方面。

第一，转型企业缺乏相关经验和资源。南京新百经营的百货业务与医养行业基本没有任何相关的联系。即便它通过整体并购的方式，收购了两家提供医养服务的公司，其本身也仍然缺乏这方面的管理人才。而且收购对象与原产业不能发挥协同效应，也大大制约了其在医养行业的发展。

第二，行业壁垒的障碍。如前文所述，万科模式、远洋模式以及泰康模式的最终目的都是以重资产方式进行持有，然后围绕该重资产进行相关医养产品的开发，从而捆绑两者以提高整体的产品价值。一般来说，重资产持有的方式能够迅速打破行业壁垒。但是，南京新百没有选择重资产持有的方式，视频会诊、远程医疗、居家护理等服务都难以依靠自身发挥规模效应。以远洋的养老公寓为例，其在自己的园区内配备足够的医疗设施和相关的护理服务，这就给其他供应商制造了提供服务的障碍。

五 云南城投模式：旅居养老

（一）典型案例介绍

旅居养老产业，是指满足旅居养老者在异地不以工作、定居和长期移民为目的的旅行、暂居、医疗保健等活动的物质和精神需求的产业发展模式。[①] 依据国内参与旅居养老的企业进入该产业的方式，可以将旅居养

① 参见周刚《养老旅游理论与实践研究》，《地域研究与开发》2009 年第 2 期。

老模式分为三种，分别为基地连锁模式、旅居联盟式以及分时度假模式。[①] 基地连锁模式，是指企业以自建联盟酒店基地和托管公寓服务基地，以持有重资产为切入点来进入旅居养老行业的模式。采取这一模式的企业希望以基地连锁的扩展形式来运营，以统一的经营模式、全包式的服务赢取客户，典型企业如海南金旅居度假集团。海南金旅居度假集团于 2010 年 4 月成立于海南海口，2015 年 9 月挂牌新三板，公司以海南岛内的精品酒店、度假公寓为依托，组成旅居生活服务基地。目前拥有旅居基地 3 个，合作基地已达 31 座，覆盖了 12 个省份、20 座城市，包括海南、广西、四川、重庆、贵州等。现在公司旗下的产品有酒店和公寓等。

旅居联盟模式，是指不围绕某一基地打造联盟，全国各地的优质旅居产品可以自由地组成联盟，统一以该联盟的形式进入旅居养老行业。采取这一模式的企业希望既能够获得联盟经营式的聚集效应，又能保持自身经营的相对独立性，典型企业如逸和源。逸和源创立于 2009 年，目前已建立逸和源·嘉兴湘家荡颐养中心、逸和源·广西巴马养生养老基地、逸和源·千岛湖桥西颐养中心、逸和源·杭州千岛湖疗（康）养中心四个养老基地。在自有基地基础上，成立旅居基地联盟，覆盖哈尔滨、大连、北戴河、珠海、深圳、厦门、琼海等 16 个度假旅游基地，还推出东南亚休闲游，有东京、济州岛、柬埔寨、泰国等基地。

分时度假模式，是指企业以资本方式将多个旅居基地进行整合，打造旅居度假置换平台。采取这种模式企业希望将房产、酒店、旅游、养老业态结合，跨界整合共享，扩大资源边际效用，以赢得长期客户，典型企业如上海海圈养老。上海海圈投资集团 2008 年进入养老产业，2014 年进入上海市场，形成了以定制养老服务为平台的运营方式。上海海圈还衍生出文化社交养老、旅居驿站等养老服务的多元化服务集团公司。通过自建和合作旅居基地开展旅居养老服务，目前基地分布在海南、浙江、重新、贵州、北京、河南、内蒙古、山东及澳洲。

云南城投融合了基地连锁模式和分时度假模式的运营方式。云南省城市建设投资集团有限公司业务布局集中在城市开发、城镇环境、大休闲、大健康、战略新兴产业五大核心板块。其中，大健康、大休闲板块以绿色

---

① 参见兴业证券《老龄化加剧，中国养老产业机遇与挑战并存》，2019 年 3 月 4 日。

康养为战略定位，是公司的战略转型方向，其余三大板块以城镇环境为战略定位。在大健康板块下，还分为以下两个发展方向，分别是投资医院等医疗机构的医疗业务和投资生物科技公司的生物医药业务。在大休闲板块下，主要可分为三个发展方向，分别是会议展览、文化体验、休闲娱乐。云南城投现已落地“昆明·古滇未来城”“西双版纳雨林澜山”“西双版纳·盛璟新城”和“青城山项目”四个项目，紧密围绕“大休闲+大健康”的战略定位，深挖云南及周边城市的旅游资源，配合集团内部医疗、地产资源发展旅游地产、养老地产。

除了以上的分类方式，旅游养老还可分为“候鸟式”“居住式”等。所谓“候鸟式”养老，是指像鸟儿一样随着气候变换选择不同的地域环境养老，随着季节变化选择不同的地方旅游的特殊养老方式。“居住式”养老，是指选择一个生态环境良好的旅游胜地长久地生活。这两种旅游养老的类型有着本质的区别。“居住式”实质上和养老地产的发展模式并无区别，只是更加注重养老社区的选址而已。如上文所说的云南城投的很多养老社区实质上就是一个“居住式”的旅游养老社区。“候鸟式”旅游养老是目前众多企业发展战略所列明的一种发展方向。但是，在实践中真正实现了“候鸟式”旅游养老的案例几乎不存在，它在很大程度上只是一个尚在尝试的概念。

（二）模式特点

第一，居住环境是旅居养老的核心要素，安全性和文化体验同样是关注重点。这种商业养老模式，将旅居生活体验及由此带来的生活品质的提高作为商业推广的核心竞争力。与普通意义的旅游相比，旅居养老的最大特点是对老人安全健康的服务更加到位。旅居养老服务机构必须要有一套科学的标准化健康管理机制，养生基地必须配备医疗资源，为每位老人建立健康档案，每天为老人进行常规的健康体检，根据老人身体指标为老人提出出行建议。外出游览时，除配备导游外，还必须配备随车的医护人员，以随时防止老人在游览过程中突发意外。大部分机构采用间隔式的体验计划来安排老人的整个旅居行程，即以基地为中心，一天代领老人外出游览周边风景名胜，一天安排老人在基地体验当地的民俗文化，如此循环。一个周期下来，老人可以玩遍基地周边的景区，并体验当地的历史文化、风俗人情和特色美食，真正地体验当地人的生活方式。

第二，旅游养老是一种单纯的“养老+地产”模式。养老地产开发模式，是一种养老项目与旅游项目相结合，在旅游风景区开发养老居住产品，使养老地产与旅游观光、休闲度假、健康养生产业共同得到发展的模式。目前已经有一些开发商尝试在开发旅游地产的同时，加入养老养生、康复保健、长寿健康等理念。这类养老项目一般选在具有较好的风景资源或特色文化资源的地区，例如海南、广西、云南等地。从近年的市场形势来看，养老旅游产业似乎前景广阔。但由于旅游养老的一个特点是很多老年人通常不会长期住在旅居地，可能仅在严寒的冬天去南方居住几个月，而旅游养老的服务商需要长时间的营运才能获得持续稳定的现金流。旅游养老机构的日常维护成本、固定资产折旧等费用的支付，可能会面临资金压力。以海南金旅居为例，它旗下的很多酒店都是以自有土地兴建的，大多数属于旅游用地，具有 40 年产权。这些酒店会在固定的季节提供给来此养老的老年人居住，而其他季节就和普通酒店无异。它旗下的公寓大多数采取契约式合作的方式进行运营。地产是旅游养老的根基，如果没有地产的支持，旅游养老是无法开发的。这造成的一个问题是，由于普通地产项目和养老地产项目的最大区别是后者需要进行适老化改造，而经此改造的酒店或公寓很难提供给普通消费者。这导致旅游养老机构在实际运营中会闲置很多资源。

（三）优劣分析

1. 优点

旅居养老确实是一种有别于传统模式的新型养老方式。从理论上而言，这种养老方式具有一定的可行性，主要体现在以下三个方面。

第一，老年人对于环境要求较高。一般认为，养老的最优区位是冬无严寒、夏无酷暑、风景秀丽的阳光地带或度假胜地。但现实是，这种地方能够最终发展成养老场所的寥寥无几。既然无法对气候、环境等外在因素进行改变，那么可以空间换时间的方式进行转移。这也就是说，可以由客户选择在不同的季节入住不同地区的养老场所，将养老流动化。这是旅居养老最为吸引人的地方。由于我国北方城市冬天的气温和空气质量明显下降，不利于老年人的生活起居和身体健康，而旅居养老可以很好地解决该问题。如果选择“候鸟式”养老基地，那么老年人可以在一个比较大的范围内选择养老环境，这种灵活性是一般的养老地产所无法比拟的。

第二，中老年人旅游消费意愿一般较为强烈。根据 2016 年中国老龄产业协会与同程旅游发布的《中国中老年人旅游消费行为研究报告》调查显示，70%的中老年受访者认同旅游消费在保持健康身心、增长见识等方面的积极作用；有 81.2%的受访者表示，若条件允许，愿意去旅游。在中老年人旅居最关注的因素中，价格和安全问题位列第一位，其次是旅游景点、环境和交通。旅居养老不仅能够为老年人提供一个较为适宜的养老环境，还能极大限度地丰富老年人的精神生活和人生体验。虽然一般的养老地产也会建设一些文娱设施供老年人使用，或者某些养老项目打着"学院式养老"的宣传方式，但是这种体验毕竟是有限的。而旅居养老的优势在于，它可以给老年人一个实地生活的体验，在现实中体验不同地区的人文、历史、风情、艺术等。

第三，丰富了养老方式，有利于医养行业价值链的延伸。与其他养老模式相比，旅居养老更加强调文娱等精神体验，是将食、住、行、游、娱、用、医、养、学等产业相互结合的一种养老方式。[①] 对于旅游产业来说，养老群体的引入将大大延伸其产业链，使旅游产业不再仅限于酒店、景点等资源挖掘，还要拓展医疗、养老产品的开发。原本旅游业就会带动当地的餐饮、住宿、文娱等行业的发展，而旅游加养老的发展业态还将会带动医疗、健康产品等行业的发展。仅从产业生态来说，旅游加养老是一个有利无害的发展方向。对于养老产业来说，旅居养老模式突破了地域限制，使养老成为一个更加时尚、灵活的话题。但是，值得注意的是，传统意义的旅游业与旅居养老存在极大差异。由于老年人的身体健康原因，他们并不适合所有的旅游项目，在住宿、餐饮等方面也需要进行适老化改造。

2. 缺点

第一，客户群体有限。旅居养老模式只适合于具有雄厚家庭经济基础、年龄偏低、自身及配偶健康状况良好、掌握社会生存技能、文化程度较高等中老年人群。其中，身体条件是进行旅居养老的前提，也是最关键的条件。因为旅居养老需要在不同的地方进行生活，在此过程中，仅交通就需要耗费大量的精力。如果缺乏自理能力，基本无法进行旅居养老。另

---

① 参见陈雪钧、李莉、付业勤《基于价值链视域的旅游养老产业发展模式研究》，《企业经济》2017 年第 7 期。

外，旅居地的养老设施往往无法进行事先检验，所以选择旅居养老的老年人也可能面临各种难以预料的风险。考虑到我国“安土重迁”“天伦之乐”等传统思想的束缚，现实中选择这种养老方式的老年人必定是少数。[①]

第二，发展定位尚不清晰。产业价值链是指以某项核心资源为基础，以价值增值、创造为目标，具有相互衔接关系的涉及原料采集和运输、设计研发、半成品和成品的生产、分销、售后服务等若干纵向企业价值活动的集合。[②] 很多研究者以美国“太阳城中心”作为旅居养老的典型范例。“太阳城中心”确实是以旅游资源打造的养老社区，但是其经营方式与前述万科模式更为类似，只不过是在养老地产、医疗设施等基础上加入旅游资源。这与我国市场上一些供应商所提出的“候鸟式养老”的概念有着本质的区别。[③] 从上述产业价值链的角度来看，旅游和地产是纵向相关的产业，养老和地产也是纵向相关的产业，但是旅游和养老并不是纵向相关的产业。旅居养老究竟是以旅游为核心资源，还是以养老为核心资源，业界目前对此定位还十分模糊。

第三，从支付模式的角度分析，这种养老模式只能完全依靠自费，资金来源狭窄。有学者认为，旅居养老与我国现行政策制度并不匹配。[④] 且不论正在试点的长期护理保险制度，即使是已经实行多年的医疗保险和养老保险制度在跨省区和全国范围内尚未完全实现统筹管理。而且，各地出台的养老保障性政策也不一致。旅居养老涉及的是不同户籍的人员在异地享受养老服务，这对全国范围的政策统一和行政管理提出了相应的要求。在现有法律政策框架下，旅居养老基本不可能采取间接支付的模式，而在直接支付模式下，对于范围如此狭窄的目标客户群体如何制定相应的法律和政策，对国家而言也是一个难题。

---

① 参见陈友华《中国养老制度设计问题与认识反思》，《江苏行政学院学报》2012 年第 3 期。

② Raphael Kaplinsky, “Globalisation and Unequalisation: What Can Be Learned from Value Chain Analysis?” *Journal of Development Studies*, Vol. 37, No. 2, 2000, pp. 117-146.

③ 有关“候鸟式养老”的介绍，参见李雨潼《“候鸟式”异地养老方式研究》，《社会科学战线》2018 年第 8 期。

④ 参见陆杰华、沙迪《老龄化背景下异地养老模式类型、制约因素及其发展前景》，《江苏行政学院学报》2019 年第 4 期。

第二节 现有商业支付模式的不足

一 受政策因素影响较大

尽管养老产业因回报率高、发展空间大而受到各种资本的青睐，但其一般都受到投资周期与周转现金流的限制。目前，国内的医养结合项目基本围绕着地产、保险、旅游等要素展开，而无论采取“地产+医养”“保险+医养”“旅游+医养”中的哪种形式，都会受到政府政策的影响，如土地政策、税收政策等。以养老地产业为例，政府政策对养老地产的建设发展具有一定引导作用，很大程度上影响着投资者对养老地产企业的投资决策行为。[①] 在土地性质方面，如万科随园嘉树项目的土地属性是旅游用地，产权只有40年；泰康之家·燕园一期为商业用地，而二期则为住宅用地。受土地性质的限制，大多数养老项目都采取了只租不售的经营模式。不管是产权型、持有型抑或服务型的养老企业，都受到国家宏观政策的影响。具体体现在如下几个方面。

第一，不同时期的政策倾向对养老产业的影响。我国对社会资本投资建设养老行业的态度经历了一个发展过程，由于老龄化程度的极具加剧，近年来我国才开始重视社会资本对养老服务的参与建设。前文已提及，就宏观政策而言，大致可分为改革阶段、发展阶段以及目前的新阶段。随着《关于加快发展养老服务业的若干意见》（国发〔2013〕35号）、《关于推进养老服务发展的意见》（国办发〔2019〕5号）等系列文件的出台，税收土地政策逐渐开始得到落实，各项投资限制条件逐渐开放，但是仍未臻完善。其一，土地政策得到了一定的落实。2014年4月国土资源部出台《养老服务设施用地制度意见》后，养老服务业用地供应量持续增长。但由于养老服务发展前期土地分类中无“养老”类的细分项目，因此在目前的养老服务业项目用地中，除57%的供应面积为公共管理与公共服务用地中的医疗卫生慈善用地外，仍有较大比例为其他土地用途，包括机关

① 参见刘桦、陈瑞华、张楠《中外养老地产企业融资状况比较分析》，《财会通讯》2019年第5期。

团体用地、公共设施用地以及住宅用地等。① 以泰康保险集团“泰康之家”为例，在该项目的发展前期（2009—2014 年），基本上没有政策优惠，在取得土地方面也存在一定难度，前期均通过正常的“招拍挂”获得住宅、商业用地的使用权。但是从 2015 年之后，国家政策开始对养老产业有所倾斜，如设立了专门的养老用地。其二，税收优惠政策仍待完善。现有税收优惠政策对不同性质的养老机构有不同程度的覆盖，具体涉及增值税、所得税、土地使用税、车船税、耕地占用税等多个税种，能够在一定程度上降低养老服务的经营成本，吸引社会资本进场。② 但仍存在以下问题：首先，现行优惠政策针对对象仍以福利性、非营利性养老服务机构为主。而日益剧增的养老压力使得非营利性养老机构已经无法满足现有的养老需求，一些营利性养老机构实际上也提供了利润较低的养老服务，政府也应予以一定支持。③ 其次，各项税收优惠对养老服务投资环节的支持不足，影响社会资本对养老服务的投资意愿。最后，针对一些新兴养老行业，如医养结合、大数据养老等养老服务，应及时落实扶持政策，保证各项税收优惠的时效性。

第二，政策因素存在较大的地区差异。从前文提到的国内医养结合养老服务目前存在的主要支付模式来看，除少数聚焦旅居养老服务的企业外，大部分企业都首先将服务范围定位在经济发达的一线及新一线城市。除了各地支付能力差异因素的影响，这与各地区政府的扶持政策也大有关联。例如，前文提及的养老用地，各地政府设定的拿地要求并不统一，具体涉及从事养老行业的年限、养老社区的数量等因素。如果政府的支持力度大，则企业在拿地、税收方面的压力减小。这一方面导致区域内养老服务业的运营成本降低；另一方面老龄人口的入住成本也相应降低。但从各地区养老服务业用地供应情况来看，存在着区域内供应不合理的现象。有的省份老年人口绝对数量以及老年人口抚养比在全国范围内并不高，但养老服务业用地的累计供应量却名列前茅。而有的城市老龄人口不多却供应

① 参见李蕾《养老服务业用地土地供应情况分析》，《国土资源情报》2016 年第 8 期。

② 参见郭佩霞、胡彬《支持养老服务业发展的税收政策探析》，《税务研究》2018 年第 1 期。

③ 参见北京市地方税务局、北京税收法制建设研究会课题组《我国养老服务业税收政策创新研究》，《老龄科学研究》2016 年第 3 期。

了较大地块的养老服务设施用地。[①] 例如，万科集团的养老业务，就是各城市公司根据各地区养老业务的发展情况，在三条核心产品线的基础上，推出不同的对应品牌。[②] 另外，尽管近年来国家已经发布了就养老社区房产税减免的相关政策，但各地还没有出台相应的实施细则。具体的扶持优惠措施，一般都是由企业与政府进行协调沟通确定。例如，泰康已经开业的几个园区中，只有成都市政府提供了床位补贴。又例如，以云南城投为代表的旅居养老模式中，其与云南省政府的密切合作是该项目的重要条件。“十三五”期间，对云南社会力量建成的养老机构每年给予每张床位600元的运营经费补助，政府也明确各级将50%以上福彩公益金用于支持发展养老服务业。[③] 因此，尽管云南的经济条件和一线城市还存在差距，但得益于得天独厚的自然条件和强有力的政策支持，云南的养老产业也有望快速发展。

第三，政策因素对供给端投入成本有着重大的影响，但许多政策尚未落到实处，缺少有效的整合。尽管国家层面及试点城市陆续出台了推进医养结合的相关扶持政策，但由于涉及规划、土地、财政、税收等多个方面，存在部门间政策交叉重叠的现象。由于管理部门化和政策碎片化的原因，各部门出台的扶持政策难以协调一致，且缺乏政策的可操作性和时效性。[④] 当前制约养老产业发展的最大因素在于支付能力不足，而影响支付的主要因素是供给端的成本。根据经济学原理，收入以及价格是影响需求的重要因素。一方面，收入越高对医养结合服务的需求也就越旺盛；另一方面，产品价格越低，居民对医养结合的需求也就越高。[⑤] 有研究者指出，养老政策相关的变动最有可能出现在支付端和供给端。若国家希望推动和支持养老产业的发展，落实到具体政策，如扩大长期护理保险的试点

---

① 参见李蕾《养老服务业用地土地供应情况分析》，《国土资源情报》2016年第8期。

② 参见恒大研究院《恒大研究院健康行业专题报告：养老地产，迎战“未富先老”》，2019年4月29日，资料来源：Wind数据库。

③ 参见中信建投证券《养老产业：万亿蓝海市场，云南得天独厚》，2019年5月6日，资料来源：Wind数据库。

④ 参见李长远、张举国《我国医养结合养老服务的典型模式及优化策略》，《求实》2017年第7期。

⑤ 参见吴俊清《“商业保险+医养结合”模式的可行性研究——以池州市保险公司为例》，《现代商贸工业》2017年第16期。

范围，设置床位补贴，精简养老机构的审批流程等。[①] 目前国务院以及各部委出台的文件尚停留在原则性的指导意见层面，如《关于推进养老服务发展的意见》（国办发〔2019〕5号）就养老服务机构融资问题提出："支持商业保险机构举办养老服务机构或参与养老服务机构的建设和运营，适度拓宽保险资金投资建设养老项目的资金来源"，但具体的限度及限制都尚不明确。

二　客户人群偏窄

目前由于商业养老服务机构的高昂运营成本等原因，各养老机构覆盖的客户人群始终较为狭窄，客户层次较为集中。

第一，从各类支付模式所定位的目标客户来看，基本上都是具有较高支付能力的中高端客户。在盈利模式上，万科采用使用权转让、长期租赁、押金等多种方式进行探索；远洋、"泰康之家"则采用"押金+月费""会员费+月费""保险+月费"等形式。押金、保费和会员费，无论其名称如何，实质上都是老人在入住养老社区并享受相应养老服务之时需要缴纳的一笔固定的大额费用，通常都在百万元以上。除了这笔固定给付外，每月还需按时缴纳相应的服务费。老人的经济状况直接影响着对养老服务的选择和质量，有数据显示，在60岁及以上的城市老年人中，以私人移转性收入（家庭其他成员供养）和退休金收入为主要来源的占比最大，绝大部分老年人的收入都不足以使其负担高额的商业养老费用。[②] 因此，商业资本提供的医养结合服务所定位的目标客户仍停留在小部分具有较高支付能力的人群。在成熟的养老体系以及支付模式尚未建立之前，商业养老机构要在保证现有社区的运营、养老质量和现有客户的入住体验的前提下，再进一步考虑适当扩大目标客户的范围。与传统的以提供基本生活照料为主的养老机构相比，万科、泰康等提供医养结合服务的养老机构价格较高，而根据我国目前的社会现实，大多数老年人的经济收入可能无法支付高额的养老费用。有调查指出，老年人对医养结合型医疗机构的支付意

---

① 参见光大证券《老龄化孕育巨大养老需求，政策变化引发主题投资机会》，2019年4月17日，资料来源：Wind数据库。

② 参见朱勤、魏涛远《中国人口老龄化与城镇化对未来居民消费的影响分析》，《人口研究》2016年第6期。

愿较低，并且顾虑到入住之后持续的经济负担。[①] 医养结合型养老机构高昂的收费，是大部分老年人难以获得其养老服务的主要原因。

第二，养老机构的选址因素也是导致客户覆盖面偏窄的原因之一。通过分析可以发现，不论是地产公司、保险公司抑或是其他资本，在规划养老社区时，主要考虑的两个因素：老龄化程度以及医疗资源的优劣。[②] 除这两个因素外，人口覆盖率、支付能力、适老性以及战略城市布局（如深圳、三亚等度假类社区）等，也是建设养老社区时需要考虑的因素。综合各项因素进行考量，各类社会资本在养老社区的选址上具有高度的重合性。这导致的结果是，不同运营模式的养老社区在京津冀、长三角、珠三角、长三角、成渝五大城市群，以及云南、三亚等旅游胜地展开了激烈的竞争角逐，而像河南、甘肃等人口多资源差的省市却少有问津，优质医疗养老资源分布极为不均衡。有学者指出，在不少已经开展“医养结合”服务的机构中，有的盲目定位高端市场，无法很好地契合本地区的经济发展水平、消费水平以及人口结构等实际养老需求，进一步影响了养老机构的入住率。[③]

第三，除了经济实力外，社会环境、生活习惯等因素也影响着老年人对养老模式的选择。长久以来的养老观念形成的思想禁锢导致部分老年人不愿意选择机构养老。根据本课题组调查问卷显示，多数老人对医养结合的养老模式知之甚少，部分地区的老人还是倾向传统的家庭养老。要改变长期以来形成的养老只是提供基本生活照料的观念，使更多老人了解医养结合这一养老的新途径，才能进一步促进传统养老模式的转型发展，打破对社会养老的偏见，扩宽客户人群。[④] 在我国老龄化日趋严峻的情况下，养老社会化趋势不可避免，但是仍需要一段时间使人们从思想上接受新的养老模式，提高养老社区的入住率。[⑤]同时，老人对新的养老观念的接受，

---

① 参见王阳等《老年人对医养结合型医疗机构的认知、入住意愿及支付意愿——基于成都市的实证分析》，《中国卫生政策研究》2017 年第 8 期。

② 参见杨洋等《商业保险参与“医养结合”养老模式创新研究》，《沈阳工程学院学报》（社会科学版）2017 年第 1 期。

③ 参见孟颖颖《我国“医养结合”养老模式发展的难点及解决策略》，《经济纵横》2016 年第 7 期。

④ 参见耿爱生《养老模式的变革取向：“医养结合”及其实现》，《贵州社会科学》2015 年第 9 期。

⑤ 参见陈冬梅、陈之衡《商业保险介入养老产业模式研究》，《上海保险》2015 年第 2 期。

也将推动相关养老保障制度的跟进。

三　配套制度的欠缺

目前，我国的医养政策并不存在像美国的 Medicare、Medicaid 等模式，客户在缴纳养老费用时欠缺与社保的衔接，而仍停留在个人支付的层面。除此之外，配套制度、标准的欠缺，也是阻碍支付水平的重要因素。

第一，与医保制度衔接的障碍。老年人对医疗资源的依赖程度不言而喻，医疗费的支出在养老费用里占绝大部分比例，但是现行医养结合的运营模式与医保制度的衔接却存在障碍。其一，尽管前文所提及的万科随园、泰康之家等旗下都会配备有相应的二级自营医院，但并非所有养老机构的自营医院都能被纳入医保定点。以泰康之家为例，由于泰康之家的目标客户主要是"三高一主"，北京、上海等地离退休干部多享受公费医疗待遇，依照各地的公费医疗具体执行标准而略有不同。在各地的养老社区建立之初，泰康集团也会申请将相应的康复医院纳入医保范围，在扣除医保报销比例之后，剩余医疗费用部分仍需要老人自行支付。客户向泰康之家缴纳的费用（月费、押金、乐泰卡等）和医疗费用相互独立，两者之间不存在衔接关系。除自建医院以外，各养老企业还会利用养老社区附近的三甲医院，与其达成战略合作协议。以万科·房山随园养老中心为例，其运营模式类似于美国的 CCRC 全龄长者照料中心。在养老中心 5 公里范围内，有房山区中医医院等几所三级医院，入住老人也可以在附近的医院看病治疗。其二，医保基金也并不能覆盖大部分老年人所需要的医疗服务。事实上，在我国医保基金压力大、管理更加严格的前提下，对许多老年人所需要的中长期专业医疗服务，尚无法被纳入医保结算范围。因此，有学者呼吁，医保政策应对患有老年慢性病、易复发疾病、残障老年人等群体的医养结合服务留有空间。[①] 老年人的特殊医疗需求与医保资金紧张的两难局面亟待解决。

第二，长期护理制度的欠缺。长期护理保险是全力推广医养结合养老服务的一项重要制度，其一方面有助于减轻医保基金的压力，减少压床、过度医疗等弊端，使医保基金充分发挥效益；另一方面可以为医养结合服

① 参见王素英等《医养结合的模式与路径——关于推进医疗卫生与养老服务相结合的调研报告》，《社会福利》2013 年第 12 期。

务提供持续、稳定的资金来源，减轻收入水平不高的老年人的支付压力，推动医养结合长远发展。① 而我国长期护理保险的有关政策仍旧不够完善，具体体现：其一，长期护理保险覆盖范围小，且各地标准不一（评级标准、年龄限制等）。② 在实际操作中，长期护理保险的运行过程大致为：客户持养老社区入住合同到户口所在地的民政部门等级，经民政部门审核，若符合长期护理的资格，则直接将长期护理补助金拨付至客户所在养老社区的账户，而养老社区在收取月费时则将相应的长期护理补助金进行扣除，客户仅需缴纳扣除后的剩余部分费用。只要各地有相应的长期护理政策，一般不需要养老社区单独申请长期护理的定点资质资格。目前，仅有上海、广州政府出台了长期护理政策，其余地区尚未落实。已经落实的长期护理保险对老人的补助也数额较少，一般在 1000—2000 元。其二，长期护理保险的支付主体及支付对象不够明确。养老机构在与试点城市长期护理保险的对接过程中，支付主体究竟是民政部门或是社保部门，支付对象是老人或是病人，标准都尚未确定。长期护理保险制度涵盖医疗、养老、护理多项政策，涉及民政、医保、卫生、财政等多个政府部门，各部门之间的分工、权责多未确定。以长期护理保险的首个试点城市青岛为例，其保障对象为职工基本医疗保险、城镇居民基本医疗保险以及新农合的参保人。护理保险基金的覆盖范围也仅限于与医疗直接相关的护理费用，不包含一般的生活护理以及家政服务费用。③ 目前长期护理保险仍是一项在实验中的制度，运营和管理较为混乱，需要加快其建设进程。其三，除社会护理保险以外，商业护理保险的进驻也十分重要。就我国应采取何种形式的长期照护模式，学界存在争议。有观点认为应当选择社会保险型长期护理保险制度，④ 也有观点认为应当发展商业长期照护保险来解

① 参见邓大松《医养结合养老模式：制度理性、供需困境与模式创新》，《新疆师范大学学报》（哲学社会科学版）2018 年第 1 期。

② 截至 2020 年 2 月 9 日，长期护理保险制度试点城市名单仅包括 15 个城市：河北省承德市、吉林省长春市、黑龙江省齐齐哈尔市、上海市、江苏省南通市、苏州市、浙江省宁波市、安徽省安庆市、江西省上饶市、山东省青岛市、湖北省荆门市、广东省广州市、重庆市、四川省成都市、新疆生产建设兵团石河子市，吉林和山东两省作为国家试点的重点联系省份。

③ 参见王喜红《长期护理保险制度的构想及制度设计——以山东省烟台市为例》，《中共济南市委党校学报》2018 年第 1 期。

④ 参见戴卫东《中国长期护理保险制度构建研究》，人民出版社 2012 年版，第 39—42 页。

决老年人的照护难题。[①] 目前，长期护理保险试点的各城市均以社会保险为主，但是仅仅依靠社会保险很难提供全面的风险保障，因为不同老年人群需要不同档次跟质量的服务。有学者指出，应当形成以社会护理保险为基础，以商业护理保险为辅助的双重保障。[②]

第三，配套金融政策的欠缺。目前我国多数参与养老地产建设的企业都是依赖自有资金、银行贷款、发行债券等传统融资渠道。尽管国家政策鼓励银行积极进入养老服务领域，但相应的贷款项目一般都设置了较高的门槛及条件，能够达到标准的机构并不多。而且，由于医养社区、旅居养老社区开发涉及的并不仅仅是土地、税收等传统房地产开发行业所涉及的方面，与金融领域也有着密切联系。国外养老社区的持续与健康发展，与其他行业的密切配合是无法分开的。从美国名列前茅的养老机构运营模式看来，REITS 已经成为其最主要的融资途径，其能够帮助养老机构低成本、长期限地获取资金。日本养老企业也有着多元化的融资方式，包括住房反向抵押、金融机构投资、REITS 等。新加坡养老企业也几乎可以利用金融市场上的所有产品进行融资。目前，老年人支付能力不足是影响相应机构入住率的最大原因，而住房反向抵押和房地产投资信托基金的实施能够为养老社区的发展提供强有力的金融支持。但是，上述两项政策尽管在国内已经受到社会各界的关注，但仍停留在学术研究阶段，尚未实施。[③] 另外，也有不少学者建议以中低端需求为市场定位的养老项目采用 PPP 模式，由政府和社会资本共同参与，但缺乏实践与理论相结合的研究。[④]

第四，医养结合领域行业标准的欠缺。尽管“医养结合”在我国已经历了十余年的发展，但相应的行业标准仍未确立，且缺乏总体上的指导规范，如入行门槛、管理收费标准、运营审查制度、区域合理布局等。这导致各企业对具体收费名目、收费标准各自为政，缺乏有效的沟通，不利

---

① 参见彭荣《关于我国开展长期护理保险的几点思考》，《浙江金融》2008 年第 11 期。

② 参见肖瑛琦、蒋晓莲《中国长期护理保险制度试点分析与思考——基于首批试点城市的比较》，《中国老年学杂志》2020 年第 2 期。

③ 参见张佩《寿险业介入养老产业的现实障碍与路径选择》，《保险研究》2013 年第 11 期。

④ 参见张彩、严运楼《PPP 模式下医养结合项目研究——基于社会交换理论》，《卫生经济研究》2019 年第 8 期。

于医养结合产业的系统化发展。例如，大多数养老社区都会收取的月费，其涵盖内容具体包括哪些，具有个人选择性的服务项目如健身房、娱乐设施等是否被包括在月费范围内，各养老机构的具体标准都存在差异。为了吸引客户和拓宽品牌知名度，部分养老社区在前期将许多附加服务都免费提供给客户，但后期具体的收费标准如何确定尚没有定论。另外，考虑到老年人的身体状况，部分企业在设计养老社区套房时并未设置齐全的厨房用具，那么相应的是否必须缴纳餐饮服务费，以及餐费的收费标准、服务水平都欠缺相应的行业标准。以上标准的欠缺，在一定程度上阻碍了医养结合行业的进一步发展。

四 盈利周期偏长

从国际经验来看，养老产业资金链具有以下特点：其一，资金需求量大，尤其高质量的养老社区建设，前期需要投入大量资金；其二，资金回报期长，一个成熟优质的养老社区的回收期通常在20—40年，需要长时间的资金支持。[①] 因此，国内养老企业只有在扛过前期的巨额投资后，才有可能获得中后期相对稳定的回报。

第一，较长的回报期对资金要求较高。当大量资金投入养老社区的建设运营中时，必然会给养老企业带来巨大的资金压力。针对养老社区的特点，全资建设养老社区的企业必须有长期稳定的流动资金。近年来，各商业保险公司纷纷涉水养老行业，正是因为保险资金具有规模大、周期长、成本低的优势，正好弥补建立医养融合的一体化大型养老社区的投资问题，解决目前养老产业一定程度上存在的养老资源与医疗资源相互阻隔的问题。[②] 2009年，泰康人寿获得保监会批准，成为中国金融行业第一个养老社区试点。截至2019年年底，泰康之家·燕园，和申园的运营成本已经实现收支平衡。由于现金流充足，再加上土地、不动产的增值，北京、上海的养老社区赢利性较好，但二、三线城市的养老社区则需更长的培育时间。在跨度较长的运营期间内，一旦出现资金短缺，则有可能损失前期投入的巨大成本。

---

① 参见陈冬梅、陈之衡《商业保险介入养老产业模式研究》，《上海保险》2015年第2期。

② 参见郑秉文《改革开放40年：商业保险对我国多层次养老保障体系的贡献与展望》，《保险研究》2018年第12期。

第二，营运风险较高。回报周期一旦拉长，则养老社区的营运风险亦相应提高。医养社区和入住老人是一个双向选择的关系，在价格居高不下的前提下，若社区不能持续地提供优质的服务，则在很大程度上会影响社区的入住率。目前服务水平是制约我国养老社区发展的瓶颈，从整体上看我国养老社区服务内容少、层次低、缺乏针对性。短期内养老服务体系建设贯彻了“大数法则”，旨在提升整体性福利，但是过于平均化、标准化的服务难以考虑到老年人“共性中之特性”，造成服务质量逐渐下降。[①] 此外，目前我国投入运营的一些高端养老社区存在盲目复制国外模式的弊端。养老社区的发展实际上与国家政策支持、经济发展水平密切相关。盲目照搬国外社区的运营模式，忽视我国国情和当地的实际情况，可能导致制度模式的水土不服。对此，我国养老企业应在吸收借鉴成熟养老社区经验的前提下，探索出适合中国本土化的运营模式，提高入住老人的满意度，赢得口碑以锁定客流，实现持续稳定的运营。

第三，商业模式未臻成熟，尚未形成多元化收入机制。房地产开发商投资的养老地产主要用于出售，少量出租。受到土地成本较高、资金回笼周期较长等因素的限制，不少企业存在“重销售轻服务”的现象，大部分企业的商业运作模式尚未成熟。养老产业的核心在于养老服务，但目前仍有大多数资本对养老产业的理解仍停留在以养老概念卖房，更关注如何通过开发房地产获取利润，而忽略了养老服务本身。保险行业由于受到相关政策限制，保险公司投资养老社区主要采取长期持有并进行出租的方式，这拉长了回报周期。尽管资金回笼较慢，但由于此类养老社区更注重服务环节的轻资产运营，因此能够快速实现品牌的输出。按月收取的服务费和月费是大多数养老社区盈利的主要方式，但除了这些费用外，养老社区缺少多元化的收入来源。美国的很多养老社区在提供基本养老服务之外，不断通过提供附加服务，拓展自家产品线以此来提供更为周到、细致、人性化的专业服务。这既满足了老年人日常、心理、生理等各方面的需求，又能形成各自的差异化优势，增加收入来源。[②] 我国养老企业可以适当地借鉴这些成熟的经验。

---

① 参见王振坡、陈松虎、王丽艳《我国多层次多样化养老社区发展模式研究》，《建筑经济》2015 年第 3 期。

② 参见欧新煜《保险公司投资养老社区的策略选择》，《保险研究》2013 年第 1 期。

五 尚未形成规模效应

第一，借鉴国外较为先进的养老模式经验，美国、日本等较为成熟的养老运营市场都具有较高的集约化特点。以美国为例，美国养老运营商的主要特点是规模化发展，养老运营市场集约化程度较高。自 2012 年之后，前十大运营商拥有房间数量占前五十运营商房间总数的 60%左右。日本养老项目尽管规模普遍较小，但由于先期投入小、销售周期短等优势，可以通过连锁化经营实现规模经济。虽然国内的各业态都旨在建立统一连锁的养老品牌，以形成规模化、连锁化经营目标，但目前基本上仍停留在摸索试错阶段。目前的现实是，市场不够成熟、规模化效应还未形成，也没有公认的行业标杆和成功样本。

第二，国内养老企业布局医养结合产业的商业模式大概可分为重资产投资为主和以轻资产为主两大类，二者各有其弊端。万科模式、泰康模式以重资产投资为主，且基本上都是全资投入，前期成本较高。由于资金投入以及建设周期的原因，重资产运营模式无法在较短时间内快速在全国范围内完成布局，但其优点是能够对养老服务的质量进行尽可能地把控。远洋养老选择以轻资产方式租赁合适的养老公寓，以快速扩张来积累运营经验，建立品牌知名度，在此之后再进行相应自建养老社区的建设。远洋模式的优点是前期投入成本较低，利于快速扩张和控制风险，但在服务质量的掌控方面可能略逊于全资自建的万科、泰康等模式。南京新百以股权投资、并购医药养老企业的方式涉足养老行业，极大地降低了投资风险，但也难以形成规模效应。云南城投倡导的旅居养老模式则受制于地域、经济等因素，不太可能在全国范围内大面积地进行布局。随着国内养老需求的剧增，养老产业市场将持续细分。有研究者指出，在运营模式方面，由于养老地产项目建设周期相对较长，单纯的重资产模式会给建设方带来较大的财务压力。未来的养老地产项目将更加关注服务环节的轻资产运营，快速实现品牌和运营模式的输出，拓宽盈利渠道。①

第三，规模化发展形成的文化效应，能够进一步推动养老社区的发展。美国的大多数养老社区内外都形成了独特的人际关系和社区文化，社

① 参见平安证券《养老地产行业全景图："需求升级+政策红利"双轮驱动，养老地产有望开启新时代》，2019 年 9 月 23 日，资料来源：Wind 数据库。

区居民之间相互照顾、活动，养老社区与周边社区以及地方政府建立起协调合作关系。同时，营利性养老社区也能够接受来自基金会或教会的慈善捐助，与周边的医院及科研机构开展密切合作，营造出一种和谐的养老氛围。居民乐在其中，入住养老社区已经成为一种积极独立的新潮养老方式。[①] 社会化养老方式逐渐替代传统居家养老方式有赖于养老机构的规模化发展，因为社区养老不仅可以给老人提供丰富的文娱活动，激发其产生更多的积极情感，也可以给其提供更专业化的医疗护理服务。养老社区规模化所带来的文化效应，将鼓励更多老人选择社会养老服务，减轻家庭与政府的养老压力。

① 参见张卫国《美国养老社区研究》，《世界经济与政治论坛》2012 年第 5 期。

第六章

医养费用支付模式的创新探索

第一节 医养费用支付模式完善建议

一 优化养老保险支付模式是提升商业支付模式效率的基础

（一）域外多以“三支柱保险”为基础

域外医养费用支付模式通常都是以“三支柱保险”为基础，辅之以其他针对特殊群体或者专门方面的保障计划。“三支柱保险”的基本特征是政府强制与居民自愿相结合。例如，在美国形成的以社会保障、职业养老金和个人储蓄养老保险为“三支柱”的养老金体系中，前一个支柱是国家强制设立，后两个支柱的费用支付既有公共财政的支持，也有私人自愿支出的部分；英国形成的以国家养老金、职业养老金计划和自愿养老金计划为“三支柱”的养老金体系中，前两个支柱是法定的，而后一个支柱是自愿的。另外，澳大利亚形成了以国家基本养老金、超级年金计划和自愿型超级年金为“三支柱”的养老保险体系；瑞典形成了以“保障养老金”“名义账户养老金”和“费用养老金”为“三支柱”的养老保险体系；日本形成了以国民年金、厚生年金和非公共养老金为“三支柱”的公共年金制度；德国形成了以基本养老保险、企业养老保险和私人养老保险为“三支柱”的养老保险体系。这些制度的资金来源既有来自政府公共支出的部分，也有私人支付的部分。其中的政府公共支出是社会再分配的政策体现，这是作为一项社会福利政策实现社会公平的要求。

除了“三支柱”之外，某些国家还设立了一些差异化的保障计划。这种保障计划具有一个十分明显的特征就是针对性强，即只适用于特定群体。例如，美国的 Medicare 项目的目标群体是 65 岁以上并拥有社会保障的人群，所有年龄段的晚期肾病或 ALS（肌萎缩性侧索硬化症）患者以及终生残疾人群；Medicaid 项目的目标群体是收入低于贫困线的 65 岁以上老年人、残疾人和有幼儿的家庭。日本的介护保险制度也只是针对 40 岁以上的群体。

（二）我国法律及政策取向

第一，从制度设计的微观视角来看，我国现有的“三支柱”养老金体系类似于德国，即以城镇职工基本养老保险制度和城乡居民基本养老保险制度为第一支柱，以职业年金和企业年金为第二支柱，以个人养老保险金为第三支柱。这是我国最基本的公共福利政策。相比域外的保险体系，我国目前还缺乏一个成熟的针对特定群体的专门保障计划。长期护理保险制度仍在试点阶段，按目前的试点经验来看，其主要体现了两个政策取向。其一，以不加重私人和企业负担为原则。大部分试点城市都无须参保人另外缴费。试点的长期护理保险的资金来源主要有三种模式。第一种模式是完全从医保统筹基金结余中进行划拨；第二种模式是直接从参保人的医疗保险的个人账户划转资金，与医保统筹基金划拨、财政补助等多种形式结合的方式；第三种模式是单独缴费。采取单独缴费模式的城市不多，多数试点城市还是以现有医保资金划拨为主。该政策无疑可以减少推广、施行的阻力，但是也存在长期资金供应不足、医保资金财政压力过重等问题。其二，维持现有医疗和养老保障体系，以直接支付模式为主。根据《关于开展长期护理保险制度试点的指导意见》（人社厅发〔2016〕80 号）规定，对符合评定标准的长期护理费用，保险基金给付的总体水平控制在 70%左右。如前文所述，各地的具体支付标准不一，但基本维持在 70%的水平。换言之，长期护理保险依然采取的是实报实销的直接支付模式。

第二，从制度的宏观视角来看，我国医养行业发展政策呈现出的明显特征是：市场化、科技化和金融化。市场化分为两个层次，第一个层次是改革监管机构，放松对医养行业的监管；第二个层次是引入民营资本发展医养产业。科技化是将养老与互联网技术结合，使医养产品智能化。金融化是尝试将医养产品与金融产品相结合，拓展医养服务的资金来源。但是，这几个特征在很大程度上仍然停留在政策层面。其虽然指明了我国医养行业的发展方向，但要使得医养行业得到实质性的发展，还需相关具体措施的落地。

（三）现实的衔接障碍

目前，我国现有的养老保险支付模式存在若干弊端，这大大阻碍了商业支付模式效率的提升。

第一，对于支付管理定位不明、责任不清。目前医养服务中的养老社区和康复医院分别是两个不同的法人实体，分别对口两个行政部门，即养老对应民政部门，医疗对应卫计委。康复医院的医保有严格的收费标准，根据医保报销的比例，剩余部分医疗费用仍需个人支付。客户向养老社区缴纳的费用（月费、押金、乐泰卡等）和医疗费用是相互独立的，两者之间不存在衔接关系，分别按照养老和医疗的模式运营。实践中，各地政府为方便管理，统一由民政部门进行管理。但是，该做法并没有法律根据。行政管理的权责不明，使得商业运营无法进行一体化的整合。这既增加了重复的工作，也降低了资源的利用效率。①

第二，供给端缺乏有效的干预。如前文所述，现有的社会保险和试点的长期护理保险均采取实报实销的直接支付模式。相较而言，市场上的商业支付模式则主要是购买产权或者支付大笔押金为前提的一些医养产品。此类支付模式之所以得到广泛应用的原因有二，即规模经济和缩短投资回报期。因为这些商业机构前期为实现规模经济，不得不投入大量的资源，只有采取这样的支付模式才能尽快回收前期投入，避免占用大量的资金。但该做法造成的负面效果是客户门槛过高，能够接受这种支付方式的客户通常经济条件较好。正因如此，此类客户对政府提供的社会保险的敏感程度普遍较低。这就有可能造成资源的错配。为解决该问题，有研究者指出，一个比较直接的方法是让公共财政在服务的供给端进行介入，即采用 PPP 模式由公共财政代替私营机构承担部分投资的压力。② 当然，利用金融手段也能达到类似的效果。总之，目前影响商业支付模式效率的症结是如何缓解项目前期投资的压力。

二　商业支付模式宜鼓励多元化发展

（一）老龄化人口基数、收入差距、城乡差距等因素的影响

从目前市场的实际情况来看，万科模式、远洋模式和泰康模式取得了

---

① 参见王长青、毛鹏远、陈娜《供给侧改革视域下医养结合资源的多重整合》，《中国卫生事业管理》2016 年第 12 期。

② 参见郝涛等《PPP 模式下医养结合养老服务有效供给路径研究》，《宏观经济研究》2018 年第 11 期。

较好的收益。但正如上文所述，由于房地产化需要大量的投资成本，这就将支付模式限制在只能采取销售产权或者支付大笔押金的方式。从商业机构投资者的角度而言，该结果可能是目前无法避免的。但是，由于我国收入差距和城乡差距明显，仅采用这种发展战略意味着需要放弃一大片蓝海市场。有研究者指出，城镇化水平低的地区人群对医养结合产品的需求其实并不比城镇化水平高的地区的人群低。[①] 从经济效率来看，后者的经济水平高，其支付意愿和支付能力确实高于前者。但由于我国是一个老龄化人口基数巨大的发展中国家，前者的潜在消费者显然大大多于后者。总体而言，可将目前的市场视为已经开发的红海，即瞄准高收入人群、高定价、高进入门槛的发展模式。而针对中低收入人群、低定价、低进入门槛的商业支付模式就是尚未被开发的蓝海。

（二）支付模式多元化有利于通过竞争提高产品质量

医养结合的本质是医疗和养老的结合，而使医养结合产业与传统产业区分的最关键因素是护理服务和医疗产品。

第一，以优质的护理服务获取竞争优势。商业化的产品设计和定价策略可以有很多种组合，但是在根本上不能离开其所销售的产品质量。在美国得以推广的 REITs 模式下，保证稳定的现金流的关键因素就在于其能够提供引入专业的护理服务商，并保证其能够持续地以优质的护理服务吸引一大批客户。同样地，新西兰高端养老企业瑞曼能够一直保证居高不下的预订率，也是因为其凭借优质的护理服务而获得良好的口碑。商业机构提供优质的护理服务的前提条件是具备优秀的护理服务人士。但是，我国长期以来缺乏对这方面专业人士的培养，造成这类专业人士的供给缺口巨大。在现实中，大多数商业机构都是以提供专业护理设备为销售噱头，却鲜有宣传其护理人才队伍优势。因为硬件设施可以通过短期的资本投入去购置，但是护理服务的专业人士需要系统性培养和长时间积累经验。因此，想要通过提供优质的护理服务获取竞争优势，需要专业护理人员组成的团队以及能够不断培养出优秀护理人才的机制。

第二，以优质的医疗产品获取竞争优势。在现实中，目前大型养老地产通常都会配备至少一所医疗机构在园区附近。在设立养老社区之初，就

---

① 参见张良文等《基于 Andersen 模型的“医养结合”型机构养老需求的影响因素研究》，《中国卫生统计》2019 年第 3 期。

需要与有关部门沟通将康复医院纳入医保范围，以此来实现商业机构的价格策略。价格策略对于购买者选择产品固然有一定的影响，但是应当明确的是，目前进入这些养老机构的客户都是经济收入较高的人群，对价格的敏感度相对较低，对社保的依赖度较高，对这类医疗服务的质量要求会更高。以泰康之家为例，社区选址会充分考虑距离优质医疗资源的远近，同时每个长寿社区均配建以康复和老年病为特色的医院，建立以长期健康管理为目标，以老年医学为中枢，整合急症转诊、长期护理、预防保健及康复治疗的医养康护体系，以多层次服务包满足客户不同需求。依靠泰康体系强大的医疗资源和互联网医疗平台，各地康复医院可实现权威专家共享、绿通高效转诊、定制陪诊等服务，为居民的健康保驾护航。所以，在医养结合服务中，增强医疗产品的优势是最基本的要求。

另外，还需扩大这种医疗服务的范围。医保基金也并不能覆盖大部分老年人所需要的医疗服务，对许多老年人所需要的中长期专业医疗服务，尚无法被纳入医保结算范围。因此，有学者建议，医保政策应对患有老年慢性病、易复发疾病、残障老年人等群体的医养结合服务留有空间。①

（三）支付模式多元化有利于满足多元需求

用户需求与产品支付模式之间是共生的关系。由于用户需求具有多元化特征，当客户数量足够大时，其需求的种类往往也更加繁复，而支付模式的多元化有利于满足不同类别的客户需求。对于如何提升支付模式的多元化，可着重从以下两个方面进行。

第一，合理配置持有轻资产和重资产的比重。医疗和护理是客户最基本的需求，除此之外，老年人还有文化、娱乐等其他需求。正是为了满足老年人多元化的需求，市场上才催生出云南城投模式这样的以旅游养老为特色的新产品。但是，云南城投模式的一个明显弊端是，客户需求存在季节性特征，这就导致了养老社区空置率也会呈现季节性的变化。如果能够充分利用在特定季节出现的闲置房间，那么将大大提高商家的营运能力。因此，此类模式可能并不适合采用重资产较高比重配置，而采取像远洋模式以轻资产为主的比重配置可能更为合适。换言之，在旺季以租赁的方式出租给来养老的“候鸟们”；在淡季则出租给单纯来旅游的普通人群。这

① 参见王素英等《医养结合的模式与路径——关于推进医疗卫生与养老服务相结合的调研报告》，《社会福利》2013 年第 12 期。

样无疑能大大提高资源的有效利用率。因此，适当地采取轻资产的发展模式将有利于提高定价的灵活性，进而满足不同人群的需求。

第二，增加产品附加值，提升资源整合能力。美国的养老社区在提供基本养老服务之外，往往不断通过提供附加服务，拓展自家产品线以此来提供更为周到、细致、人性化的专业服务。这既满足了老年人日常、心理、生理等各方面的需求，又能形成各自的差异化优势，增加收入来源。[①] 相比之下，我国的养老社区功能偏于单一，除了基本的餐饮服务外，难以找到其他能够增加现金流的方式。造成该现状的原因，可能在很大程度上是由于商业机构缺乏相应的资源整合能力。由于很多养老机构原本并无提供心理服务、文娱等经验，导致单纯依靠其内部资源很难提高收入的多元化程度。对此，有两种解决方式可供考虑：其一，通过并购的方式收购上游供应商；其二，通过购买服务的方式，引入合作营运者。前者的成本较高，但是控制程度高；后者成本较低，但是存在客户对附属产品的依赖程度高于医养服务的依赖程度的风险。养老机构可根据自身实际情况选择合适的方式。

（四）支付模式多元化有利于通过实践辨明发展趋势

目前市场上医养结合项目的费用支付模式相对较为单一，症结所在如前文所述。对于各种不同类型的医疗机构，应当鼓励支付模式多元化，由市场选择适合的发展模式。与域外相比较，我国目前尚未出现的支付模式有以下两种。

第一，政府主导的间接支付模式。在英国的老年人照护支付体系中，由地方政府遴选养老服务供应商，实际使用者只能使用个人预算账户在通过遴选的服务供应商中选择服务，并进行支付。日本的介护制度只允许老年人受领医养服务，并不提供任何现金支持。这样的支付模式对公共财政的压力不一定会减轻，反而可能加重行政负担。[②] 但是，这样的模式在我国确实有尝试的必要，原因之一是，由政府主导的大规模采购将形成区别于单一购买者的讨价还价能力。目前，较为可行性的方法就是，在长期护理保险制度中，逐步尝试采取该支付模式。由政府购买商业机构兴建的养

---

① 参见欧新煜《保险公司投资养老社区的策略选择》，《保险研究》2013 年第 1 期。

② 参见国务院发展研究中心社会部课题组《养老服务体系发展的国际经验与中国实践》，中国发展出版社 2019 年版，第 117—118 页。

老社区中的床位，并筛选符合特定条件的人群，去享受这样的服务，以代替直接结算社保的做法。

第二，以 REITs 为代表的“养老+金融”模式。如上文介绍，美国、日本、新加坡等国都允许医养行业设立房地产投资信托基金。该模式的最大优势是能减轻前期投资成本的资金压力。这项政策尽管在国内已经受到社会各界的关注，但仍旧停留在研究阶段，尚未实施。[①] 以医养产品为基础资产的 REITs 在美国得以发展的原因，最初是得益于其税收的优惠政策。我国目前的资产证券化市场也同样处于发展期，以医养产品为基础的 REITs 一直得不到发展的原因并不是外部市场造成的。其原因主要是政策过紧、监管过严。相关监管部门似乎对这样的养老社区能否形成持续性的现金流，存有疑虑。但事实上，将有关风险交由商业评估机构予以评估，或者将该模式在小范围先行试点实施，可能更有利于通过实践辨明其市场适应程度。

（五）支付模式多元化有利于克服单一模式的弊端

如上文所述，按照支付手段来区分，医养费用支付模式可分为直接支付模式、间接支付模式以及混合模式。按照收费方式来区分，医养费用支付模式可分为购买模式、租金模式以及混合模式。所谓支付模式多元化，是指综合应用上述各种模式，即尽可能采用混合模式的方式作为发展方向。

第一，混合直接支付模式和间接支付模式。单一的直接支付模式没有降低商业机构设置的门槛，未能使得门槛之外的人群受益。单一的间接支付模式对行政机关提出了更高的要求，而且执行成本和监督成本也更高。就目前而言，维持医疗保险和养老保险的直接支付模式较为合理，因为一旦改变“三支柱”的架构，来自社会各方面的压力着实太大。另外，在长期护理保险制度的试点方面，可以适当尝试采用间接支付模式，即由政府购买商业养老社区的护理服务或者床位。由于我国政策以居家养老、社区养老为重点，仿效日本介护制度，即由政府购买护理服务，让服务人员上门服务，可能更加契合我国的实际情况。

第二，混合购买模式和租金模式。在通常情形下，商业机构投资开发

---

① 参见张佩《寿险业介入养老产业的现实障碍与路径选择》，《保险研究》2013 年第 11 期。

时不宜将全部资金投入重资产的建设。因为这样不仅造成资金空间挤压，还影响了后续服务质量的提高。可以考虑的合适方式是，选中某地专门打造一个养老社区，并以全资持有进行投资建设。在进行扩张的时候，充分利用股权合作的方式，利用现有已建成的社区，再借助已有的经验和品牌将其进行改造。这种模式将大大降低扩张的成本，也为投资者定价释放出空间，还可以通过增加租赁方式吸引经济条件较差的客户。

三　现阶段应当重点发展居家养老和社区养老支付模式

（一）居家养老支付模式的优势

老年人居家养老，其日常生活及照料主要由其家庭成员负责，向私营机构购买护理服务仅构成补充。这种养老方式更适合于家庭成员工作压力较小、经济条件较差的家庭。这种养老支付模式具有以下两个方面优势。

第一，降低家庭的经济负担。在采取居家养老的情形下，老年人的一些简单护理工作可以由子女负责，这就节省了向商业护养机构购买服务的费用。另外，对于大部分老年人来说，退休后并不能持续地获得经济收入，而且养老机构费用高昂，很大程度是依赖子女帮助其养老。可是，并不是所有的家庭关系都是稳定的，子女在多大程度上履行自己的赡养义务也具有不确定性。①

第二，更容易被老年人接受。从传统文化角度来看，我国“养儿防老”观念依然十分普遍，老年人都希望由儿女照顾自己，对护工等提供护理服务的人员多持不信任的态度。居家养老模式能够照顾到老年人的这种心理需求。正因如此，根据《中国康养产业发展报告（2017）》的数据，我国96%的被统计家庭都是采取这样的养老方式。但也有学者认为，过于强调子女赡养老年人的这种家庭义务，将导致政府责任的推卸。②

（二）社区养老支付模式的优势

所谓社区养老，是指以家庭为主要生活场所，由所在社区的养老机构提供上门及护理服务。其与居家养老最大的区别在于，社区养老仅仅是强

---

① Jamie Patrick Hopkins, Ted Kurlowicz & Christopher P Woehrle, “Leveraging Filial Support Laws under the State Partnership Programs to Encourage Long-term Care Insurance”, *Widener Law Review*, Vol. 20, No. 2, 2014, pp. 165-198.

② Twyla Sketchley & Carter McMillan, “Filial Responsibility: Breaking the Backbone of Today's Modern Long Term Care System”, *St. Thomas Law Review*, Vol. 26, No. 1, Fall 2013, pp. 131-164.

调家庭这一定位作用，其不再依靠家庭成员承担养老的服务，而是由外部的养老机构提供服务。这种养老模式具有以下两个方面优势。

第一，发挥集群效应，降低商业机构的搜寻成本。在居家养老模式下，不同的家庭对外部护理服务的需求差异度可能十分巨大，而且外部护理服务的需求度也普遍较低。在这种情况下，商业机构去甄别潜在的客户就会变得很困难，而且成本与效益的比例也会很低。但是在社区养老模式下，商业机构直接以社区作为独立的客户群，有实际需要的社区居民自然会主动寻求服务。值得注意的是，商业机构应采取与业主管理委员或者物业服务提供商合作的方式进入社区，这可以有效降低商业推广的阻力。同时，客户需求差异这一因素依然存在，所以还需要注意提供服务的多元性。

第二，充分发挥现有资源的利用程度，降低投资成本。现在市场上主流的商业医疗机构开发模式，多采取全资投资兴建园区的方式进行。该模式的目的是希望将被服务者集中起来，以此发挥规模效应。如果考虑到我国的实际状况，这种发展模式具有较为明显的局限性。原因在于，我国达到一定年龄的老年人大部分只有一套房产，手上的流动资金也并不充裕。如果要让他们支付大笔资金去购买养老房产或者人寿保险以获得入住资格，这将给他们带来巨大的经济压力。社区养老可以避免这种情形的发生，由商业机构进驻现有的社区，对社区内的老年人提供服务。但是，这种模式也有两个难点：其一，如何与地产开发商达成合作；其二，如何评估和确定需求高的社区。如果能够有效解决这两个问题，社区养老模式可能会有很好的发展前景。

（三）其他支付模式的劣势

与居家养老、社区养老相对应的是机构养老，以下对机构养老所具有的劣势予以大致分析。

第一，需要通过大量投资才能实现规模经济。以万科模式和泰康模式为例，这些项目都离不开前期的大额投资，以兴建养老地产。其实质是将需求者集中起来，以降低投资者对客户的筛选成本。这种主动选择的模式意味着投资者在投资初期需要承担相应的资金压力，且需要持续一段时期直至项目价值得到消费者的认同，实现投资回报。但是如果不采取这样的方式，又难以实现规模经济。这就造成了一个两难困局。即便像远洋采取轻资产进入的模式，后续也还是不得不转向重资产持有。因为这样才能最大化地降低运营成本，挤压出利润空间。

第二，文化阻力大。我国传统观念根深蒂固，很多老年人对机构养老都持抵触的态度。在很多城市，只有小部分受过较高等教育的老年人才会比较乐意接受养老机构模式。虽然在我们的调研中，有一部分被调研者有选择机构养老的倾向。但是，我们还是对持相对保守的态度，因为他们更多的是将养老机构作为子女不承担相应照顾责任的次项选择。

四　不宜简单套用域外既有模式

近年来，有研究者认为我国可以直接移植域外的成熟模式，以减少试错成本，并以此推进我国的养老模式改革。本书认为，欧美各国所采模式各异，但皆根植于其特定的国家发展背景及社会文化传统，因此我国很难简单照搬或直接套用某种模式。以下就域外几种较为典型的成熟模式予以说明。

（一）关于德国模式

第一，从产生原因来看，德国模式——“三支柱”养老保险+医疗、护理保险模式主要是由保险历史传统、特殊的工业背景以及近年来德国严重的老龄化因素共同作用的结果。

德国在17世纪时，已经出现了较为成熟的矿工协会和疾病保险机构。时任政府也开始以法令的性质干预这种本为自愿参加的组织，使其具备强制性。在此历史传统的影响和经验的积累作用下，德国社会逐渐开始意识到社会保障制度存在的必要性。德国在第一次、第二次工业革命的巨大影响下，全国经济呈现了超强的发展势头，于19世纪后半期一跃成为一个现代高效率的工业技术国家。工人阶级膨胀式的扩大，加上马克思主义的影响，使工人运动日益高涨。俾斯麦政府在几次暴力镇压失败后，为了巩固政权，转而考虑提高福利和救济水平而使工人依赖国家。在上述历史传统和工业背景的推动下，德国成为世界上第一个以立法形式建立社会保障制度的国家。1883年《工人疾病保险法》、1884年《事故保险法》、1889年《老年和伤残社会保险法》陆续推行，构建了当时世界上最完备的立法福利体系。但由于两次世界大战的影响，德国福利体系受到重创，直到1949年德国经济制度成功转变为社会市场经济模式后才逐渐恢复，且保障对象考虑覆盖全民。

20世纪70年代，德国进入老龄化社会，1972年德国65周岁及以上的老年人数达到了总人口的15%左右。[①] 预计2030年该比重将增长至36%。日益严重的老龄化所引发的社会护理资源供给不足、质量参差不齐等问题引起了德国政府的关注，单纯的医疗和养老保险已经不能满足老龄社会的需求了。为了维持和提高老年人的生活质量，20世纪80年代末政府在社会范围内开展了“长期护理政策改革”的讨论。90年代德国进行深化改革，使雇主、雇员及政府三方共同承担社保责任，着重于养老和医疗保险支付方面的严格管控。1994年，德国联邦议会又出台了《长期照护保险法案》，初步建立了面向全体国民的强制性护理保险制度。至此，“三支柱”养老保险+医疗、护理保险的德国模式完整建立。

从上文的详细梳理可以看出，德国目前的医养护理社会保险体系是基于非常德国式的原因而产生的。起源于采矿业的各种协会和保险组织使保障制度很早就在德国社会根植，随后工业革命的特殊背景使德国政府在设计制度初期就会有意识地向工人阶级倾斜利益以讨好的政治目的，虽然20世纪后期各种改革将福利受众扩大为全体国民，但养老、医疗保险制度雏形的产生于德国处于高经济水平时期，在1972年改革后更是成为世界上最慷慨的养老保险制度之一。但是近年来德国经济增长速度明显放缓，老龄化人口却大幅增加，社会保险支出已经使德国政府不堪重负。护理保险制度建立时间又相对较晚有待观察，多方面情况均印证了德国模式的强度需要调整，目前德国政府也在寻求改革途径。

从我国目前情况来看，医养护理制度尚处于摸索尝试阶段。在缺乏德国那样悠久的历史传统和思想基础的前提下，直接照搬其模式势必会产生观念冲突。再者我国经济发展速度已经趋于平稳，考虑到发展中国家与发达国家的不同国情，德国模式在我国现有体制下会产生多大的财政负担也很难预测。此外基于公平分配目的，德国模式是否会拉大我国社会的收入差距而造成反效果，也还需要谨慎评估。

第二，从配套措施来看，我国缺乏德国的相关制度。

（1）现收现付制。实际上瑞典等国也是采用现收现付制这种资金管理模式，但德国模式的独特之处主要体现于现收现付制与“李斯特养老金”改革的共同作用，从而暂缓养老金缴费率增长速度的思路。1992年

---

① 林斌：《德国长期护理保险的成效、挑战与发展趋势》，《老龄科学研究》2015年第12期。

德国社会法典中详细规定了现收现付制的运行模式。简单来说，如果额定储备金在该年年末少于养老保险金一个月需要支出的数额，那么就提高保险费率；反之如果多于一个月的支出数额，则必须降低保险费率。但是如此一来保险费率变动过于频繁，所以1999年养老金改革时调整为：如果额定储备金在一个月至一个半月支出的范围内浮动，那么保险费率无须调整。这种现收现付制导致德国养老保险没有资金的积累，人口波动和劳动力市场的影响会无限放大。随着德国老龄人口和提前退休人口的不断增加，对养老保险的财政支出越来越多，德国政府不堪重负，于2001年进行"李斯特养老金"改革，基本思路是通过发展"第二支柱"，鼓励民众积极参与改革计划中的保险产品以获得养老服务，来弥补政府减少支付、降低"第一支柱"法定养老金待遇的影响。实际上"现收现付制+李斯特养老金改革"的作用显著，一方面尽可能推迟了德国法定养老金缴费率的增长速度；另一方面发展"第二支柱"可以增强整个养老体系的稳定性，丰富国民获取养老资源的途径。不过值得注意的是，这种资金管理模式近年来也开始出现了问题，具体情况详见下文。

上述资金管理模式在德国颇有成效，但我国借鉴却存在不小的阻力。其一，现收现付制是没有资金积累的，唯一的参考便是一个月左右的支出数额。德国实行该制度的反馈结果是受人口结构和就业情况影响严重。在我国巨大人口基数的前提下，数据统计与估算、紧急情况应对的难度过于艰巨，可行性存疑。其二，"李斯特养老金"改革不可忽视的背景是德国相对成熟的保险产品市场，即只要合理划定参与计划的保险公司、选定保险产品并设定目标对象基本就可以当即实行。但我国养老产业相关的企业、产品、监管机构等方面都不成熟，缺乏相应的实行基础，即使现在设计措施也难免无用武之地。因此，德国模式对我国最大的借鉴价值是尽可能地推进养老体系多元化发展，因为单一的保险金制度可能会缓解一时的养老问题，但是随之而来的财政压力不容小觑，应当尽可能丰富养老资源获取途径，以增强制度的稳定性。

（2）护理保险分类分级。德国护理保险体系分为社会性基本护理保险和商业护理保险，各自存在不同层级，前面的章节中已经具体介绍了其分类分级的标准和对应政策，在此不作赘述。总体而言，护理保险的主要目的是将护理问题由公民个人或家庭层面向社会层面转变。这里需要明确一个问题，护理问题的社会化转变与"居家护理先于设施内护理"的原则并不矛盾。前者是为了向独居等欠缺居家护理条件的老龄人口提供最后一层生活水平保障兜底，后者是为了尽可能合理避免不必要的人力物力浪费、减低政府管控压力而鼓励轻症老龄人口尽量自给自足。两者实际上都是着眼于共同节约社会护理资源，物尽其用的目的。为了实现该目的，德国目前采取的措施如下：其一，设立专门护理保险机构负责管理物资，并根据相应给付方式向对老龄人口进行居家护理的亲人、朋友以及提供护理的机构结算护理费用。其二，建立专门的评估机构：负责基本护理保险的医疗审查委员会（简称 MDK）和负责商业护理保险的 MEDICPROOF，两个机构内部使用相同的评估标准体系。① 为了保证护理保险体系的顺利运行，德国政府至少制定了护理保险机构、给付方式和标准、评估机构组成、评估流程、评估标准等配套措施。

德国分类分级的护理保险对我国有重要借鉴意义。近年来，我国失独老人已经成为一个社会热点问题。随着我国老龄化程度加深，护理保险体系的构建也应当提上日程。德国实行护理保险时间并不久远，具体效果和弊端尚不完全明朗，故还需时间检验。单从制度设计方面考虑，如果要借鉴德国护理模式，我国有很多方面需要作出针对性调整。其一，在法律依据层面，我国现有的《老年人权益保障法》远远不足，空白的法律框架造成大方向的缺失。其二，德国为了保障护理制度能够切实有效地推行，政府提供大量补贴并不断提升补贴标准，以增加评估机构和服务机构的数量，从而适应需求人数的不断上升。我国应当如何填补或替代这些职能机构的空缺，照搬建立大量性质不明的机构无疑会加大监管的难度，且机构的公信力也是个问题。其三，评估标准应当如何制定、机构护理的护理人员职业标准、培养体系如何设定等问题，也将直接影响护理效率。

（3）从实际效果来看，德国模式在养老、医疗、护理三个方面建立的体系，使社会保障水平一直处于较高标准。广大的覆盖面、切实的制度设计和扎实的法律框架使国民老有所养、病有所医。依据有关数据，德国各类保障制度至少使德国的收入差距缩小了 35%，福利制度使基尼系数

① 郝君富、李心愉：《德国长期护理保险：制度设计、经济影响与启示》，《人口学刊》2014 年第 2 期。

由 0. 436 调整为 0. 282。[①] 可见，德国模式在提高国民生活水平、维护社会稳定方面总体成效良好。但我们必须看到的是，德国模式目前正在面临着巨大的挑战，并陆续出现诸多弊端，例如制度与人口结构变动不相符导致福利压力大、公平与效率等问题。

其一，政府疲于负担逐年增长的福利支出及其连锁反应。[②] 如前文所述，德国模式中养老保险的资金管理模式采用“现收现付制+李斯特养老金改革”方式。虽然这在一定程度上达到了养老金缴费率增长减速的目的，但是现收现付制是通过在职工作人口缴纳养老保险金来支付退休者的养老金。由于缺少资本积累，一般需要至少保留一个月左右的波动储备金，所以养老金收支情况极度受人口结构影响。可以想见，只有在德国人口结构符合金字塔构成时才能使这种收支转化模式实现良性运转。但是，近年来德国社会呈现出老龄人口增加且平均寿命延长、出生率降低、失业率居高不下等局面，这直接影响可缴纳保险金总额。如果要尽量维持养老待遇水平，缴费人需要缴纳更高的费率才能保证自己退休后的养老保险保值。德国模式使政府一直在提高缴费率与降低养老保险待遇之间左右为难，但不论倾向于哪一方，都会导致德国民众不满情绪的增加。

其二，公平与效率的矛盾是德国模式一个隐藏问题。一方面，作为“福利国家”，德国一直以高社会福利著称：失业者可以领取失业救济补助、申请无息贷款等，加之育儿补贴、住房津贴，失业者通过福利渠道享受待遇甚至超过一些低收入工作者。“不劳而获”的制度设计使得德国民众的就业积极性不高，从而导致公平问题。另一方面，德国立法对劳动者的工资水平和解雇补偿较为重视，这导致企业无论增加还是减少员工都会付出高昂的代价。企业投资积极性受挫、财政疲于社会保障支出故而无法为产能调整提供资金支持，从而引发整体经济发展的效率僵化。

综上所述，德国模式在光鲜的外表下，实则存在诸多弊端，且已经影响社会保障以外的其他领域。德国的整体医养护理体系设计相对全面，多

---

① Johannes Schwarze & Marco Harpfer, “Are People Inequality Averse, and Do They Prefer Redistribution by the State? Evidence from German Longitudinal Data on Life Satisfaction”, *Journal of Socio-economics*, Vol. 36, No. 2, 2007, pp. 233-249.

② Klaus Wiener, “Stronger Growth in the German Insurance Industry”, Die Deutschen Versicherer (Oct. 31, 2018), http: //www. en. gdv. de/en/issues/our-news/stronger-growth-in-the-german-insurance-industry-36482, accessed on March 25, 2020.

领域多产业的联动性也增强了制度的稳定性，这确实值得我国借鉴。但是如果直接套用其模式，则不仅我国缺乏相应的配套制度，而且还很有可能使该模式已经出现的弊端在我国被进一步放大。

（二）关于日本模式

第一，从产生原因来看，日本的社会保障体系不如德国历史悠久、社会思想基础扎实。其主要是在第二次世界大战结束后才提上日程，但发展和完善速度较为迅速。作为区别于西方国家模式的“东亚福利模式”的代表，日本模式具有很高的分析价值。①

日本作为“二战”的战败国，国家经济、国民生活水平都受到重创，所以战后日本在恢复经济的同时非常注重保障国民的基本福利，致力于构建社会保障体系。20 世纪 60 年代，日本政府基于 1868 年明治维新时期对官员和军人实行的特殊“恩给”制度并将覆盖范围扩大至劳动者，后来基于女性团体的呼声又增加了女性养老的相关补贴措施，但依旧尚未覆盖到全体国民。② 从 20 世纪 70 年代开始，日本在经历了两次石油危机后，国内产业结构和人口结构都发生了巨变，就业问题以及开始显露的老龄化问题对养老制度产生了冲击。于是日本政府于 1985 年大幅修改了《国民年金法》，规定 1998 年起每 3 年就将缴费年龄提高 1 岁，最终在 2010 年调整至 65 岁起领取养老金。随后 1994 年、2000 年、2004 年或多或少又进行了修订，逐渐形成了覆盖全体国民的一套国家、企业、个人三方结合的多层次养老体系。

日本医疗保险制度于 1961 年正式起步。全民医疗保险在创立初期分为国民健康保险和雇员医疗保险两个部分，前者以农民、家庭主妇和个体经营者为对象，后者以各类雇佣者为对象，同时根据行业、职业、阶层、收入等因素又分为不同的子项目。由于日本在此之前一直为老年人提供免费医疗制度，战后高龄人口的急剧增加导致支出飞速增长，在巨大的财政压力下日本政府又建立了现在的高龄保险制度。在实行护理保险制度之前，日本采取的是“措置制度”，即符合条件的老年人免费享受地方政府

---

① 参见万国威、刘梦云《“东亚福利体制”的内在统一性——以东亚六个国家和地区为例》，《人口与经济》2011 年第 1 期。

② 参见王莉莉、郭平《日本老年社会保障制度》，中国社会出版社 2010 年版，第 137—138 页。

运营管理的福利服务，该制度受到强烈的社会指责，很多民众认为它效率低下、浪费财政支出且缺乏公平。但考虑到本国少子、高龄化以及核心家庭现象加剧，女性也开始倾向于步入社会，老人护理已经难以由自己负责，日本政府决定将护理社会责任化。于是分类分级的护理保险制度也在日本逐步建立。

综合以上制度的产生过程，并结合前文总结的日本模式具体内容，可以发现日本模式的最大的特征是变动频繁。三项制度的产生、发展、定型基本上都存在频繁变动、修补的情况。养老制度初期只考虑少数、特殊人群，最终向全民覆盖是社会上不同群体的呼声（如女性团体对政策的强烈不满）推动政府进行改革的结果。医疗及护理制度也体现出日本政府在某些阶段欠缺理性考量的一面，在已经相对明晰的高龄化社会背景下，仍然选择为老年人免费提供服务，其导致负担过重的工费支出以及受到社会强烈指责的结局并不令人意外。政策需要前瞻性，政策频繁地变动会影响制度的公信力，且医养护理属于基础的、普适性的社会制度，更应当强化其稳定性和可预见性。

第二，从配套措施来看，日本模式中存在着较为复杂的配套辅助制度。

（1）“一元化”改革。第三章曾提到日本将公共年金中的厚生年金和共济年金并轨，这是“一元化”改革的主要内容。厚生年金的对象是工厂、私营企业等的职员，共济年金则面向公职人员，虽然两者缴费都是由劳资双方分别承担50%，但是缴费比例与给付金额不同。以2012年数据为例，厚生年金保险费率为16.776%（职工负担一半则为8.388%），而厚生年金每月人均给付16.1万日元；共济年金按照国家公务员、地方公务员、私立学校教职员的顺序，保险费率以此为16.216%（个人负担8.108%）、16.216%（个人负担8.108%）、13.292%（个人负担6.646%），而共济年金每月人均给付又依次为21.4万、22.1万、20.9万日元。[①] 综上所述，由于职业区分，公司职员比公职人员承担更大的养老负担，却得到更低的养老待遇。2015年日本政府正式实施“一元化”改革，统一并逐步固定保险费率和给付标准；废除共济年金职域部分；削减

① 「平成25年版厚生労働白書 資料編 年金」による，https://www.mhlw.go.jp/wp/hakusyo/kousei/13-2/，2020年3月28日访问。

向公务员支付的追加费用。

日本模式通过“一元化”改革来调整公共年金的养老保险体系，就是为了逐渐消除企业职员与公职人员之间差距过大、收支不对等的不公平待遇，从而活跃劳动力市场，合理避免因福利问题而引起就业市场的波动。虽然国情不同，我国2014年起也结束了养老保险双轨制，但日本模式“一元化”改革对我国养老制度改革在核心思想层面上依旧具有借鉴意义。

（2）诊疗报酬体系。诊疗报酬体系是日本医疗保险制度中对费用进行管理的主要措施之一，它是基于2003年小泉内阁提出的《关于医疗报销制度体系及诊疗报酬体系的基本方针》的内容进行运作的。该基本方针规定，根据医院的医疗水平进行医疗报酬打分制，水平高则分数高。医生的诊疗过程以及处方完全公开以接受专门机构及患者的监督考察，严格检查医疗过程中的浪费问题。鼓励普通患者从大医院转至普通诊所，从而合理配置医疗资源。目前诊疗报酬体系在对医疗服务与药品价格进行全国统一定价的情况下，根据医生对患者具体实施的医疗项目进行打分，每分以10日元的价格结算。患者接受的检查越多、药品开得越多，医疗机构的收入就直接增加，所以日本医疗机构不惜大批引进昂贵的检查仪器。①

诊疗报酬体系最初的目的是给国民提供自由选择机制，减少大医院的负担。但目前日本社会陷入了一个怪圈，患者首选的依旧是拥有200张病床以上的大医院，导致短期病床也不得不腾出来供长期诊疗以及重病患者使用。另外，由于鼓励普通患者转移至一般诊所，患者对医生的选择性消费以及在不同机构接受不必要的重复检查和治疗，造成日本国民整体医疗费用增加。究其原因，诊疗报酬体系实行的效果之所以与日本政府的初衷背道而驰，主要是因为自由选择机制的过度使用。自由选择机制使患者合理流动不可忽略的基础是相差不大的医疗水平，但当患者面对大医院与普通诊所的二选一，在药品全国定价统一的背景下，人群偏好自然是首选大医院进行诊疗。诊疗报酬体系的预想太过于理想化。日本政府为了降低该弊端带来的影响，尝试推出了首诊医生介绍信、上调价格等措施来刺激患者选择一般诊所，但收效甚微，甚至遭到了医疗团体与患者的强烈反对。

① 参见曹原《日本医保如履薄冰》，《中国医院院长》2014年第3期。

（3）人才培养体系。日本模式中护理制度产生了大量的护理人员缺口，促使日本政府采取一系列的配套措施。一方面，为了壮大护理人员队伍，日本政府在各类招聘杂志中增设了“福利人才”的专栏，包含详细的职业介绍、咨询途径等内容进行宣传推广。同时在都道府县不同层级行政区划均设立了福利人才中心，常驻熟知招聘双方供需情况的专业人员。另外，为了降低现有护理人员的离职率，提升职业社会地位方面，在立法层面通过了改善护理从业人员待遇的法律，不断上调护理人员的工资水平与报酬率。另一方面，日本规定护理专业人员应当每隔五年就办理一次从业资格更新的认定手续，按照最新的要求进行学习进修，如果没有按时参加，那么就直接取消从业资格。① 可以看出，日本模式所配套的人才培养体系的思路是多管齐下、全面开花：吸引新人才、留住旧人才、刷新整个人才队伍，在加速护理才队伍构建的同时，也坚持质量原则，那么配套措施培养出的护理工作人员就基本可以直接与护理保险体系对接。

第三，从实际效果来看，日本模式所呈现的是日本首创的新型福利供给模式的“福祉社会”思想。它有别于西方传统福利保障模式的“高福利、高负担的大政府道路”，主张个人、家庭、企业、社区是模式的供给主体，应当自立自强承担连带责任以分担社会压力，国家则应提供最小限度的社会保障作为最后一层保障。日本采取该模式的理由显而易见，面对本国严重的老龄化以及由此带来的巨大公费支出压力，在经济增速滞缓的国情背景下财政分配向社会福利方面倾斜，势必会减少刺激经济发展的支出。但是养老方面由于实行分立型年金制度，国民年金供给水平低，厚生年金以职业性质为前提，而日本农村人口仍占很大比例却无法成为“第二号参保者”参与厚生年金，这就形成了一个普遍性问题——农村人口从事农业生产时收入水平普遍低于其他行业。退休后可领取的养老金也仅有最基本的国民年金，较企业员工、公职人员又少了厚生年金的供给，于是在不同年龄段之间都会产生经济差距。而养老金对绝大多数退休老年人来说是最主要、最稳定的收入来源，收入水平的差距势必会对医疗、介护等方面产生连锁反应。

从同样的角度继续考虑，介护保险可以看作年金保险具体化、以服务

① 参见莫娇、李新平《日本长期护理保险制度的实施及启示》，《对外经贸实务》2014 年第 3 期。

形式呈现的一部分，主要作用是在代内及代际间进行再分配以提高生活水平。根据日本研究所披露的数据，以1993年、2002年、2011年这三年为例，通过社会保障的再分配调节，基尼系数改善度依次为12.7%、20.8%、28.3%。[①] 这表明介护保险等再分配手段可以缓解收入差距的扩张速度。但需要注意的是，介护保险需要老年人根据实际身体情况提交申请，并接受相关机构至少两次评估通过后才能按照对应的介护等级享受服务。但目前的实际情况是，由于程序严格、时间跨度长，往往会出现三种情况：第一，申请人得到的服务与实际的身体情况相符，这也是最理想的情况；第二，申请人身体情况出现好转，但审核下来的介护等级高于实际情况，造成浪费；第三，申请人身体情况恶化，审核下来的介护等级已经不能满足更加严重的身体情况，又需要再次申请。此外，由于介护保险是都道府县各个地区按照自身的经济水平和政府财政状况进行的，那么同等水平服务在不同地区的收费标准参差不齐不易监管，人才配置及提供的服务质量难以保障。诸如此类的客观因素直接导致介护保险存在着不公平现象，日本政府目前尝试通过调整性支出来应对地区付费差异的问题，但尚未对介护评定手续进行调整。若我国考虑引进日本模式中的介护保险，除了要针对国情提前考虑如何解决地区差异问题以外，还应重点解决保障程序严格性问题。主要着眼点应当是考虑适当增加调查取证次数、尽可能缩减程序时间跨度以提高工作效率，并考虑如何增强制度运行的灵活性来应对申请人的突发状况等。

（三）关于美国模式

美国的医养服务体系主要由养老服务、医疗保健服务和长期护理组成。美国的养老服务体系中养老地产行业以REITs作为主要的运营方式，而我国尚未出现以养老地产或医养服务为基础资产的REITs。长期护理是一种新型医养结合养老模式，此种模式在美国得到了较好的发展，但我国目前仅将15个城市作为长期护理保险制度的试点城市，长期护理保险制度仍处于初步发展阶段。我国在建立养老服务体系时，可以借鉴美国的养老模式，但是不能简单套用，应结合我国的相关政策、配套制度等制定符合我国养老现状的养老制度。以下以美国的REITs和长期护理为代表，从

① 国立社会保障・人口問題研究所「社会保障統計年報」による，www.ipss.go.jp/site-ad/index_ Japanese/securityAnnualReport.html，2020年3月28日访问。

形成原因、配套措施和实际效果三个方面分析前述两种制度在我国适用的问题和应对措施。

第一，形成原因视角的分析。

（1）REITs这种组织形式起源于19世纪初美国马萨诸塞州设立的商业信托。[①] 在当时的判例中，法院认为信托形式的组织不属于法人，不是纳税主体，可以不缴纳企业所得税。REITs所享受的税收优惠吸引了更多投资者参与到这种融资模式中，REITs得以迅速发展。[②] 美国日趋严重的老龄化现象使投资者在养老地产行业看到了商机，再加上REITs的税收优惠政策，投资者们开始尝试将REITs模式应用到养老地产行业。REITs在美国得到良好发展主要存在以下三个原因：其一，美国养老地产尤其是REITs的发展并非由政府主导，而是由市场的供需形成的，美国良好的金融生态系统为REITs在养老地产行业良好的发展提供了有力的保障。不同于传统的养老模式，REITs的前期资金投入充足，为建设高质量的养老社区提供了充分的资金支持，因此REITs模式下的养老社区在硬件设施和服务质量方面均有所改善，能为老人提供更加优质的养老服务，满足老人多样的养老需求。其二，在传统的文化观念和房产税制度的影响下，美国常年有30%—40%的人选择租房居住而非买房，[③] 在习惯了迁徙式的生活之后，租房养老容易被老人所接受。老人没有依赖子女养老的观念，也没有对和子女一起居住养老的需求，他们乐于入住养老社区或养老机构享受养老生活，许多老人选择利用金融信用体系和社会福利制度在自己的经济承受能力范围之内购买养老服务。其三，美国老人的收入水平普遍较高，有能力承担较为昂贵的养老服务，REITs模式下的养老社区客源充足，只要保持优质的服务质量，一般就不会出现客源不足的情况。

我国的REITs产品在核心架构、收益模式、存续期限、产品性质和功能定位等方面与标准的美国REITs均存在较大差异，因此被称为“类REITs”。目前我国内地还未出现符合国际标准的公募、权益型REITs。我国

---

① G. Jason Goddard & Bill Marcum, *Real Estate Investment Trusts (REITs)*, Berlin: Springer-Verlag, 2012, p. 254.

② 参见龙天炜、王坤建、薛培娜《美国REITs企业制度变迁及对我国发展REITs的借鉴》，《工程管理学报》2017年第4期。

③ 参见王旭育《基于社区模式的美国养老地产发展研究与启示》，《城市发展研究》2016年第5期。

已经出现以商场租金为基础资产的类REITs，但是以养老地产或医养服务为基础资产的类REITs尚未出现。就REITs的形成原因来看，美国的REITs模式没有在我国大力发展的条件：其一，我国的养老地产行业尚未形成完整的金融生态系统，无法给REITs提供良好的发展环境。我国的REITs目前仍处于初步发展阶段，且限于部分领域。在当前的市场环境下，将REITs引入养老地产行业很难发挥其融资渠道广泛、收益稳定、投资风险低、投资收益率高的优势，在市场中的竞争力不足。目前我国养老地产行业的参与者包括地产商、保险公司和其他民营企业，但其角色分工不明确，开发商处于主导地位，投资商和运营商对自己的角色定位不清晰，养老地产行业缺乏长期的投资商和专业的运营商。[①] 其二，受“安土重迁”“天伦之乐”等传统思想的影响，我国的老人更倾向于选择居家养老，对机构养老和社区养老的接受程度不高。在REITs模式下，养老地产持有者不论采用何种运营方式，都采用了出租不动产的方式向老人收取费用，老人能够对自己居住的房屋仅享有使用权，没有所有权，这种租房养老的模式并不为多数老人所接受。其三，相较于美国，我国老人的收入水平普遍较低，REITs模式下的高端养老社区面向的客户群体范围较小，客源不充足。若养老社区的入住率不高，容易出现资金链断裂的情形。

（2）长期护理。美国的长期护理制度是医养结合的一种重要形式，它以市场为主导，通过引入商业性质的保险来应对日益严重的老龄化现象，减轻政府的财政压力。美国的长期护理保险制度由公共保险体系和商业保险市场两个部分组成，前者于1965年开始发展，后者则最早出现于20世纪70年代。美国的长期护理保险制度的形成原因主要包括五个方面：其一，人口老龄化导致老年人对护理的需求增加。[②] 随着人口老龄化的日益严重，老人失能的风险增加，越来越多的老人需要接受长期护理服务，美国政府在养老方面的财政负担巨大，因此政府试图引入商业模式缓解养老压力。其二，长期护理的费用持续上升。根据美国长期护理保险公司Genworth统计的数据，2016年美国私人护理院的一间病房的费用平均

① 参见裘旭波《中国养老地产存在的问题及突破途径——中美养老地产对比分析》，《中国房地产》2013年第9期。

② Kristina L. Guo & Richard J. Castillo, “The U. S. Long Term Care System: Development and Expansion of Naturally Occurring Retirement Communities as an Innovative Model for Aging in Place”, *Ageing International*, Vol. 32, No. 7, 2012, pp. 213-214.

为每年 92378 美元，家庭护理费用平均为每年 46332 美元。[①] 在老龄化日趋严重、长期护理需求增加和通货膨胀的社会环境中，许多家庭没有经济能力承受如此高昂的长期护理费用，虽然公共医疗制度如 Medicare 和 Medicaid 会支付部分的费用，但是这两种计划的覆盖面有限，Medicare 仅覆盖了符合特定条件的"病后护理"，Medicaid 仅对定点护理机构支付费用，忽略了家庭护理的发展，且未将中等收入的群体纳入覆盖范围。[②] 因此，政府将公共保险与商业性质的保险相结合，以扩大长期护理的覆盖面。其三，家庭在长期护理方面的功能逐渐弱化。随着美国工业进程的推进以及核心家庭文化、丁克文化、女权主义的普及，家庭小型化的趋势越来越明显。[③] 据统计，1970 年美国已婚夫妇家庭在所有家庭类型中占比为 70.5%，其中核心家庭的占比则达到 40%。[④] 家庭规模的缩小和家庭结构的单一化导致老人独居或与配偶共同居住的现象越来越普遍，家庭护理这种非正式的护理方式逐渐式微，在无法得到较好的家庭护理的情形下，老人开始求助于护理机构以满足自身的护理需求。然而，护理机构高昂的收费标准让许多老人望而却步，长期护理制度能够分担老人的护理费用，减轻老人的养老负担。在过去的 20 年中，美国的长期护理保险制度缓慢但稳步地向着以社区为基础的护理服务的方向转变。[⑤] 其四，社会保障力量不足。美国的社会保障体系在政府主导的同时也注重市场的力量，公共医疗保险 Medicare 和 Medicaid 在长期护理方面所支付的费用占总费用的 60%，但是 Medicare 无法满足未患病老人平时的护理需求，Medicaid 仅针对低收入人群，未覆盖中产阶级家庭老人的护理需求。长期护理制度引入商业保险，将公共医疗体系无法覆盖的人群涵盖在内，扩大了覆盖面。其五，成熟的商业健康保险市场为商业长期护理保险创造了良好的发展环境。最早提供商业健康保险的公司——费城健康保险公司于 1847 年推出健康保险产品。1958 年，有 75%的美国人购买了不同形式的商业健康保

① 参见张晏玮，孙健《美国长期护理保险实践及其对我国的启示——基于美国长期护理保险定价视角的分析》，《价格理论与实践》2018 年第 2 期。

② 参见李天俊《美国长期护理保险体系的发展与启示》，《劳动保障世界》2020 年第 6 期。

③ 参见胡宏伟、李佳怿、栾文敬《美国长期护理保险体系：发端、架构、问题与启示》，《西北大学学报》（哲学社会科学版）2015 年第 5 期。

④ 参见刘军怀《当代美国家庭的多元化趋势》，《当代亚太》2003 年第 8 期。

⑤ Larry Polivka & Lumarie Polivka-West, "The Changing Role of Non-Profit Organizations in the U. S. Long Term Care System", *Journal of Aging & Social Policy*, Vol. 32, No. 2, 2020, pp. 101-107.

险。截至1983年年底，已经有1.92亿人购买了一种或多种形式的商业健康保险，有超过800个私营保险公司推出个体和/或团体商业健康保险，1983年年底这些公司的服务人数达1.11亿。[①] 可见，美国的商业健康保险市场已经非常成熟，良好的市场环境使得商业长期护理保险更加容易迅速发展。

我国近年来已经开始对长期护理保险制度进行初步探索，确定了青岛、上海、成都等15个试点城市先行试点长期护理保险制度。就形成原因来看，我国的长期护理保险制度不宜直接套用美国的长期护理模式：其一，家庭护理仍是我国多数老人的首选。根据我们针对55岁以上老人的调查问卷的结果，有接近一半的老人认为家庭养老能够满足现在或将来的养老需求，多数老人将机构或社区养老当作家庭养老的替代选择。中国老人的家庭观念较强，他们更倾向于与后代共享天伦之乐，而非入住养老机构或养老社区。就我国现状来看，许多子女婚后尤其是生育之后会选择与老人共同居住，老人可以照顾小孩，子女也可以将更多的精力投入工作中，故我国家庭护理在养老领域仍处于主要地位，长期护理保险这种医养结合的模式目前在中国的市场不大。其二，我国的社会保障体系以政府为主导，市场化程度不高。在我国传统的社会保障体系之下，个人一般无须单独缴纳费用，完全按照美国式的长期护理模式，需要个人支付部分费用，这会成为许多人选择长期护理保险的一大阻碍。目前在我国进行试点的长期护理保险制度，其资金来源多为职工医疗保险和居民医疗保险，上海、青岛、长春等城市不需个人缴费，南通需个人缴费但每人每年仅需缴纳30元，数额较小。其三，我国的商业健康保险市场尚不成熟。由于我国保险行业受到的限制较多，几个大型保险公司占据了商业保险市场的大部分份额，商业保险市场的发展受限，如今的商业健康保险市场尚不完善，无法为商业长期护理保险提供较好的发展环境。

第二，从配套措施的视角分析。

（1）美国的REITs是在税收优惠政策的推动下发展起来的。自1960年《房地产投资信托法案》的颁布和《国内税法典》的修改之后，REITs的法律地位被正式确定。1976年《税制改革法案》的修订调整了有关

---

① 参见李慧欣《美国商业长期护理保险的发展及其启示》，《金融理论与实践》2014年第4期。

REITs 的法律规定，从分配制度、收入制度、资产制度和税收制度四个方面对 REITs 模式下的商业实体进行了灵活性改革。1986 年《税制改革法案》通过调整 REITs 的收入制度、组织制度、间接的税收制度和直接的税收制度，进一步加强 REITs 的自主性。1997 年《纳税者减免法案》和《REITs 现代化法案》通过对组织制度、收入制度、资产制度、分配制度和税收制度五个方面的调整，加强了 REITs 灵活性、自主性的改革，为 REITs 提供了更大的发展空间。[①] 随着美国税法的修改，REITs 的组织结构和运营方式均有所变化，美国的 REITs 是税法的产物。在美国 REITs 投资房地产项目享受免税政策，政府仅在交易过程中收取 1%—3%的手续费，[②] 强制派息比例为 90%。[③] 通过 REITs 获得的收益中向股东分红的部分无须缴纳资本利得税和企业所得税，以避免双重纳税。未分配给投资者的部分，经营收益计税税率为 21%，资本利得收益的计税税率为 15%或 20%。[④] 美国税法在养老地产 REITs 方面遵循了“税收中性”原则，没有增加养老地产 REITs 投资者的税收负担。

美国有关养老地产行业的 REITs 的法律制度比较完善。美国养老地产行业的 REITs 采用公司制，且属于开放基金，2007 年颁布的 RIDEA 法案以及 Triple-Net 租赁法案均对养老地产行业的 REITs 进行了详细的规定，如养老地产 REITs 的投资企业只需支付租金、维护费用、房地产税和地产保险，这些优惠政策促进了 REITs 在养老地产行业的健康发展。同时，美国对养老地产行业的 REITs 设置了严格的准入机制。根据美国税法的规定，REITs 必须满足以下要求：其一，REITs 公司至少有 100 个股东；其二，五个或五个以下的个人可持有不超过 5%的股份；其三，至少 75%的 REITs 资产必须由房地产、现金和政府证券组成；其四，若一个发行人的证券不属于前述 75%的范畴，REITs 企业持有该发行人的证券不得超过 REITs 资产价值的 5%；其五，至少 95%的 REITs 收益必须来源于股息、

---

① 参见龙天炜、王坤建、薛培娜《美国 REITs 企业制度变迁及对我国发展 REITs 的借鉴》，《工程管理学报》2017 年第 4 期。

② 参见兴业证券《老龄化加剧，中国养老产业机遇与挑战并存》，2019 年 3 月 4 日，资料来源：Wind 数据库。

③ Phillip Fuller, Ehab Yamani & Geungu Yu，“The Impact of the New Real Estate Sector on REITs: An Event Study”，*Journal of Economics and Finance*，Vol. 43，No. 1，2019，p. 144.

④ 参见孟明毅《不动产信托投资基金的美国经验借鉴》，《经济与管理评论》2020 年第 1 期。

利息、租金或房地产销售收益；其六，每年至少将90%的收入分配给股东。[①] 这些要求给REITs设置了较高的准入门槛，将不合格的投资者排除在外。此外，美国养老地产REITs的监督机制较严苛。根据美国证券管理委员会的要求，REITs涉及的财务内容必须进行全面的披露，以便接受社会和机构的监督。美国的证监会、金融中介、审计师以及董事会负责对REITs进行监督，一旦有违规操作，就会有被摘牌的可能。[②] 在如此严格的监督机制下，从1962年到2000年，在发行的486家REITs基金中，有近300家被摘牌，有的REITs公司仅仅存在了约200天。

就中国目前的法律制度和政策而言，引入美国养老地产REITs仍然存在许多阻碍。其一，我国有关REITs的法律制度不健全。迄今为止，我国还没有专门针对REITs的法律法规，对REITs的规制只能参考《公司法》《信托法》《证券法》《信托投资公司管理办法》《信托投资公司资金信托管理暂行办法》等法律法规的规定，而关于养老地产行业REITs的规定则存在法律空白。其二，没有关于REITs的税收优惠政策。根据目前我国的法律规定，我国的类REITs在资产收购与处理阶段需缴纳土地增值税和企业所得税，在资产持有与运营阶段需缴纳增值税、企业所得税和房产税，在投资者分配阶段实行差异化税收。因此我国的类REITs在税收方面面临着较大的阻碍，即在资产转让环节税负繁重，在资产运营环节重复纳税。我国目前的税收征管制度无法实行“实质课税原则”和“净所得课税原则”，税收制度与REITs的内部结构不相符合，两者的衔接存在较大的困难。在养老地产行业，我国的类REITs同样不存在任何税收优惠政策。其三，对REITs没有体系化的监管机制。我国对REITs的监管主体不明确，尤其是对养老地产REITs的监管涉及银监会、证监会、发改委、民政部等多个机构，这些机构之间的权限划分并不清晰。同时，REITs对信息披露的透明度要求较高，而我国房地产行业报告的信息披露由监管机构负责，存在信息披露不严格、不透明等问题，这增加了我国的养老地产行业与REITs进行融合的障碍。

---

① G. Jason Goddard & Bill Marcum, *Real Estate Investment Trusts* (*REITs*), Berlin: Springer-Verlag, 2012, pp. 254-255.

② 参见曾小娉、高广阔《中美养老地产融资模式对比分析》，《金融发展评论》2018年第6期。

要将 REITs 引入中国的养老地产行业，政府必须给予相关政策方面的支持。其一，健全相关法律制度。我国现有的政策已经为 REITs 的发展给予了一定的支持，出台了相关的法律法规《关于当前金融促进经济发展的若干意见》和《房地产集合投资信托业务试点管理办法》，但是这些法律规范的效力层级较低，且条款过于抽象，没有实行过程中的具体规定。因此，我国仍需完善 REITs 的相关法律规范，如将《信托法》《证券法》等已有法律中涉及 REITs 的规定予以细化、具体化，制定关于 REITs 的专门法律规范等。其二，对 REITs，尤其是养老地产行业的 REITs 实施税收优惠政策。为了促进养老地产行业 REITs 的发展，政府一方面要解决养老地产经营阶段面临的双重税收问题，避免重复征税；① 另一方面可以在养老地产转让阶段实行税收优惠政策。其三，加强监管力度，完善信息披露制度和监管体制。政府应明确养老地产 REITs 的监管主体、监管方式以及信息披露的具体标准，提高养老地产 REITs 的准入门槛，加强对风险的控制，避免出现大规模违约的现象。②

（2）美国的长期护理保险制度之所以能迅速发展，得益于其完善的法律规范、税收优惠政策和公私合作计划。美国的长期护理保险制度已有专门的法律规范予以调整。在公共长期护理保险方面，《社会保障法》《社会保障修正案》《残疾人康复法》和《残疾人法案》共同构成了保障美国老年人、残疾人的长期护理需求的法律体系。③ 在商业长期护理保险方面，1986 年美国保险监督官协会（National Association of Insurance Commissioners，NAIC）制定了《长期护理保险示范法》，这部法律是有关长期护理保险的专门立法，具体规定了长期护理保险保单的最低标准和投保人所享有的权利，确定了长期护理保险的基本条款。截至 1996 年年底，共售出不足 500 万份长期护理保险。④ 为了进一步促进长期护理保险的发展，1996 年，美国出台了《联邦健康保险可移植性和责任法案》（*Federal*

---

① 参见杨坤、陈德棉《美国 REITs 税收待遇对中国的启示》，《现代管理科学》2007 年第 9 期。

② 参见马智利、何婷《养老地产新型融资模式——房地产投资信托（REITs）》，《浙江金融》2014 年第 3 期。

③ 参见周坚、韦一晨、丁龙华《老年长期护理制度模式的国际比较及其启示》，《社会保障研究》2018 年第 3 期。

④ J. Feder，H. L. Komisar & M. Niefeld，“Long-term Care in The United States：An Overview”，*Health Affairs*，Vol. 19，No. 3，2000，p. 45.

Health Insurance Portability and Accountability Act, HIPAA)，此法案规定购买商业长期护理保险者在符合特定条件时，可以享受税收优惠政策。[①] HIPAA 极大地刺激了长期护理保险市场的繁荣，截至 2002 年年底，共售出不足 900 万份长期护理保险，总保费金额达 61 亿美元。根据 HIPAA 的规定，在个人或企业购买长期护理保险时，保险公司提供两种保单供投保人选择：有联邦税收优惠的保单（Federally Tax-qualified）和无联邦税收优惠的保单（Non Tax-qualified）。长期护理保险保费税收减免额度随着被保险人的年龄的增加而增加，以激励更多老人购买长期护理保险。

HIPAA 规定了对购买商业长期护理保险的个人或企业实施税收优惠政策，增加了商业长期护理保险市场的活力。在个人方面，若满足 HIPAA 规定的税收优惠条件，个人可以优惠减免后的价格购买商业长期护理保险，个人缴纳的长期护理保险保费可列为医疗费用进行个人所得税税前抵扣，从而减轻个人在长期护理方面承担的经济负担。在企业方面，雇主给其雇员缴纳的长期护理保险保费计入营业费用，进行企业所得税税前抵扣。[②] 若雇主符合 HIPAA 规定的特定条件，雇主本人及其配偶、家属也能享受税收减免。[③] 1996—2008 年，美国有 21 个州实施了税收优惠政策，这些政策下政府支付的税收补贴使商业长期护理保险的税后价格平均降低了约 5%，50— 69 岁的人群购买长期护理保险的人数增加了 27%。[④]

长期护理合作计划（Long -Term Care Partnership Policies, LTCPP）是美国政府与商业保险公司联合推出的合作项目，该项目最初仅在纽约、加利福尼亚、印第安纳和康涅狄格四个州进行试点，2005 年美国国会颁布的《赤字削减法案》将试点范围予以扩大，允许美国其他州实施该计划。参加 LTCPP 计划的个人在长期护理保险合同终止后，若要申请 Medicaid 的资助，可将与保险保单现金价值同等的资产数额排除在个人资产范

① 参见荆涛、杨舒《美国长期护理保险制度的经验及借鉴》，《中国卫生政策研究》2018 年第 8 期。

② 参见刘丽嫔、陈志喜、张嘉丽《美国长期护理保险的发展经验、制度特点及其对我国的启示》，《卫生软科学》2019 年第 6 期。

③ 参见美国长期护理保险协会官网：https://www.aaltci.org/long-term-care-insurance/learning-center/tax-for-business.php，2020 年 3 月 27 日访问。

④ Jeffrey R. Brown & Amy Finkelstein, "Insuring Long-term Care in the United States", *Journal of Economic Perspectives*, Vol. 25, No. 4, 2011, pp. 133-134.

围之外，对参与该计划的人放宽了 Medicaid 的资格审查限制。但有研究表明，政府用于补贴商业长期护理保险的支出可能会超过 Medicaid 转移的数额，实际上该计划并未起到缓解政府财政压力的作用。

中国在长期护理保险方面的法律制度和优惠政策并不健全，长期护理制度处于初步发展阶段。关于长期护理保险制度，我国目前仅能参考《残疾人保障法》《中华人民共和国社会保险法》《老年人权益保障法》等法律的相关规定，2016 年人社部办公厅发布的《关于开展长期护理保险制度试点的指导意见》开始将长期护理保险制度在全国范围内进行试点。我国目前试点的长期护理保险属于由政府主导的社会保险，不具有商业性质，其资金多来源于基本医疗保险和政府补贴。目前我国在长期护理保险方面既无专门立法，也无商业保险的税收优惠政策，更无政府与保险公司的合作计划，长期护理保险在我国的发展面临着许多阻碍。笔者认为，为优化我国的长期护理保险制度，可以借鉴美国长期护理保险的优点，具体从以下三个方面予以改进：其一，建立全国统一的护理等级标准。护理等级与护理时间、护理费用、护理质量息息相关，若国家没有统一的护理等级标准，地区之间、机构之间所参考的护理等级标准千差万别，容易引起整个长期护理制度认定的混乱。在无法对长期护理保险进行专门立法的情况下，国家可以先从制定统一的护理等级标准入手，建立一个符合我国国情、科学合理的等级标准，在这个标准之下，各地区可以根据本地的情况对不同等级所对应的护理服务予以规范。其二，实施税收优惠政策，促进商业长期护理保险的发展。我国政府鼓励商业保险公司推出商业长期护理养老保险产品，但是迄今为止未出台具体的政策，对开办商业保险的公司也没有税收优惠政策，不利于激发商业保险公司参与长期护理保险的积极性。在税收方面，我国可以借鉴美国的规定，通过纳税抵扣的方式鼓励老人购买商业长期护理保险，即规定购买了商业长期护理保险的个人或家庭，在符合特定条件的情形下，其支出的保费可以从个人所得税中抵扣。其三，打破现有的资金筹集方式，拓宽资金筹集渠道。目前我国的长期护理保险主要依靠医疗保险基金筹资，该制度本就是为了缓解老龄化现象，筹资渠道不应局限于医疗保险，可以从养老保险基金中划转一小部分。同时，根据个人的收入水平适当提高个人缴费比例，以维持长期护理保险的持续发展。

第三，从实际效果的视角分析。

（1）根据全美房地产信托投资基金协会网站（NAREIT）公布的数据，截至2019年，所有类型的REITs公司在美国拥有超过3万亿美元的房地产总资产，在证券交易所上市的REITs公司拥有大约2万亿美元的资产，在美国上市的REITs公司的股票市值超过1万亿美元。REITs在美国拥有超过52万的房地产资产，抵押型REITs基金帮助美国180万套住房完成了融资，估计有8700万美国人通过退休储蓄和其他投资基金拥有REITs基金，2018年美国REITs公司为美国经济贡献了约240万个全职工作岗位。美国REITs投资的资产包括办公室、公寓楼、仓库、零售中心、医疗设施、数据中心、蜂窝塔、基础设施和酒店等。[①] 在美国REITs市场中，养老地产REITs公司所占比例较小。截至2020年2月28日，美国共有17只养老地产REITs上市。目前在美国前十大养老社区投资者中，REITs公司占领了5个席位，美国养老地产REITs投资种类以养老社区、办公住宅以及医疗保健为主，占REITs总投资种类的30%。可见美国养老地产REITs融资模式具有非常大的优势。美国养老地产REITs不仅减轻了美国政府的养老负担，而且促进了经济的繁荣。

从美国养老地产REITs的实际效果来看，将REITs引入养老地产行业缓解养老困难，减轻了政府在养老方面的财政负担，同时这种新型模式也为养老地产的投资创造了新的退出机制和收益模式。在我国目前的环境下，养老地产REITs的运行仍然存在许多阻碍，发展空间不足。要推动养老地产REITs的发展，除了要改变前述相关法律制度和政策环境外，政府还可以从拓宽融资渠道入手。目前，养老金、保险金和住房公积金在我国的投资渠道受到限制，使得这部分资金在通货膨胀的情形下遭受了巨大的损失，在暂时无法大面积放宽投资者投资领域的前提下，可以考虑允许投资者将资金投入养老地产REITs中。如前文所述，养老地产REITs收益稳定、投资风险低、流动性强，在保值方面比国债和银行贷款更具有优势。通过对中美两国REITs的比较，结合本国实际情况，笔者认为，中国的养老地产REITs未来应采取公募化的发行方式、权益化的产品形式和自主化的经营模式，扩大基础资产范围，完善配套的法律制度和税收制度，为解决我国的老龄化问题提供一种新的方向。

（2）由于美国长期护理保险产品的收费标准较高，中低收入人群无

① 参见NAREIT网站：https：//www.reit.com，2020年3月26日访问。

力承担护理费用，同时 LTCPP 计划容易给中等收入人群造成误解，误认为政府对他们有兜底的责任，没有购买长期护理保险产品的必要，因此美国长期护理保险的目标群体以高收入人群为主，覆盖面有限。截至 2008 年，65 岁及以上的美国人中持有商业长期护理保险的人仅占总人数的 12.4%，55—65 岁的人中仅有 8.8%持有商业长期护理保险。[①] 截至 2014 年，40 岁以上的美国人中仅有 6%持有长期护理保险的保单。截至 2020 年 1 月 1 日，仅有 750 万美国人持有某种形式的长期护理保险，包括传统的长期护理保险和组合产品。[②] 美国长期护理保险制度在实际效果方面呈现出许多问题：其一，商业长期护理保险的购买力较低。近年来，由于商业长期护理保险的保费高，无法吸引中低收入人群购买此种产品，同时 Medicaid 对商业保险造成一定的挤出效应，美国商业长期护理保险市场上保费收入的增长几乎处于停滞状态。[③] 其二，商业长期护理保险的经营风险高，保险公司的偿付能力降低。长期护理保险的保险期限长达 10—30 年，保险公司需要对保险产品的定价、投资风险进行全面的评估，否则容易出现运营成本高于预期而收益低于预期的情形，从而陷入资不抵债的困境中。其三，LTCPP 计划未建立独立的社会化筹资机制，公共医疗的财政压力大。LTCPP 计划的目的本是缓解政府的财政压力，但就目前的实际效果而言，长期护理费用的支付来源主要还是 Medicare 与 Medicaid 两种公共医疗计划，LTCPP 计划并未达成前述目标，反而因为对商业长期护理保险的补贴数额过多，增加了政府的财政负担。

从实际效果来看，商业长期护理保险在我国只能处于补充地位，不能作为长期护理保险的主要模式。美国在拥有健全的法律制度、具体的税收优惠政策和成熟的商业保险市场的优势下，商业护理保险仍未起到最大限度减轻政府养老财政负担的作用，在我国现有的环境下就更不适宜大范围实施商业长期护理保险制度。从美国的经验来看，商业长期护理保险很难

---

① Richard W. Johnson & Janice S. Park, "Who Purchases Long-Term Care Insurance?" The Urban Institute (Apr. 6, 2011), https://www.urban.org/research/publication/who-purchases-long-term-care-insurance.

② 参见美国长期护理保险协会官网：https://www.aaltci.org/long-term-care-insurance/learning-center/ltcfacts-2020.php#2020total，2020 年 3 月 29 日访问。

③ 参见赵曼、韩丽《长期护理保险制度的选择：一个研究综述》，《中国人口科学》2015 年第 1 期。

成为主流，这种保险仅能解决高收入人群的老年护理难题，对中低收入人群没有效果，而中国老人绝大多数属于中低收入人群，且这部分人群的老年护理问题才是国家最为关注的难题，商业长期护理保险在解决我国的养老护理问题方面作用不大。

我国的长期护理保险应以社会保险模式为主，商业保险模式作为补充。我国老人的收入水平整体不高，中低收入人群占比较大，社会保险模式的长期护理保险无须个人单独付费，有利于保障中低收入人群接受基本的养老护理服务，符合兼顾公平与效率的原则。商业保险模式主要针对高收入或失能风险高的人群，在保障基本的护理服务的前提下，鼓励他们购买商业长期护理保险，在自身条件允许的情况下，享受更高质量、更多样的养老护理服务。将社会保险模式与商业保险模式相结合，建立一个多层次的长期护理保险体系，实现长期护理保险制度的优化与完善。

（四）关于澳洲模式

澳大利亚的医养服务体系以“三支柱”养老保险体系为主，以未来基金、过渡护理和家庭护理套餐为补充。“三支柱”中第二支柱超级年金计划是一种强制雇主缴费的职业年金计划，是澳大利亚养老金体系的主体。过渡护理是针对不断增加的慢性病发病率而设计的一种护理服务，其护理服务类型多样，范围广泛，在缓解医疗资源匮乏方面发挥了重要的作用。超级年金和过渡护理是澳大利亚养老体系中最具代表性的两种制度，以下从形成原因、配套措施和实际效果三个方面分析这两种制度在我国适用的可行性和改善措施。

第一，从产生原因的视角分析。

（1）超级年金。澳大利亚的职业年金计划最早仅覆盖公共部门（政府部门和银行）的职员，为了扩大职业年金的覆盖范围，政府确立了超级年金计划。在实施了一系列改革措施后，澳大利亚的超级年金计划实行雇主强制缴费的模式，成为“三支柱”体系中最重要的部分。澳大利亚的超级年金计划发展到现在的规模主要得益于以下三个方面的原因：其一，澳大利亚的人口平均寿命不断增长。目前澳大利亚的人口平均寿命已超过 80 岁，并且女性老人中有 1/5 的人口平均寿命高达 98 岁。人口平均寿命的提高增加了人们的危机感，长寿风险让人们开始重视个人退休储蓄，许多老人意识到光靠第一支柱国民年金无法满足长期的养老需求。再加上澳大利亚政府的政策强调第一支柱仅具有兜底作用，第二支柱对养老才具有主导作用，人们对超级年金的依赖程度逐渐上升。1992 年，超级年金就已经覆盖了澳大利亚 92%的从业人员。[①] 其二，澳大利亚老人的收入水平高，追求高质量的退休生活。2010—2017 年，澳大利亚以国民年金为唯一收入来源的老人在整个老年群体中的占比逐渐下降。2010 年完全依靠国民年金的退休老人占比为 45%，部分依靠国民年金的退休老人占比为 31%，完全不依靠国民年金的退休老人占比为 24%；2017 年，完全依靠国民年金的退休老人占比下降到 42%，部分依靠国民年金的退休老人占比下降到 28%，完全不依靠国民年金的退休老人占比上升到 30%；预计到 2025 年，完全依靠国民年金的退休老人占比将下降到 30%，部分依靠国民年金的退休老人占比将上升到 30%，完全不依靠国民年金的退休老人占比将上升到 40%。[②] 在老人收入水平提高的情况下，超级年金计划对雇主的缴费比例也逐步提高。提高缴费比例增加了超级年金的资产额度，扩大了资产规模，提高了金融市场的活跃度。其三，澳大利亚的金融市场成熟，超级年金的强制缴费规定给企业带来的经济压力较小。澳大利亚政府为了增加超级年金的覆盖率，将超级年金从最初的雇主自愿缴费模式改革为现在的雇主强制缴费模式，并且多次上调了雇主的缴费率。澳大利亚政府甚至颁布法律规定，到 2022 年，将雇主强制缴纳费用的比例从 9.25%逐步提高到 12%。[③] 这一系列改革措施并未对金融市场产生较大的负面影响，反而由于高额超级年金储蓄进入了金融市场，刺激了市场的繁荣。

目前，中国已经建立了“三支柱”体系，但是第二支柱企业年金的覆盖率低，据统计，2017 年我国企业年金的覆盖率仅 3%，[④] 远低于澳大利亚等发达国家的覆盖率。我国企业年金的低覆盖率的原因之一是我国实行自愿参加模式，不具有强制性或准强制性，但是完全套用澳大利亚的强制缴费模式在我国现有环境下是不可行的。就形成原因来看，澳大利亚的

---

① Isabel Gordon, “Superannuation in Society: What Are the Accountability Relationships and Is There a Role for (Group) Accounting?” *Australian Accounting Review*, Vol. 22, No. 2, 2012, p. 144.

② https: //www. fsadvice. com. au/, 2020 年 3 月 28 日访问。

③ Don U. A. Galagedera, “Modelling Superannuation Fund Management Function as a Two-Stage Process for Overall and Stage-Level Performance Appraisal”, *Applied Economics*, Vol. 50, No. 22, 2018, p. 2442.

④ 参见郑功成《多层次社会保障体系建设：现状评估与政策思路》，《社会保障评论》2019 年第 1 期。

超级年金模式不适宜在我国实行，原因如下：其一，我国的长寿风险相对较低，人们对个人退休储蓄并不重视。根据国家统计局发布的《新中国成立 70 周年经济社会发展成就系列报告》，2018 年中国人均预期寿命为 77 岁。[①] 我国的人口平均寿命低于澳大利亚的水平，虽然我国的人均预期寿命从 2010 年的 74.83 岁提高到 2018 年的 77 岁，但是人们对退休储蓄的重视程度依然不高，许多老人并未意识到长寿带来的养老危机。在我国实行自愿缴费模式的情形下，企业年金的个人参与率都极低，澳大利亚的强制缴费模式就更不可行。其二，我国老人的平均收入水平相对较低，对退休生活的质量要求不高。我国老人的退休收入多为公共养老金，部分老人即使购买了商业养老保险，每个月的保险金额也普遍偏低，大多数老人靠自己的收入通常只能维持基本生活。若仿照澳大利亚的超级年金，政府需逐步提高企业与员工的缴费率，我国的人均收入水平难以承受不断上调的缴费率，这将会成为企业与员工选择企业年金的一大阻碍。其三，我国的市场环境不具备建立强制缴费型企业年金的实力。在我国国内经济的下行压力下，许多企业的经营状况不佳，尤其是中小微型企业，其管理制度、经营体系仍然存在许多不足，导致其盈利较少，发展进程缓慢。若我国实行澳大利亚的超级年金模式，会进一步增加企业的经济负担，不利于中小微型企业的发展。我国企业的整体实力目前无法与强制型企业年金相匹配，实行软强制型与自愿型结合的企业年金模式可能更为合理。

（2）过渡护理。澳大利亚政府于 2004 年提出“投资于澳大利亚老年护理：更多的地方，更好的护理”政策，过渡护理是该政策的重要组成部分。过渡护理的形成原因主要包括三个方面：其一，医疗资源和养老资源的匮乏。随着人口老龄化现象的日趋严峻，澳大利亚的医疗资源和养老资源早已无法满足老年人的需求，为了实现医疗资源和养老资源的高效配置，缓解社会的养老压力，政府推出了衔接老人愈后护理与养老护理的过渡护理计划。过渡护理专门为老年患者提供出院后一段时间内的急性期后护理，其以治疗为核心，通过衔接老人的身体治疗和养老护理来降低医院的再入住率。同时，过渡护理通过对某些老人进行康复护理使其恢复身体机能，甚至达到能够独立生活的程度，以减轻养老机构或养老社区的压

---

① 参见国家统计局官网：http：//www.stats.gov.cn/tjsj/zxfb/201908/t20190822_ 1692898.html，2020 年 3 月 28 日访问。

力。其二，急症护理体系与养老护理体系的衔接存在问题。澳大利亚的州和地方政府管理急性病医院系统，联邦政府管理老年护理系统。随着老年人在急症医院和老年护理服务之间的流动性逐渐增加，两个系统的衔接出现了问题。在急性住院期间接近尾声时，许多老年人选择在医院等待入住养老院的位置，在适当的亚急性服务完成之前提前出院居住到养老院，或者在没有适当服务的情况下返回社区生活。① 老人在出院后，仍然需要一段时间的愈后护理，若直接到养老院或社区居住，缺乏专业的护理服务，不利于身体机能的康复，容易造成再入院的情况。过渡护理重点关注急性护理和养老护理之间的过渡问题，能够保障急性护理与养老护理的良好衔接。

我国目前没有衔接急性护理和养老护理的过渡护理制度。就形成原因而言，过渡护理在我国的发展环境不佳。其一，我国的医疗资源和养老资源还能够负担老人的护理，对过渡护理的需求不大。虽然我国医疗资源紧张，但是还未到需要过渡护理的程度，老人出院后的护理可以由专门的康复中心或养老机构中的护理中心完成。其二，老人的经济水平无法负担高额的过渡护理费用。虽然澳大利亚的过渡护理的大部分费用由政府负担，但是老人个人仍需支付日常护理费。有研究表明，2009—2011 年，过渡护理平均每天的费用约为 225 澳元，使用者可被要求为基于社区的过渡护理支付最高 442.75 澳元（按每日 17.5%的单一养老金计算）或为基于住宅的过渡护理支付最高 2125.75 澳元（按每日 84%的单一养老金计算）。② 可见，过渡护理只有收入水平较高的老人有能力负担，而这部分老人目前可以在康复中心或私人养老机构接受护理服务，不需要过渡护理服务。

第二，从配套措施的视角分析。

（1）澳大利亚的超级年金有健全的法律体系、大力的税收优惠和规范的监管体制为其发展提供有力的保障。澳大利亚为了更好地管理、运行超级年金计划，制定了完善的法律制度。现行有效的相关法律规范包括 1993 年出台的《超级年金行业监管法》（*Superannuation Industry Su-*

① Len C. Gray, et al., "Transition Care: Will It Deliver?" *The Medical Journal of Australia*, Vol. 188, No. 4, 2008, pp. 251-253.

② Leonard C. Gray, et al., "How Effective are Programs at Managing Transition from Hospital to Home? A Case Study of the Australian Transition Care Program", *BMC Geriatrics*, Vol. 12, No. 1, 2012, p. 3.

pervision Act)，1994 年出台的《超级年金行业监管条例》(*Superannuation Industry Supervision Regulations*)，1997 年颁布的《退休储蓄账户法》(*Retirement Savings Accounts Act*) 和《退休储蓄账户条例》(*Retirement Savings Accounts Regulations*)，以及 1998 年颁布的《超级年金监管征税法》(*Superannuation Supervisory Levy Imposition Act*)。这些法律规范在超级年金行业的监管、超级年金账户的管理、超级年金的税收优惠等方面做出了详细的规定，建立了一个完善的法律体系，为超级年金计划的运行提供了有力的法律保障。

为了激励雇主参与超级年金的积极性，减轻雇主的经济负担，政府针对雇主缴费制定了税收优惠措施。不同于美国 401（K）的 EET 模式，澳大利亚超级年金的税收采 TTE 模式，即在雇员提取超级年金时免于缴税，但在缴费和获取投资收益时需缴税。超级年金的税收优惠政策仅针对雇主，雇主在缴费时该部分费用可以在税前扣除，即税前缴费；而雇员和政府缴费时则不享受任何优惠政策，即税后缴费。雇主享受的税收优惠额度有限，从 2016 年 7 月 1 日开始，政府将雇主缴费享有的税收优惠年度限额进行了调整，49 岁以下雇员的 30000 澳元和 49 岁以上雇员的 35000 澳元统一下调至 25000 澳元。若雇主缴费数额不足 25000 澳元的，按照 15% 的优惠税率征税；若雇主缴费数额超过 25000 澳元的，则按照边际税率政税。①

超级年金的监管体系也较为健全。超级年金的监管主体由澳大利亚审慎监管局（Australian Prudential Regulation Authority，APRA）、澳大利亚税务局（Australian Taxation Office，ATO）、澳大利亚证券投资委员会（Australian Securities and Investments Commission，ASIC）以及超级年金投诉仲裁法庭（Superannuation Complaints Tribunal，SCT）四个机构组成。四个机构分工明确：APRA 以许可证的形式履行对超级年金准入机制的监管职责；ATO 负责监管超级年金的税收制度，其管理对象主要是自我管理型的超级年金；ASIC 负责监管超级年金实体的行为；SCT 则负责解决超级年金运行过程中的纠纷。四个监管机构通过引入概率和影响评级系统、现场访问与检查、执行年度报告、进行严格的合规审计、严格执行检举和投诉机制、实行审慎管理、进行信息披露等方式对超级年金运行的各个环节

① https：//www. ato. gov. au/Super/，2020 年 3 月 29 日访问。

进行监管，科学、严格、公开、透明的监管机制保障了超级年金计划的有序运行。

我国目前在企业年金方面的配套措施仍不完善。其一，我国在企业年金方面的法律规范效力层级低，内容不具体。我国有关企业年金的法律体系主要由《机关事业单位职业年金办法》《企业年金基金管理办法》和《企业年金办法》组成。这些办法均由人力资源和社会保障部与财政部联合出台，效力层级较低，缺乏法律的权威性。同时，除《机关事业单位职业年金办法》规定了在机关和事业单位实行强制性职业年金外，其他两个办法仅规定鼓励和引导企业参与企业年金制度，对企业的指导性较强，强制性较弱。① 其二，我国在企业年金方面的税收优惠力度较小。我国借鉴了美国401（K）计划，采取了EET模式，而未采取超级年金的TEE模式。根据我国的规定，企业与员工合计缴费占员工工资总额的比例不得超过12%，其中企业税收优惠在员工工资总额的占比为5%，员工税收优惠为4%。我国的企业年金计划缴费率低、税收优惠力度较弱，无法刺激企业和员工积极地参与到企业年金计划中。其三，我国对企业年金的监管体制不健全。我国虽然规定了对企业年金的监管机构和职责，但是对监管制度的执行情况不佳。法律规范对企业、员工或基金违法的惩罚措施力度较小，起不到警示作用，信息披露方面存在披露不及时、不完整、披露信息查询不便等问题。

我国可以借鉴澳大利亚超级年金的相关配套措施，在法律制度、税收优惠和监管体制方面进行改善。其一，细化法律规范，推进企业年金专门立法。要建立一个完善的企业年金法律体系，首先要将现行的法律规范予以具体化，如明确企业年金基金的运行方式、企业年金参与人员的法律责任等，在此基础上，不断推动国家对企业年金立法专门化的实施进程。其二，加大税收优惠力度，丰富税收优惠模式。我国可以通过在高层级效力的法律规范中加大税收优惠力度来吸引更多的企业和员工参与企业年金制度。同时为了增强员工选择权的多样性，可以引进超级年金的TEE模式，与现存的EET模式并行。员工可以根据自己的经济状况和对未来税收优惠政策的判断选择适合自己的纳税模式，从而提高企业年金的参与度。其

① 参见李倩倩、李庆霞、赵正堂《扩大企业年金参与率：路在何方》，《贵州社会科学》2019年第7期。

三，明确监管职责，简化监管系统，确定统一的监管标准。我国的监管机构存在权责不明的问题，为避免监管机构互相推诿，应明确各个机构的监管范围，简化职能上交叉的监管系统，避免多头监管。同时还应对企业年金基金、企业和员工制定全国统一的监管标准，避免因监管标准的不同而产生纠纷，实现监管体系的规范化。

（2）过渡护理的法律体系主要由《老年护理法案》（*Aged Care Act*）（1997）、《老年护理原则》（*the Aged Care Principles*）[①] 和《补贴原则》（*the Subsidy Principles*）（2014）组成，其具体运营按照2019年《过渡护理计划指南》（*Transition Care Program Guidelines*）的规定进行。这些法律文件对服务接受者和服务提供者的资格审核、二者的权利和义务、过渡护理协议的签订、护理费用的支付以及投诉机制等方面做了详细的规定。为了参与过渡护理计划，每个潜在的护理接受者都必须经过老年护理评估小组（Aged Care Assessment Team，ACAT）的评估和批准，并在可能的情况下咨询老年病医生或康复医学医生。ACAT负责对老年人进行身体、医疗、心理、文化、社会、环境和健康等方面的全方位综合评估。

此外，澳大利亚政府还制订了其他计划来保障过渡护理的良好运行。一是翻译服务（Translating and Interpreting Service，TIS National），TIS National提供即时电话口译、预约电话口译和现场口译服务，涉及澳大利亚政府资助的多项老年护理项目，包括过渡护理计划。TIS National的即时电话口译服务全年为澳大利亚任何需要翻译的个人或组织提供。二是"我的老年护理"项目（My Aged Care），该项目是获得澳大利亚政府资助的老年护理服务的切入点，它提供有关老年护理的服务类型、服务资格、护理费用等信息，还提供向服务提供商推荐客户的服务。

我国并没有在过渡护理方面的法律制度和政策规定，过渡护理的相关配套制度的建立在我国仍然存在较大困难。就目前我国的政策环境来看，近几年过渡护理制度在我国实行的可能性较低。

第三，从实际效果的视角分析。

（1）澳大利亚的超级年金计划作为"三支柱"保险体系中的主导力

① Leonard C. Gray, et al., "How Effective are Programs at Managing Transition from Hospital to Home? A Case Study of the Australian Transition Care Program", *BMC Geriatrics*, Vol. 12, No. 1, 2012, p. 2.

量，凭借良好的社会环境和市场环境、完善的法律制度和税收优惠措施、规范的监管体系，形成了如今的基金规模，积累了充足的养老金储备。在超级年金的参与度方面，截至 2019 年 6 月，50 岁及以上的雇员持有 67%的雇员收益（13345 亿美元）和 33%的雇员账户（880 万美元），50 岁以下的雇员持有 33%的雇员收益（6745 亿美元）和 67%的雇员账户（1740 万美元）。在超级年金的资产方面，截至 2019 年 6 月 30 日，澳大利亚超级年金行业总资产为 2. 9 万亿美元，从 2009 年 6 月到 2019 年 6 月的十年间，超级年金行业总资产从 1. 1 万亿美元增加到 2. 9 万亿美元，增长了 171. 6%。在超级年金的基金收益方面，从 2009 年 6 月到 2019 年 6 月的十年间，超级年金的收益从 863. 6 亿美元增加到 2018. 3 亿美元，增幅达 106. 7%。[①] 可见，超级年金的参与人员年龄层有所下降，行业资产与基金收益规模较大，通过提高养老金基金公司的竞争力净化了市场，提高了金融市场的活跃程度，在养老金基金市场上创造了许多收益，为缓解政府的养老压力、促进经济的繁荣起到了一定的作用。

应当指出的是，超级年金在实践中也存在许多问题。其一，赋予雇员选择投资的权利增加了投资成本。超级年金允许雇员个人自由选择投资产品，增加了超级年金的投资风险。每个雇员对市场的了解程度、理财的偏好均不相同，高度的自由容易引发非理性投资行为。由于低年龄层的人群在养老产品理财方面的经验较少，更容易选择高风险、高收益的投资产品，投资亏损的风险增加，从而增加了投资的管理成本。[②] 其二，投资收益风险处于不确定的状态。澳大利亚政府未对超级年金的投资设置最低收益保障，也未对基金机构的监管设置最低回报率。超级年金基金的监管主体对政府负责，但是却不能从政府那里获得最低的收益保障。短期内超级年金可以给澳大利亚的金融市场带来生机，但长期来看，若金融市场的系统风险爆发或出现经济衰退期，超级年金基金的投资将会面临巨大亏损。其三，超级年金不断上调的税率会挤压第三支柱的发展空间。政府不断提高超级年金中个人的税率，会给个人造成养老储蓄已经充足的错觉，从而

① Australian Prudential Regulation Authority, *Annual Superannuation Bulletin*, 31 January 2020, Australian Prudential Regulation Authority, pp. 6–8, https: //www. apra. gov. au/annual-superannuation-bulletin, Pdf accessed on March 28, 2020.

② Paul Ali, et al., "No Thought for Tomorrow: Young Australian Adults' Knowledge, Behavior and Attitudes about Superannuation", *Law and Financial Markets Review*, Vol. 9, No. 2, 2015, p. 90.

减少私人储蓄的支出。目前澳大利亚自愿型超级年金的参与率不足20%，根据《就业、退休和养老金调查》（SEARS）报告，在调查个人未参与私人养老储蓄的原因时，37%的人认为自己没有经济能力负担私人养老储蓄。其中认为强制雇主缴费的超级年金足以满足养老需求的占比7%，可见超级年金的确挤占了私人养老储蓄的生存空间。

从超级年金在澳大利亚的实际效果来看，我国不宜简单套用此种模式，而应该根据本国国情调整企业年金制度。其一，我国应适当提高企业年金的强制性，可采用软强制型与自愿型结合的模式。在原有的自愿型企业年金的基础上，我国可以对部分企业实行“软强制”模式，即在法律规定范围内的某些企业的员工在入职时自动加入企业年金计划，员工在一定期限内可以选择退出该计划，若员工未退出，则强制企业对企业年金进行缴费。其二，设置独立的第三方评估机构对养老金产品进行专业评估，员工可以根据评估结果选择投资的产品。由于个人对养老金产品的了解程度不高，独立的评估机构有助于个人选择最适合自己的产品，避免陷入投资亏损的困境中。第三方评估机构必须跟踪监测企业年金产品的整个运行过程，通过分析每个产品长期的数据做出客观、公正的评估。其三，政府应对企业年金的最低投资收益做出保障。为了让员工获得稳健的投资收益，政府应对企业年金基金的运营和员工的投资行为设置最低收益保障，以规范投资行为，避免因金融市场的系统风险导致企业年金储蓄额大幅度缩水，从而影响老人的退休生活。其四，严格控制税率的调整。我国企业年金制度的缴费率和税率不高，目前还不存在挤占私人养老储蓄的情形，但是在企业年金不断发展的过程中，应吸取澳大利亚超级年金的教训，严格控制税率的上调幅度，平衡企业年金和私人养老储蓄之间的关系，促进两者的协调发展。

（2）过渡护理在澳大利亚得到了良好的发展。为鼓励过渡护理的发展，澳大利亚政府给予了许多财政支持，在2004—2005年的联邦预算中，澳大利亚政府承诺为过渡护理提供2000个灵活的老年护理场所，分配给每个州和地区的比例大致与其70岁及以上人口的比例一致。在2008—2009年度预算中，政府承诺在四年内再拨款300万澳元，使老年人住院后的过渡护理名额总数从2000个增加到4000个。在澳大利亚70岁及以上人口中，过渡护理为每1000名老年人提供1.0个名额。过渡护理是对其他养老服务的补充，70岁以上的老人中仅25%使用老年护理服务，大多数老人使用自己家中提供的护理服务。①

过渡护理在老人的身心康复方面发挥了重要作用，在一定程度上降低了老人对机构护理的需求。过渡护理凭借其优质的服务获得了老人较高的满意度，93%的护理人员对他们的亲戚或朋友得到的服务感到满意或非常满意。一项研究表明，接受过渡护理的老年人可以从该项目中受益，过渡护理不仅有利于改善老人的身体功能、避免机构护理，还可以促进认知障碍患者身心的康复。②在两种不同的过渡护理模式中，与社区过渡护理服务的接受者相比，在康复机构接受过渡护理服务的老年人获得的收益较少，因后者在入院时身体状态较差，在过渡护理治疗结束后更有可能转移到养老机构接受护理服务。③

但是，过渡护理在实践中也存在一些问题。其一，过渡护理可能挤占州政府的康复服务的发展空间。过渡护理提供高水平的护理服务，以替代在病床上等待居家养老，提供社区康复服务，以替代国家卫生部门提供的康复服务。过渡护理的普及意味着州政府可能不会为老年人建立康复服务，甚至可能停止提供这些服务。④ 其二，高额的护理费用限制了过渡护理的覆盖范围。虽然政府仅规定了过渡护理费用的最高支付额度，具体数额由服务提供商和服务接受者协商，但是在实践中过渡护理提供商的费用标准大多处于较高水平，即使经济困难者可以申请免除护理费用，但是免除费用的标准不具体，且由服务提供商决定，故免除费用的情况在实践中比较少见。过渡护理普遍较高的费用将此制度限定在收入水平较高的人群中，对中低收入人群的帮助作用不大。因此，过渡护理覆盖面有限，无法在整个国家大面积推广。

从实际效果来看，过渡护理目前不宜在我国实行。由于过渡护理本身

① Emily J. Henderson & Gideon A. Caplan, "Home Sweet Home? Community Care for Older People in Australia", *Journal of the American Medical Directors Association*, Vol. 9, No. 2, 2008, p. 91.

② Nancye May Peel, Kah Wai Chan & Ruth Eleanor Hubbard, "Outcomes of Cognitively Impaired Older People in Transition Care", *Australasian Journal on Ageing*, Vol. 34, No. 1, 2015, p. 56.

③ Stacey Masters, "Development and Testing of a Questionnaire to Measure Older People's Experience of the Transition Care Program in Australia", *Australasian Journal on Ageing*, Vol. 29, No. 4, 2010, pp. 172-178.

④ Ian D. Cameron & Owen Davies, "Transition Care: What is it and what are its Outcomes?" *The Medical Journal of Australia*, Vol. 187, No. 3, 2007, pp. 197-198.

的制度特点，即使该制度受到澳大利亚政府大力的财政支持，仍然只能在小众群体中予以适用，这种仅针对小众人群的制度在解决我国的养老困难方面发挥的作用微乎其微。

第二节 难点与重点

一 贸易摩擦对国内经济形势的影响

第二次世界大战结束后，美国主导形成了以国际贸易为特征的全球化，资源在全球范围内流动配置，并形成了全球范围内的产业链分工，经济全球化使全球成为命运共同体。自 2018 年以来，中美贸易摩擦已成为国际经贸形势的热点问题，[①] 对国内经济形势而言，其面临的风险挑战包括以下几个方面。

第一，对我国经济形势的宏观影响。中美贸易摩擦给中国带来的经济影响要远远大于政治影响及其他影响。在短时间内，挑战将大于机遇，给经济增长以及结构性改革带来较大外部冲击。具体体现为：其一，削弱了我国的进出口贸易，由于中国有着巨额贸易顺差，对美出口依赖较大，故短时间内，中国所受影响将高于美国。[②] 其二，影响金融市场的稳定，一方面将抬升金融市场利率；另一方面会压低人民币的汇率。其三，对我国产业结构转型存在一定影响，我国要在高新技术产业上逐渐摆脱对美国的依赖，逐步实现科技强国的伟大战略。尽管短期内我国国内经济形势遭受到一定的冲击，但从长远来看，已有不少专业机构指出，即使在中国出口美国商品全部被增收关税的情况下，考虑到间接影响，对中国经济增速的影响最坏也能控制在 1%以内。[③]

第二，对就业的影响。长期以来，美国是中国的第二大贸易伙伴（仅次于欧盟）。中美双边贸易不仅对双方经济发展起到巨大推动作用，

---

① 参见中国党政干部论坛《中美贸易摩擦的新形势、新风险及新战略》，《中国党政干部论坛》2018 年第 5 期。

② 参见胡振虎、于晓《中美贸易战对中美经济和全球政经格局的影响及对策》，《外国财经动态》2018 年第 8 期。

③ 参见张伟《中美贸易战的演变历程、经济影响及政策博弈》，《深圳大学学报》（人文社会科学版）2018 年第 5 期。

也创造了大量就业岗位。根据商务部、海关总署、国家统计局和外汇管理局共同发布的《全球价值链于我国贸易增加值核算报告》显示，2012 年每 100 万美元的对美商品出口可为中国创造近 60 个工作岗位，5000 亿出口对应的是中国 3000 万工作岗位。目前中国经济发展正处于转型升级的关键时期，就业结构的调整在加速进行，在中美贸易摩擦的背景下，就业将遭受一定程度的打击。一方面，我国经济增速放缓，经济下行对稳定就业及扩大就业的目标形成了巨大的挑战；另一方面，与贸易摩擦直接相关的制造业的就业形势不容乐观，就业结构的加速调整导致摩擦性失业增多。① 坚定不移深化改革开放，构建全面开放的新格局是我国面临中美贸易摩擦的必然选择，我国要深化经济体制改革和垄断行业改革，继续扩大制造业和服务业的将开放，尤其在涉及养老、医疗、教育及金融等领域，为国内外企业提供同等待遇，并以科学高效的制度来吸引国内外资本的投资，以此稳定就业环境。②

第三，对服务类企业的影响。中美贸易的冲突给我国各类企业的营商环境造成了一定影响。根据《2019 世界贸易报告》，服务贸易已成为全球贸易增长最快的部分，不仅可以促进各国的经济快速增长，还能提高国内经济的竞争力和包容性。目前我国服务业相较于发达国家而言，发展规模仍相对较小，但另外，也意味着服务业在我国存在着巨大的发展空间。③ 就贸易摩擦的影响而言，相比于制造业等可替代性较弱，极为依赖原材料的企业，服务业受到的冲击相对较小。但由于服务业与实物商品紧密联系并附着于全球价值链，会在一定程度上受到加诸在实物商品上的额外关税的影响。我国经济已由之前的高速增长阶段转向现阶段的高质量发展，大力发展服务贸易是我国拓展发展空间、释放增长新动能的重要着力点。随着服务贸易在国际贸易中重要程度的提升，金融行业也加强了支持力度，在相应政策支持下打造出适合服务贸易发展的创新型金融产品，为服务贸

① 参见李长安、刘娜《“常态性”贸易战对我国经济与就业的影响研究》，《中国劳动关系学院学报》2019 年第 2 期。

② 参见原磊、邹宗森《企业异质性、出口决策与就业效应——兼论中美贸易摩擦的应对》，《经济学动态》2018 年第 9 期。

③ 参见薛熠、金枫、李经纬《中美贸易关系的演进、影响与我国企业的应对》，《宏观质量研究》2020 年第 1 期。

易的创新发展提供有力支持。[①]服务行业自身也要通过打造出企业特色，树立良好口碑，增加企业服务的附加值等应对措施，使相应的企业品牌深入人心，以提高市场竞争力。

从以上分析可以看出，若中美贸易摩擦持续升级，短期内对中国经济的威胁还是相当大的，一方面经济增速将放缓；另一方面影响就业进而影响民生。尤其应当指出的是，2020 年新冠肺炎疫情暴发对中美贸易摩擦的走势将产生何种影响，这种影响又将以何种形式改变全球政治经济形势，还需要进一步观察。对于养老服务业而言，各类型养老企业毫无疑问会受到上述因素不同程度的影响，但同时这也是一次较大的机遇。在国家有关政策的强力支持以及相关产业结构转型的利好背景下，养老服务业要充分利用各项资源，打造出自身过硬的产品，赢取受众口碑来实现自身的营利性。

二 经济发展水平不平衡

地方经济发展水平不均衡是制约养老机构充分布局全国的重要因素之一。根据我们的调研了解到，相同运营模式的养老机构在各地区的入住率、盈利状况存在很大差异。在北、上、广、深等经济发达的城市，老年群体有更多的可支配收入，对医养结合等新兴养老概念的接受程度也更高，因此出现床位供不应求的情形。但在一些经济欠发达地区，经济因素是阻碍目标客户群体选择相关医养机构的主要原因。此外，与之相关的地方政府支持力度对养老服务业经营活动的开展也有一定影响。基于以上原因，导致了医疗、养老资源在各区域的不平衡发展，各养老企业在热门区域展开了激烈的竞争，而另一些地区却鲜有人问津。经济水平对相关业务开展的具体影响包括以下几个方面。

第一，经济发展影响地方政府对养老行业的宣传扶持力度。前文已提及，养老行业投资周期长，前期投资额巨大，因此对资金要求极为苛刻。而土地、税收等政策与养老行业的成本息息相关，因此政府的有关政策影响着有关企业的投资决策行为。[②] 在国务院发布多个利好养老企业发展的原则性政策的背景下，具体的实施细则目前仍停留在地方政府自行制定落实的层面，根据养

① 参见宋国军、董玉婷《金融支持服务贸易创新发展的新举措、新问题与新思考》，《国际贸易》2020 年第 3 期。

② 参见刘桦、陈瑞华、张楠《中外养老地产企业融资状况比较分析》，《财会通讯》2019 年第 5 期。

老企业与政府的协商，来提供不同程度的支持。一般而言，经济发达以及区域内养老资源优越的地方政府愿意提供更多的资金补贴和地方税收土地优惠。例如，成都市政府给泰康之家提供床位补贴，云南省政府给云南城投提供运营经费补助等。强有力的政策支持能在养老服务企业的投资前期，以及后续运营过程中提供极大帮助，因此也是影响相关企业投资的首要因素之一。同时，对医养结合模式的宣传力度也是影响入住率的重要因素。根据我们的调查报告数据显示，目前“医养结合”养老模式在老年人群体中的整体普及程度仍较低。在一些连维持基本医疗保障都存在一定难度的地区，政府也缺乏动力去宣传需要花费更多资源的优质养老模式。

第二，区域内医疗、养老资源的不平衡配置。医疗资源是医养结合养老服务中的重要环节，而众所周知的是，我国医疗资源的分布极为不平衡，优质医疗资源主要集中在中心大城市的大型公立医院。[①] 医疗资源是影响养老机构布局选址的重要因素，医疗与养老是关联紧密的两项制度。为了使入住老人享受良好的医疗服务，养老企业大多倾向于选择医疗资源丰富的地区进行投资。在医疗资源短缺的地区投资建设养老机构，意味着企业在医疗服务方面将投入更多的成本用于修建医院、聘请医生等。而且，医保政策、长期护理政策等都是支撑老年人所需医疗服务的重要制度。但是，常见于老年人的慢性疾病等尚无法被纳入医保结算范围，老年人自付比例较高，因此需要较强的经济实力来支付医养费用。长期护理保险也尚处于试点阶段，受惠的老年人范围、数量有限。这些都是阻碍在全国范围内开展商业医养结合服务的重要因素。

第三，对养老机构盈利的影响。入住率是影响养老机构盈利水平的决定性因素，由于目前商业医养机构定位的客户主要是中高端群体，支付水平将直接影响老年人对养老服务及养老机构的选择。区域经济水平差异提醒各养老企业不能进行盲目扩张，若企业无法弄清楚在每个地区开展养老服务的具体定位，如盲目定位高端市场，而无视区域内经济发展水平、消费水平、人口结构等，将进一步影响养老机构的入住率。[②] “橘生淮南则

---

① 参见安艳芳《我国优质医疗资源分布特点及改善策略》，《中国卫生质量管理》2011 年第 5 期。

② 参见孟颖颖《我国“医养结合”养老模式发展的难点及解决策略》，《经济纵横》2016 年第 7 期。

为橘，生于淮北则为枳”，养老机构在打造自己商业品牌的同时，要意识到地区差异，进行合理布局，在选址、床位数量、服务标准及收费等方面做出相应的调整，以契合当地实际发展状况。

三 高储蓄率与消费习惯

经济循环主要包括以下环节：投资—要素分配—形成部门收入—消费—储蓄。储蓄作为经济循环中最终剩余的表现形式，意味着一个经济增长率较高的国家储蓄率应相对较低。但是，尽管我国经济发展位于世界前列，但中国的居民储蓄率仍处于高位水平，而老年人的消费更低，且更偏向于储蓄。[①] 老龄化与储蓄率的关系与社会经济发展水平紧密相关，不同经济社会发展水平对应着不同的老龄化与储蓄率的关系。在经济社会发展进程中的一个基本规律是，老龄化对一国储蓄的影响逐渐由负转正。[②] 也就是说，经济发展水平越高，老龄化对国家储蓄率的影响越低。人口老龄化对储蓄的影响很大程度上受限于养老政策机制的完善及养老金的给付水平，因为在各项机制不够完善的情况下，人们倾向于增加储蓄，以此应对未来的医疗及养老压力。[③] 例如，在许多国家收入底层 10%—20% 的家庭储蓄率通常为负，而中国底层收入群体的储蓄率为正且高达 20%。这说明社会转移支付不足，税制累进性不强，社保水平有限。[④] 大部分学者都用“预防性储蓄”理论来解释中国家庭居民储蓄率居高不下的原因，由于我国社会保障水平与发达国家相比还有不小差距，所以中国家庭在应对不确定事件上，更依赖于事后的自我救助与主观能动性。[⑤] 换言之，现阶段我国绝大部分有自理能力的老年人更倾向于家庭养老，而不是早早地到养老机构接受养老服务，所以他们将钱储蓄起来以应对未来的风险。

毋庸置疑，老龄市场是我国目前拥有巨大发展潜力的市场。有研究者

---

① 参见秦雪阳《我国高储蓄率影响因素探析》，《中国经贸导刊》（中）2020 年第 1 期。

② 参见张倩、杨真《中国能否迎来第二次人口红利——基于内生视角的老龄化对储蓄率的影响研究》，《山东社会科学》2019 年第 8 期。

③ 参见王志标、李丹《河南省人口老龄化及其对储蓄率的影响》，《中国老年学杂志》2019 年第 14 期。

④ 参见吴周恒《中国高储蓄形成因素、政策措施及前景分析》，《全国流通经济》2019 年第 19 期。

⑤ 参见姚东旻、许艺煊、张鹏远《再论中国的“高储蓄之谜”——预防性储蓄的决策机制和经验事实》，《世界经济文汇》2019 年第 2 期。

预测，我国人口老龄化的峰值将于21世纪中叶到来[①]。但我国人口老龄化的特点是未富先老、社会福利和社会保障还不够完善，因此老年群体倾向于将资金储蓄起来以应对将来的不时之需。尽管我国目前老龄人口数量众多，但是这一代老年人传统的文化观、消费观仍使他们对于提高生活质量的消费谨慎再三，老年人是具有消费意识、消费习惯、消费观念的成熟消费者。[②] 而且，老年群体的经济状况是影响其消费的重要因素，大部分老年人晚年的收入来源自退休金以及临时性或兼职性的工作，部分老人无收入来源而依靠年轻时的积蓄或儿女供养生活。根据有关调查问卷显示，某些地区的老年人贫富差距严重。一般而言，国家机关/事业单位干部有着较强的生活保障，而占绝大部分比例的企业退休人员、个体户、工人收入较低，部分农村老人、无业老人还处于贫困状态。因此，“医养机构收费过高”“经济因素”等，是阻碍其选择养老服务的最重要原因。依据每月愿意为医养服务支付费用的调查，87%以上的家庭愿意支出的费用在6000元以下，而其中只愿意支付3000元以下的又占比了绝大部分。不同收入群体的消费者有着不同的消费习惯，占我国绝大部分的中等收入群体的消费习惯较强，消费行为也比较谨慎。[③] 依据我们的调研结果，除小部分无经济压力的老年人愿意在具有自理能力时就入住养老机构外，大部分老人选择持有自己的积蓄，为未来的医疗及养老需求做储备。如何打破这种“消费理性”，让老年群体愿意为优质养老服务埋单，是各养老机构需要思考的重要问题。

四　产品推广

从目前养老市场的现状来看，养老产品推广过程中的重难点主要包括以下几个方面。

第一，医养结合养老服务概念的进一步推广。医养结合在我国目前还是一个新兴概念，2015年《国务院办公厅转发卫生计生委等部门关于推

① 参见联合国UNPD2012版世界人口数据，World Population Prospects：The 2012 Revision，DVD Edition，http：//esa. cun. org/unpd/wpp/index. htm。

② 参见乐昕《人口老龄化背景下的我国老年人口消费研究》，博士学位论文，复旦大学，2014年。

③ 参见臧旭恒、陈浩《习惯收入、收入阶层异质性与我国城镇居民消费行为研究》，《经济理论与经济管理》2019年第5期。

进医疗卫生与养老服务相结合指导意见的通知》（国办发〔2015〕84号）首次提出该概念至今不过5年时间。一方面，与医养结合切实相关的配套政策还不够完善，长期护理保险也尚未见明显成效；另一方面，在调查家庭对医养结合养老服务的了解程度时，不了解和一般了解一共占据被调查人数的87%，这反映出我国普通群众对医养结合知之甚少。因此，要进一步吸引客源，必须改变长期以来形成的养老只是提供基本生活照料的既有观念。这需要将医养结合的概念以适当方式进行进一步的宣传及推广。①

第二，保障现有客户的产品体验，依靠口碑吸引更多客户。医养结合服务有别于传统的养老服务的因素在于，尽管政府部门和社会资本都在宣扬将医疗和养老资源结合起来的各种好处，但老年群体难免担心在花费更多的前提下能否享受到质价相符的服务。由于目前各养老机构吸引的主要是医养结合的第一代客户，因此现有客户体验对之后产品的推广以及相应养老品牌的建立至关重要，这也是现如今许多养老企业不断开发新的附加服务的原因之一。有研究者指出，一个成功的养老机构不仅要提供先进的医疗服务和养老护理，更要注重提升老年人的生活质量，营造一个良好的居住范围，提升其幸福指数。② 老年人在支付相应的费用之后，如果能够真正享受到高质量的养老服务，才会向企业、社会输出正面的反馈。口碑是服务行业赖以生存的关键，因此养老服务企业想要维持长期稳定的客流，并进一步吸引更多客户群体，必须打造出质量过硬的服务产品，以树立良好的企业形象。

第三，丰富产品种类，填补中低端养老市场的空缺。我国商业养老机构的发展现状是，绝大多数养老机构如万科、远洋、泰康等，现阶段主要着眼于中高端收入的老年人群体，且多与养老地产相结合。入住老年人不仅需要缴纳一笔大额押金，每月还要支付相应的服务费。在养老服务业的发展初期，这样的定位能够保证相应的服务质量以及入住率，其合理性毋庸置疑。但如果要打造一个国民皆晓的养老品牌，一直定位于顶层的一小

---

① 参见耿爱生《养老模式的变革取向："医养结合"及其实现》，《贵州社会科学》2015年第9期。

② 参见石睿《健康中国战略背景下对"医养结合"养老模式的思考》，《管理观察》2019年第8期。

部分客户显然并不妥当。事实上，我国老龄人口数量占比最多的是中低收入家庭，而这部分群体所需的养老服务目前基本上仍由公办养老机构提供，且存在极大的供不应求的境况，中低端养老服务高度空缺。尽管中低收入客户群体支付能力有限，但由于客户总量基数巨大，所以不无营利空间。在现阶段，养老企业可以针对性的开发部分产品，提供医疗、养老的技术支持来扩大养老品牌的覆盖面。除养老地产以外，社区养老、居家养老也是发展医养结合养老的有利途径。相比于资金投入巨大的养老地产，社区、居家养老服务可以很大程度地减少投资者的成本。此外，养老企业还可以与政府合作提供养老服务（即 PPP 模式），充分利用政府和企业的不同资源优势，既减轻政府的养老压力，也有利于保证养老企业在客户支付不足的情形下正常运营。①

① 参见张彩《PPP 模式下医养结合项目研究》，《卫生经济研究》2019 年第 8 期。

附录

潜在客户调研报告

第一部分　调研综述

一　调研背景

中国社会已经步入人口老龄化社会，老龄化现象的日趋严重造成了医疗资源和养老资源的匮乏，以家庭养老为主的传统养老模式已经无法满足社会日益增加的多元化养老需求。“医养结合”的养老模式不仅能够减轻政府的财政负担，而且还有利于养老资源和医疗资源的高效利用。国家为了促进养老产业的发展，也制定了一系列政策，如减免税费、加大养老产业融资支持、放宽养老产业投资限制等。许多大型商业保险公司开始加大对“医养结合”养老模式的投资力度，这是商业保险资本进入养老市场的初步探索和尝试。因此，关注老龄人口对“医养结合”养老模式的态度和看法，掌握老龄人口的养老倾向和喜好，了解现阶段“医养结合”养老模式的不足，有利于促进“医养结合”模式向更加符合老龄人口需求的方向发展。

二　调研目的

通过对老龄人口的调查，了解他们的养老倾向，收集他们对“医养结合”养老项目的建议，进一步提高医养结合养老项目的用户体验，探索建立多渠道的养老机构医养费用支付模式，打造适应时代潮流的新型养老机构。

三 调研对象

年满 55 岁及以上的老龄人口。

四 调研内容

尊敬的先生/女士，您好！为了进一步推广医养结合养老模式，探索建立多渠道的养老机构医养费用支付模式，打造适应时代潮流的新型养老机构，我们组织了本次问卷调查，调查数据最终将用于服务升级的研究，希望能够得到您的支持与配合。本问卷为选择题，不记名调查，请您根据您的实际情况填写，谢谢。

1. 您的性别？

A. 男　　B. 女

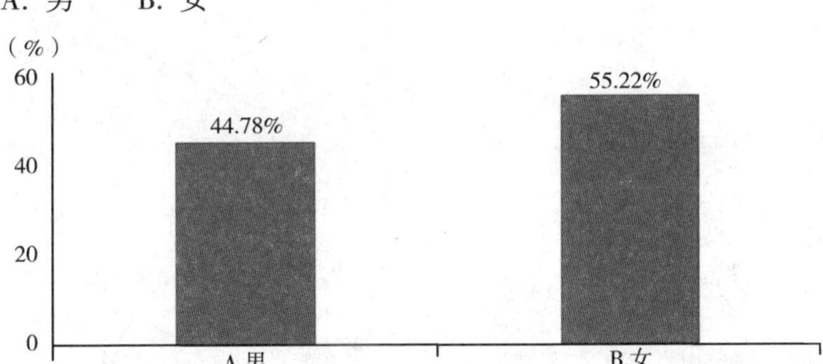

2. 您的年龄阶段？

A. 55—60 岁　　B. 60—70 岁　　C. 70—80 岁　　D. 80 岁及以上

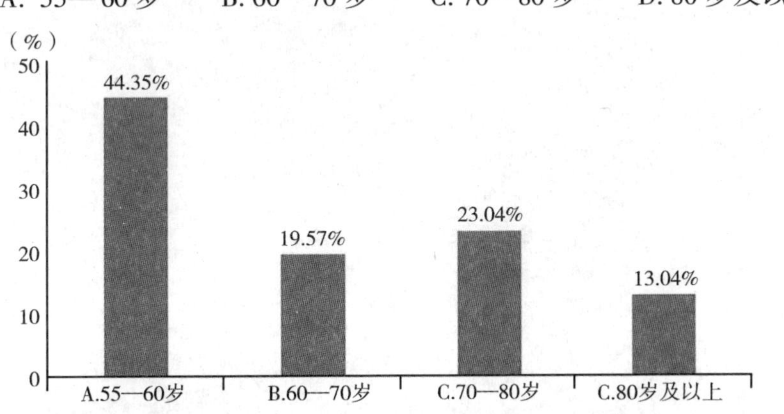

3. 您的受教育程度？

A. 小学及以下　　B. 初中　　C. 高中　　D. 本科及以上

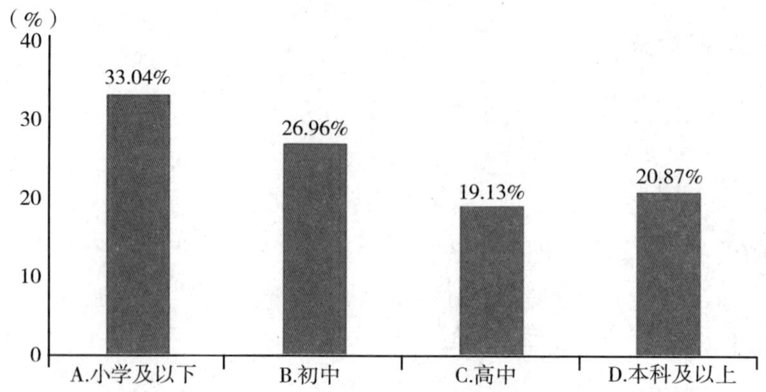

4. 您的生活自理能力？

A. 无须他人照护　B. 少部分需要他人照护　C. 大部分需要他人照护　D. 全部需要他人照护

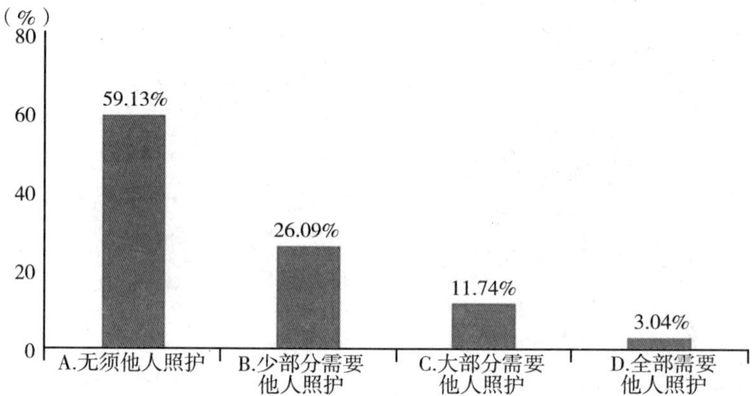

5. 您是否已退休？

A. 是　　B. 否

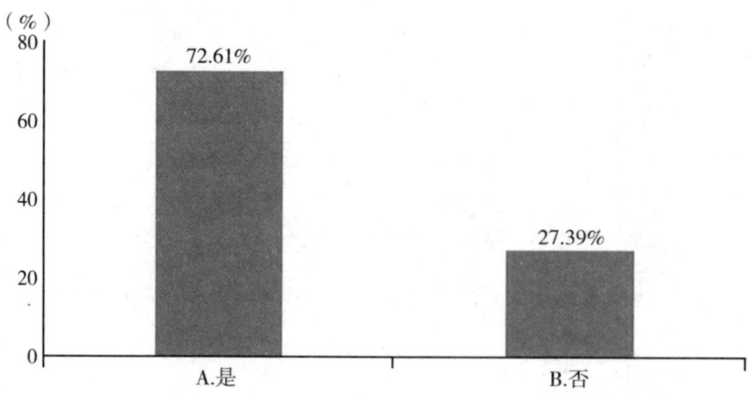

6. 您退休前/目前的职业是？

A. 国家机关/事业单位工作者　B. 企业单位工作者　C. 个体户/工人　D. 无业　E. 其他，请说明

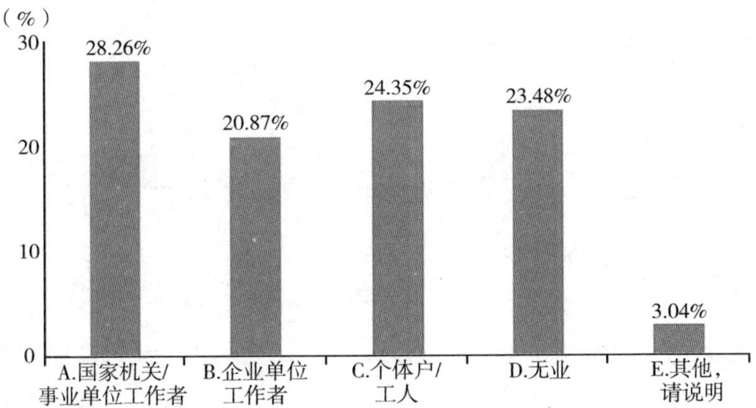

7. 您的家庭（包括子女及其配偶）年收入范围？

A. 5 万元及以下　B. 5 万—15 万元　C. 15 万—25 万元　D. 25 万元及以上　E. 50 万元及以上　F. 100 万元及以上

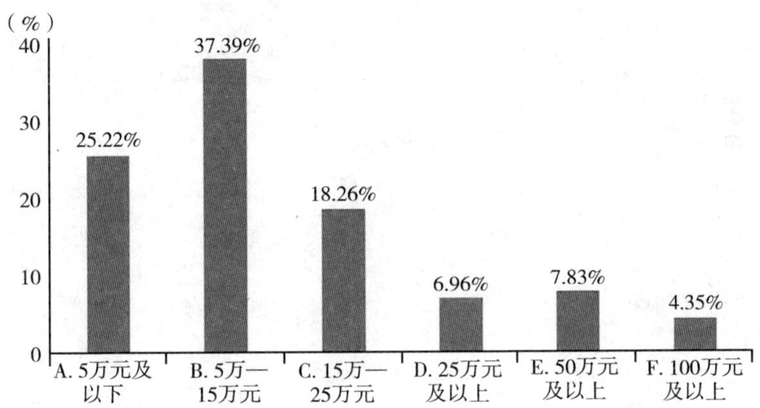

8. 您现在的居住状况？

A. 与配偶居住　B. 与子女居住　C. 独居　D. 住在养老机构

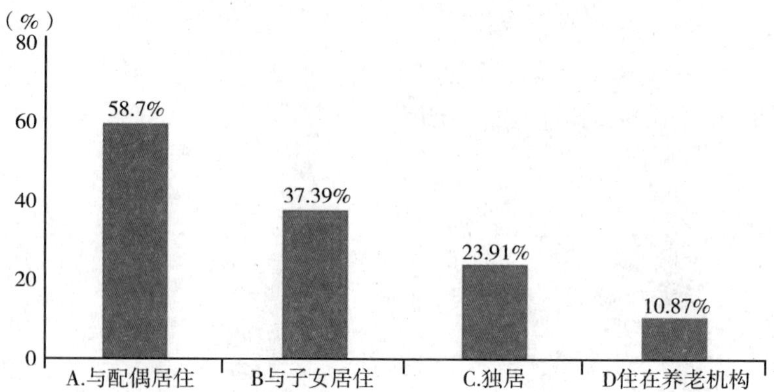

9. 是否有购买商业养老保险？

A. 是　　B. 否

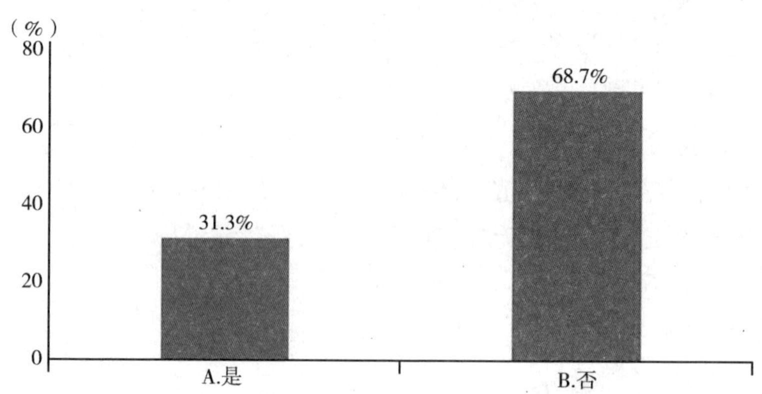

10. 是否有基本养老保险/医疗保险？

A. 都有　　B. 有养老保险　　C. 有医疗保险　　D. 都没有

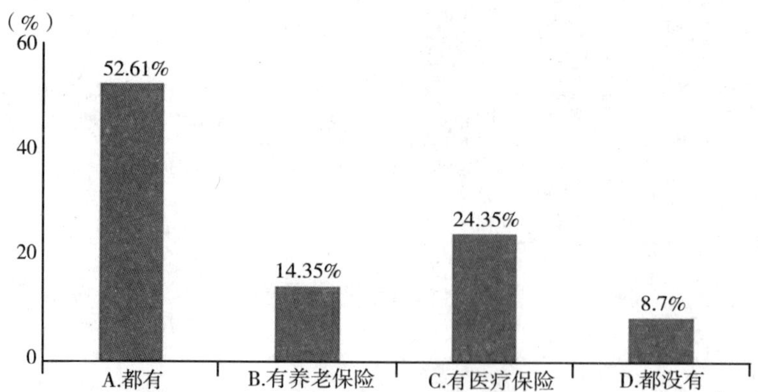

11. 您对“医养结合”养老服务的了解程度？（注：医养结合式养老机构，是指同时具备医疗功能和养护功能的新型养老机构模式。“医养结合”的形式多样：或在养老机构中设立医疗机构，与定点医院挂钩；或养老机构与医疗机构近距离合作，双向转接；或部分医院转型为医养结合服务机构；或由医院出资、出人、建立依托于该医院的养老机构等。这些医疗机构并非只是一般的医务室，而是相对较高级的专业医院。目前该类型的养老机构也得到较大的发展，主要面对大病康复的半自理或者不能自理老人，逐渐面向所有类型的老人。其费用与普通养老机构相比较高，高端的医养结合养老机构费用将会更高。）

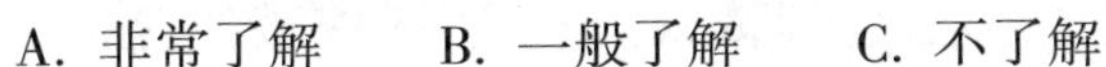

A. 非常了解　　B. 一般了解　　C. 不了解

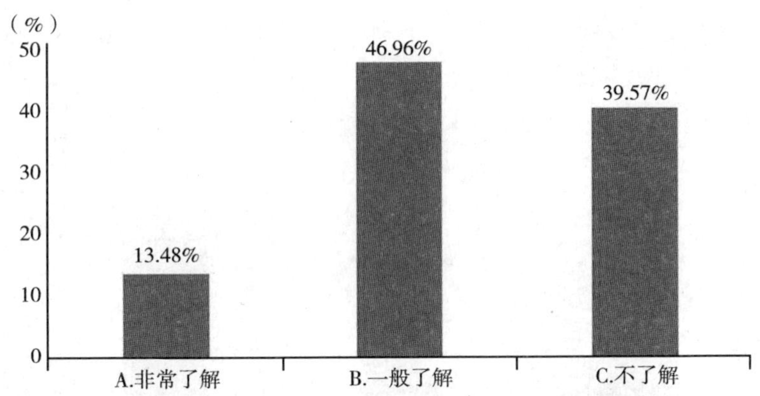

12. 请问您认为家庭养老（居住在家中，由家人照顾）能满足您现在/将来的养老需求吗？

A. 能　　B. 不能　　C. 不确定

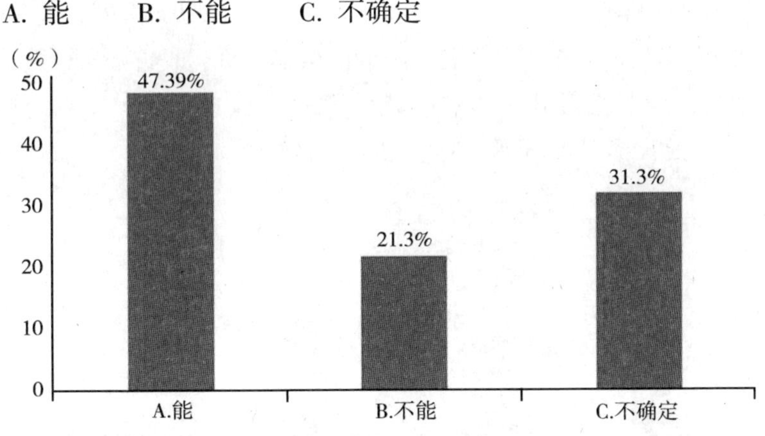

13. 您对我们国家目前的养老保障现状是否满意？

A. 非常满意　　B. 基本满意　　C. 不太满意

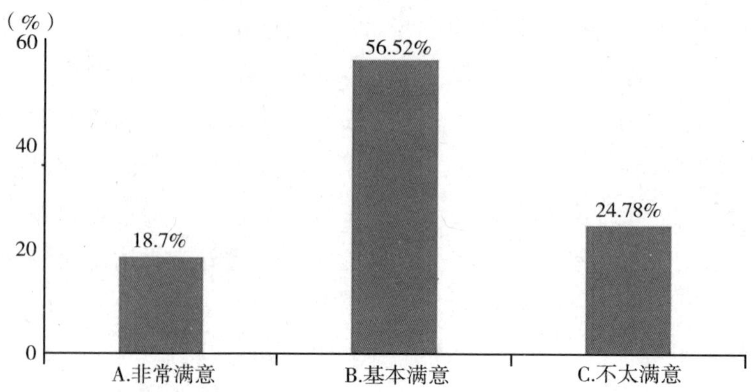

14. 您未来愿意选择入住“医养结合”养老机构（例如，“泰康之家”）吗？

A. 愿意　　B. 不愿意　　C. 视情况而定

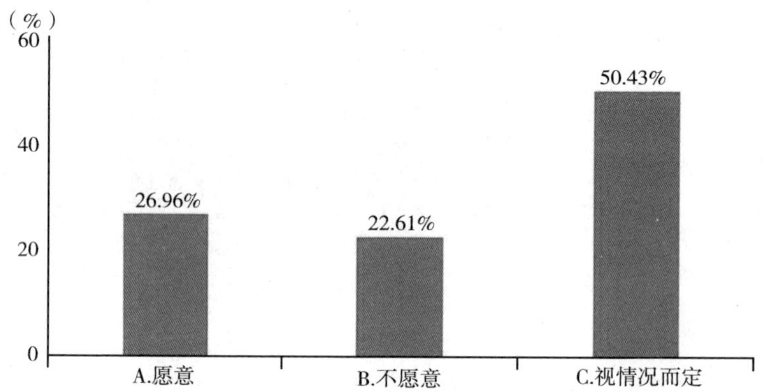

15. 阻碍您选择养老机构养老服务的因素是什么？【多选题】

A. 医养机构收费过高　　B. 更希望获得子女的陪伴　　C. 现在的养老机构的医疗服务还不完善　D. 其他，请说明

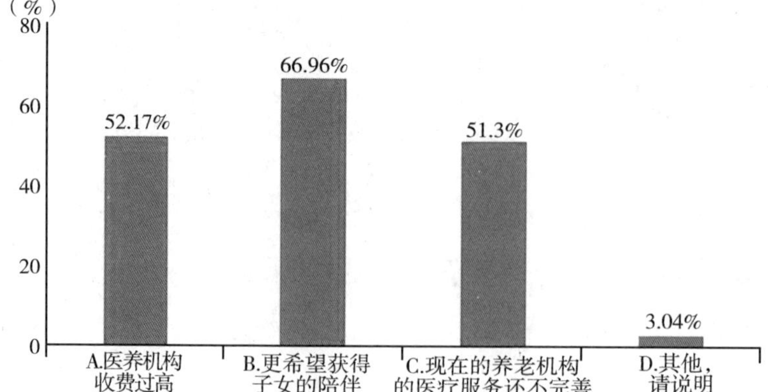

16. 如果您未来选择医养结合养老服务，您最看重下列哪项因素？

A. 经济因素　　B. 硬件设施　　C. 服务水平　　D. 生活环境

E. 其他，请说明

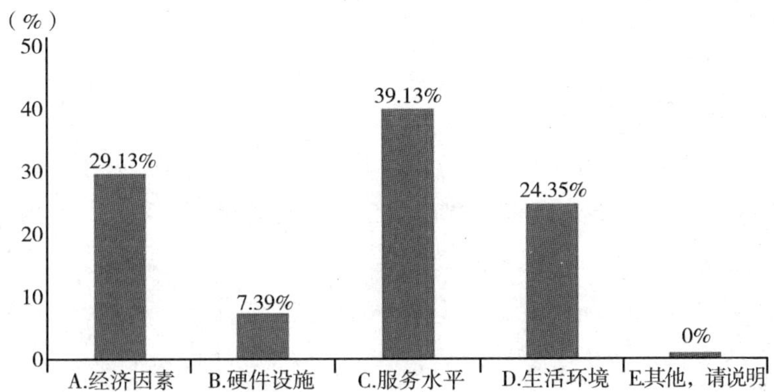

17. 如果您未来选择医养结合养老服务，您愿意评价每个月支付多少钱（只包含护理费、租金、餐费等日常性费用）？

A. 3000 元以下　　B. 3000—6000 元　　C. 6000—9000 元

D. 9000 元及以上

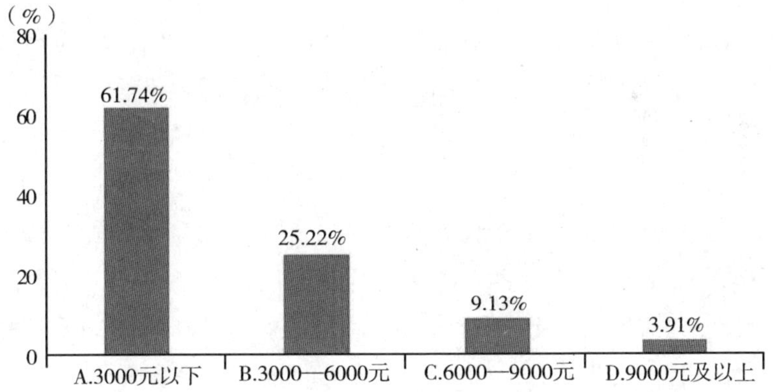

五　调研时间

2020 年 1 月 6 日—2020 年 3 月 7 日

六　调研方式

通过网络平台（主要是微信）向 55 岁及以上的老年人口发放调查问卷，以不记名的方式调查老年人对“医养结合”养老项目的了解程度和建议。

第二部分　调研结果分析

一　调研对象的基本情况

此次调研的有效问卷共计 230 份，调研对象为 55 岁及以上的老年人，其中 55—60 岁的老年人最多，共计 102 人，占总调研人数的 44.35%，80 岁及以上的老年人最少，仅占总调研人数的 13.04%，故此次调研的主要对象是低龄老人而非高龄老人。关于调研对象的受教育程度，33.04%的调研对象的文化水平是小学及以下，仅 20.87%是本科及以上，故此次调研对象的整体受教育程度水平较低。

关于调研对象目前的居住状况，多数人现在与配偶居住，占总调研人数的 58.7%，仅有极少部分调研对象选择了养老机构养老模式，占比 10.87%，可见养老机构养老并非多数老年人倾向的养老方式。关于调研对象的生活自理能力，59.13%的调研对象目前无须他人照护，仅有 3.04%的调研对象完全丧失自理能力，全部需要他人照护，故调研对象的整体生活自理能力较强，对照护的需求程度较低。

关于调研对象退休前或目前的职业，国家机关/事业单位工作者、企业单位工作者、个体户/工人、无业人士和其他职业占比分别为 28.26%、20.87%、24.35%、23.48%和 3.04%，调研对象的职业较为分散，体现了此次调研的普遍性和广泛性。关于调研对象的家庭年收入，多数调研对象的家庭年收入在 5 万—15 万元之间，占总人数的 37.39%，仅 4.35%在 100 万元及以上。由此可见，此次调研对象的收入水平普遍不高，仅有极少部分人属于目前“医养结合”养老项目的目标客户。

关于调研对象是否有基本养老保险/医疗保险，多数调研对象既享有基本养老保险，又享有基本医疗保险，占比为 52.61%，仅 8.7%的调研对象两种基本保险均没有。关于调研对象对商业养老保险的购买情况，68.7%的调研对象未购买商业养老保险。因此，此次调研对象多为享有基本养老保险或医疗保险但未购买商业养老保险的人群，对商业养老保险的了解程度不深。

二　调研对象关于养老的观念

关于调研对象对家庭养老的看法，47.39%的调研对象认为家庭养老能够满足现在/将来的养老需求，21.3%的人持否定态度，还有31.3%的人认为家庭养老是否能够满足现在/将来的养老需求存在不确定性。因此，仅有少部分调研对象可能会考虑除家庭养老以外的其他养老方式，总体上来说，调研对象更倾向于选择家庭养老的养老模式，对机构养老的兴趣程度不高。中国人的家庭观念较强，对于多数老年人而言，家庭养老仍是首选的养老方式，机构养老只是家庭养老的条件或资源不足时老年人的一种替代选择。此次调研对象多数是刚步入老年生活的老人，并且身体状况良好，具有完全的自理能力，故其选择家庭养老的条件充足，老人可以在自己熟悉的环境中和家人一起居住，在支出较少养老费用的同时还可以享受闲适的老年生活。

在此次调研中，46.96%的调研对象对“医养结合”养老项目一般了解，39.57%完全不了解，仅13.48%非常了解。可见，“医养结合”养老项目并不为多数老年人口所熟知，它在老年人群中的推广力度仍需加强。关于调研对象对“医养结合”养老机构（如“泰康之家”）的兴趣，仅26.96%的调研对象愿意入住，因此，多数调研对象目前并未考虑“医养结合”这种新型的养老模式。“医养结合”是近些年才发展起来的一种新型养老模式，它将医疗服务与养老服务相结合，高效利用医疗资源和养老资源。由于其正处于初步发展阶段，并且目前此种模式的目标客户仍局限于小众人群——“三高一主”（高知、高干、高管、企业主），因此“医养结合”养老模式不被广大老年群体所熟知。对于这样一个新兴的事物，老人们普遍持观望态度，随着“医养结合”项目的推广和发展，会有更多老年群体愿意尝试此种养老模式。

三　影响调研对象选择养老机构养老服务的因素

在此次调研中，多数调研对象不愿意选择养老机构的养老服务，主要影响因素包括医养机构费用过高，更希望获得子女的陪伴，目前养老机构的医养服务还不完善等。虽然我国政府已经出台了一系列政策加大对“医养结合”项目的扶持，但是仍然不能满足医养机构的基本运营需求，目前医养机构的资金来源仍主要依靠老人入住养老机构的缴费。为了维持医养机构的正常运营，医养机构只能设置较高的收费标准，许多老人及其家庭无力承担如此高额的养老费用，这成为老人选择医养机构的一大重要阻碍。同时，受传统观念的影响，许多老人希望由自己的后代承担照顾自己的责任，而不愿入住养老机构，他们认为既然有自己的后代，就没有入住养老机构的必要。此外，目前我国的“医养结合”养老模式仍存在许多问题：（1）长期以来，我国的医疗体系和养老体系处于各自独立的状态，在“医”“养”分离的情况下，医疗机构和养老机构的结合存在困难。（2）“医养结合”对提供医疗和养老服务的工作人员素质要求较高，但我国目前“医养结合”的照护人员数量不足、医护水平低。（3）对“医养结合”养老模式缺乏监管评估机制。“医养结合”养老模式仍处于初步发展阶段，服务体系和监管体系还不完善，老年人对医养机构提供的服务水平持质疑态度情有可原。

关于影响调研对象选择“医养结合”养老服务的因素，服务水平、经济因素和生活环境是最主要的三个因素，其中，39.13%的调研对象最看重养老机构的服务水平，29.13%最看重经济因素，24.35%最看重养老机构的生活环境。因此，养老机构要想获得老年人的青睐，不仅要注重对服务水平的提高和对生活环境的改善，合理的收费水平也至关重要。首先，由于老人的身体状况普遍较差，养老生活要以优质的养老服务为前提。养老机构必须保障老年人在身体出现不适时能够及时获得专业的医疗救助和治疗，完全丧失生活自理能力的老年人能够获得专业的照护，具有生活自理能力的老年人能够在闲暇时参与丰富多样的老年活动。其次，老年人的收入水平普遍不高。子女虽然有赡养老人的义务，但是他们生活的重心还是在自己的家庭，对个人家庭的支出在总支出的占比普遍高于对父母养老的支出，因此老年人在选择养老服务时，会着重考虑养老机构的收费水准，若收费过高，会使大多数老年人望而却步。最后，生活环境也是养老生活的重要组成部分。老年人更倾向于慢节奏、安逸的生活，故养老机构必须处于安静、生态环境较好的地理位置，周边不能有大型工厂或会产生噪声的企业。养老机构内部的绿化也至关重要，只有提供舒适的生活环境，老年人才能以愉悦的心情享受养老生活。

关于“医养结合”养老服务的收费水准，61.74%的调研对象愿意平均每个月支付3000元以下的费用（包括护理费、租金、餐费等日常性费用），25.22%愿意支付3000—6000元，9.13%愿意支付6000—9000元，仅3.91%愿意支付9000元及以上的费用。由此看来，我国目前“医养结合”养老服务的收费水准仍处于较高的水平，只能针对极其小众的老年群体，社会上绝大多数的老年人无力承担如此高额的养老费用。要想促进“医养结合”养老模式的可持续发展，就要拓宽该项目的投资渠道，建立稳定的资金来源体系。目前投资“医养结合”养老项目的商业保险公司均已经投入了较多的资金，而其收入主要来源于对入住老人的收费，以此保持医养机构的正常运营。若要降低医养机构的入住门槛和降低收费标准，政府就必须加大对“医养结合”养老项目的扶持力度，如财政拨款、减免税费等。

第三部分　结论

一　目前家庭养老模式仍是多数老人的首要选择

作为中国传统的养老模式，家庭养老有着深厚的历史沉淀。随着社会老龄化现象的日趋严峻，家庭养老已经无法满足许多老人的养老需求，此种模式逐渐开始式微，机构养老模式开始兴起。然而，由于社会上的养老资源、医疗资源的匮乏以及传统观念的影响，机构养老模式并不普遍，大多数老人仍然将家庭养老作为首选，认为和家人一起生活的快乐是养老机构无法给予的。

二　“医养结合”养老模式的宣传力度有待加强

“医养结合”养老模式在老人群体中的普及程度较低，许多老人对此种新型模式完全不了解，这使得“医养结合”养老项目的目标客户非常有限。要扩大“医养结合”养老项目的客户群体范围，就要加大对此种模式的宣传力度，尤其是针对高收入群体如“三高一主”的宣传与推广。

三　老年群体对“医养结合”养老模式的接受程度不高

“医养结合”是一种新型的养老模式，老年人对这个新型事物了解程度不深，即使在经过一定程度的了解之后，多数老人对此种模式仍持质疑态度或观望态度，整体上对“医养结合”的接受程度不高，此种养老模式的体系仍有待完善。

四 “医养结合”养老模式下工作人员的服务水平有待提高

我国目前老人护理方面的医护人员数量少，整体质量低。国内100多所设置医护专业的高校中，开设了老年人护理学课程的仅73所院校（占比54.5%），再加上一直以来社会对养老机构医护人员的职业认同度较低，许多人认为养老机构医护人员的工资水平低、社会地位低、工作强度大，导致很多就读老人护理专业的学生不愿选择进入养老机构从事护理工作。要想保障“医养结合”养老模式的后续发展，就必须提高工作人员的服务水平，尤其要注重提高养老机构中从事医疗或护理工作的人员的专业程度。商业保险公司可以通过提高养老机构医护和护理人员的准入门槛、设置专业的岗前培训等方式提高养老机构工作人员的服务质量。

五 “医养结合”养老项目的收费门槛过高，目标客户范围较小

“医养结合”养老项目高额的收费标准是许多老人选择此种养老模式的最大阻碍，但是“医养结合”目前的运营模式和投资体系决定了商业保险公司在短期内无法降低其收费标准。长期来看，要想将该种模式予以普及，只能依靠政府的优惠政策，若政府加大对“医养结合”的扶持力度，分担商业保险公司的经济压力，“医养结合”养老模式才可能从“小众”走向“大众”。

参考文献

一　中文文献

陈爱贞、张鹏飞：《并购模式与企业创新》，《中国工业经济》2019年第12期。

陈璨：《个人税收递延型养老保险试点进展与经验思考》，《中国保险》2019年第8期。

陈倩：《英国养老保险制度市场化改革的经验与启示》，《财经科学》2016年第7期。

褚湜婧、王猛、杨胜慧：《典型福利类型下居家养老服务的国际比较及启示》，《社会保障研究》2015年第4期。

丛春霞、邵大妞：《完善养老金个人账户——瑞典的经验及启示》，《社会保障研究》2018年第5期。

崔开昌、丁金宏：《划转国有资本充实社会保障基金问题探究》，《中国特色社会主义研究》2016年第5期。

崔少敏、文武等：《补充养老保险：原理、运营与管理》，中国劳动社会保障出版社2003年版。

戴卫东：《中国长期护理保险制度构建研究》，人民出版社2012年版。

邓大松、李玉娇：《医养结合养老模式：制度理性、供需困境与模式创新》，《新疆师范大学学报》（哲学社会科学版）2018年第1期。

董才生、陈静：《美国养老金制度对中国企业职工养老金制度改革的启示》，《社会科学战线》2014年第9期。

董克用、施文凯：《加快建设中国特色第三支柱个人养老金制度：理论探讨与政策选择》，《社会保障研究》2020年第2期。

董克用、姚余栋主编：《养老金融蓝皮书：中国养老金融发展报告（2019）》，社会科学文献出版社 2019 年版。

董克用、张栋：《人口老龄化高原背景下加快我国养老金体系结构化改革的思考》，《新疆师范大学学报》（哲学社会科学版）2018 年第 6 期。

樊恒希、徐春华：《香港强积金制度对完善内地企业年金制度的启示》，《财经理论与实践》2017 年第 3 期。

高幸：《我国企业年金制度发展现状及国外经验借鉴》，《改革与战略》2017 年第 5 期。

郭丽君主编：《“医养结合”养老服务体系》，科学出版社 2019 年版。

郭林、邓海骏：《公共养老金个人账户制度嬗变的政治经济分析——来自新加坡、智利、瑞典和拉脱维亚的经验》，《经济学家》2013 年第 8 期。

国务院发展研究中心社会部课题组：《养老服务体系发展的国际经验与中国实践》，中国发展出版社 2019 年版。

韩克庆：《养老保险中的市场力量：中国企业年金的发展》，《中国人民大学学报》2016 年第 1 期。

韩思哲：《房地产投资信托与中国养老地产融资模式》，《国际经济合作》2018 年第 11 期。

郝君富、李心愉：《德国长期护理保险：制度设计、经济影响与启示》，《人口学刊》2014 年第 2 期。

郝丽燕、杨士林：《德国社会护理保险制度的困境与未来发展方向》，《德国研究》2015 年第 2 期。

郝涛等：《PPP 模式下医养结合养老服务有效供给路径研究》，《宏观经济研究》2018 年第 11 期。

恒大研究院：《养老地产：迎战“未富先老”》，2019 年 4 月 29 日，资料来源：Wind 数据库。

胡继晔：《养老金体系在富裕国家的变化——以英国为例》，《国际经济评论》2011 年第 6 期。

胡秋明、袁中美：《社会养老保险个人账户基金管理模式探析——基于新加坡中央公积金和香港强积金制度的比较分析》，《投资研究》2011 年第 3 期。

黄家豪、孟昉：《医养结合养老模式的必要性、困境与对策》，《中国卫生政策研究》2014 年第 6 期。

李海燕等:《基于 O2O 模式的医养结合模式》,《中国老年学杂志》2019 年第 6 期。

李杰:《青岛“医养结合”养老模式问题研究》,《中国人力资源开发》2014 年第 18 期。

李连友、徐俊杰:《我国企业年金运行机制的构建》,《湖南大学学报》(社会科学版) 2004 年第 3 期。

李平、杨默如:《美国房地产投资信托税收政策研究及借鉴》,《国际税收》2018 年第 12 期。

李秀明等:《重庆市主城区老年人医养结合需求情况及影响因素研究》,《中国全科医学》2016 年第 10 期。

李瑶、柏正杰:《美国企业年金制度的经验、教训与启示——以 401(K) 计划为例》,《社会保障研究》2018 年第 6 期。

李豫、Albert J. Cristoforo:《中国养老保险制度改革与借鉴:美国企业年金制度和资本市场实践》,《浙江金融》2013 年第 6 期。

李珍、周艺梦:《社会养老保障制度的“瑞典模式”——瑞典名义账户制度解决了什么?》,《经济学动态》2010 年第 8 期。

刘桦、陈瑞华、张楠:《中外养老地产企业融资状况比较分析》,《财会通讯》2019 年第 5 期。

娄飞鹏:《我国养老金三支柱体系建设的历程、问题与建议》,《金融发展研究》2020 年第 2 期。

娄金霞:《中国多层次养老服务体系的构建研究——以浙江省为例》,《改革与战略》2013 年第 3 期。

卢德平:《略论中国的养老模式》,《中国农业大学学报》2014 年第 4 期。

陆杰华、沙迪:《老龄化背景下异地养老模式类型、制约因素及其发展前景》,《江苏行政学院学报》2019 年第 4 期。

吕学静:《我国机关事业单位建立职业年金的几点思考》,《社会保障研究》2015 年第 1 卷。

马智利、何婷:《养老地产新型融资模式》,《浙江金融》2014 年第 3 期。

孟颖颖:《我国“医养结合”养老模式发展的难点及解决策略》,《经济纵横》2016 年第 7 期。

莫娇、李新平：《日本长期护理保险制度的实施及启示》，《对外经贸实务》2014 年第 3 期。

平安证券：《养老地产："需求升级+政策红利"双轮驱动，养老地产有望开启新时代》，2019 年 9 月 23 日，资料来源：Wind 数据库。

齐传钧：《澳大利亚"未来基金"的缘起、治理与启示》，《国际经济评论》2019 年第 3 期。

祁峰、祁丙观：《我国医养融合型机构养老服务的制约因素及推进思路》，《经济纵横》2017 年第 1 期。

申俊龙、申远、王鸿江：《健康老龄化视域下"医养结合"模式研究》，《价格理论与实践》2019 年第 9 期。

施巍巍、刘雨蓓：《香港长者社区照顾的福利多元主义视域》，《学术交流》2016 年第 3 期。

石晨曦、曾益：《破解养老金支付困境：中央调剂制度的效应分析》，《财贸经济》2019 年第 2 期。

石琤：《社会照护给付：英国经验与中国选择》，《湖湘论坛》2019 年第 2 期。

苏春红、李松：《养老金支付风险预测及延迟退休作用评估——以 S 省为例》，《财政研究》2016 年第 7 期。

孙霞等：《互联网+居家医养结合养老服务现状与服务需求研究》，《护理研究》2020 年第 2 期。

唐咏、徐永德：《香港"持续照顾"的老年福利政策及其借鉴意义》，《山东社会科学》2010 年第 11 期。

田多英范、郭晓宏：《日本的全民医疗保险与全民年金体制》，《社会保障研究》2005 年第 2 期。

王海英、梁波：《老龄化与养老服务：香港的经验与启示》，《中国人力资源开发》2014 年第 16 期。

王焕清：《我国养老保险的模式选择与基金缺口预测》，《统计与决策》2012 年第 19 期。

王佳林：《我国企业年金市场发展探析：现状、挑战及建议》，《南方金融》2020 年第 4 期。

王莉莉、郭平：《日本老年社会保障制度》，中国社会出版社 2010

年版。

王莉莉、吴子攀：《英国社会养老服务建设与管理的经验》，《老龄科学研究》2014 年第 7 期。

王浦劬、雷雨若、吕普生：《超越多重博弈的医养结合机制建构论析——我国医养结合型养老模式的困境与出路》，《国家行政学院学报》2018 年第 2 期。

王素英、张作森、孙文灿：《医养结合的模式与路径——关于推进医疗卫生与养老服务相结合的调研报告》，《社会福利》2013 年第 12 期。

王晓光：《货币银行学》（第 5 版），清华大学出版社 2019 年版。

王延中：《中国社会保障收入再分配情况调查》，社会科学文献出版社 2013 年版。

肖汉平：《美国 401（K）计划与 IRA 运作机制研究》，《证券市场导报》2005 年第 11 期。

谢立黎、安瑞霞、汪斌：《发达国家老年照护体系的比较分析——以美国、日本、德国为例》，《社会建设》2019 年第 4 期。

谢圣远：《社会保障发展史》，经济管理出版社 2007 年版。

兴业证券：《老龄化加剧，中国养老产业机遇与挑战并存》，2019 年 3 月 4 日，资料来源：Wind 数据库。

兴业证券：《中国三支柱养老体系及资产配置研究》，2020 年 2 月 17 日，资料来源：Wind 数据库。

徐璨：《英国国家保险基金：传统缴费型主权养老基金的发展及对中国的启示》，《国际经济评论》2019 年第 3 期。

徐怡珊、周典、刘楠：《香港安老服务设施体系的构成特征及其规划启示》，《国际城市规划》2017 年第 6 期。

徐德云：《帕累托最优的唯一性与福利定理的修正》，经济科学出版社 2017 年版。

许虹、李冬梅：《养老机构管理》，浙江大学出版社 2015 年版。

严妮：《城镇化进程中空巢老人养老模式的选择：城市社区医养结合》，《华中农业大学学报》（社会科学版）2015 年第 4 期。

杨茹侠、谢红：《京津冀社区嵌入式小规模多功能养老机构人力配置现状及影响因素》，《中国护理管理》2020 年第 2 期。

杨威、赵仲匡、宋敏：《多元化并购溢价与企业转型》，《金融研究》

2019 年第 5 期。

杨贞贞：《医养结合：中国社会养老服务筹资模式构建与实证研究》，北京大学出版社 2016 年版。

叶振东、孙文彬：《强积金：香港养老政策的经验与反思》，《新视野》2017 年第 4 期。

于秀伟：《从三支柱模式到三层次模式——解析德国养老保险体制改革》，《德国研究》2012 年第 2 期。

袁中美：《养老基金投资 PPP 基础设施项目的国际比较及启示》，《当代经济管理》2016 年第 9 期。

詹祥、周绿林等：《日本老龄介护保险的创新改革及挑战》，《中国卫生事业管理》2017 年第 2 期。

湛江：《香港强积金制度对内地的启示》，《南方金融》2015 年第 8 期。

张瑾等：《我国养老服务体系建设重点问题研究》，中国经济出版社 2018 年版。

张良文等：《基于 Andersen 模型的“医养结合”型机构养老需求的影响因素研究》，《中国卫生统计》2019 年第 3 期。

张佩、毛茜：《寿险业介入养老产业：经验借鉴与现实选择》，《南方金融》2013 年第 3 期。

张佩：《寿险业介入养老产业的现实障碍与路径选择》，《保险研究》2013 年第 11 期。

张树新：《企业补充养老保险谁管好》，《中国社会保障》2002 年第 2 期。

赵秋成：《中国农村养老服务体系建设研究》，清华大学出版社 2016 年版。

赵晓芳：《健康老龄化背景下“医养结合”养老服务模式研究》，《兰州学刊》2014 年第 9 期。

郑秉文：《扩大参与率：企业年金改革的抉择》，《中国人口科学》2017 年第 1 期。

郑秉文主编：《中国养老金发展报告 2018——主权养老基金的功能与发展》，经济管理出版社 2019 年版。

郑功成：《从地区分割到全国统筹：中国职工基本养老保险制度深化

改革的必由之路》，《中国人民大学学报》2015 年第 3 期。

《中国城市养老指数蓝皮书》课题组：《中国城市养老指数蓝皮书 2017》，中国发展出版社 2017 年版。

中国社会科学院社会政策研究中心课题组：《中日养老服务比较研究总报告》，2014 年 6 月。

钟慧澜、章晓懿：《从国家福利到混合福利：瑞典、英国、澳大利亚养老服务市场化改革道路选择及启示》，《经济体制改革》2016 年第 5 期。

周爱民、姜耀辉、田利：《中国养老保障制度的改革和发展》，经济科学出版社 2017 年版。

周刚：《养老旅游理论与实践研究》，《地域研究与开发》2009 年第 2 期。

周国明、贾让成：《机构养老的宁波模式》，浙江大学出版社 2016 年版。

周坚、韦一晨、丁龙华：《老年长期护理制度模式的国际比较及其启示》，《社会保障研究》2018 年第 3 期。

朱青、郭雪剑：《多支柱养老体系下的公共养老金计划》，中国社会出版社 2007 年版。

二 外文文献

Australian Prudential Regulation Authority, *Annual Superannuation Bulletin*, 31 January 2020, Australian Prudential Regulation Authority, https://www.apra.gov.au/annual-superannuation-bulletin, Pdf accessed on March 28, 2020.

Coleman E. A. & Boult C., "Improving the Quality of Transitional Care for Persons with Complex Care Needs", *Journal of the American Geriatrics Society*, Vol. 51, No. 4, 2003.

Don U. A. Galagedera, "Modelling Superannuation Fund Management Function as a Two-stage Process for Overall and Stage-level Performance Appraisal", *Applied Economics*, Vol. 50, No. 22, 2018.

Dorothy Hung & Robynn Cheng Leidig, "Implementing a Transitional Care Program to Reduce Hospital Readmissions Among Older Adults", *Journal of Nursing Care Quality*, Vol. 30, No. 2, 2015.

Emily J. Henderson & Gideon A. Caplan, "Home Sweet Home? Community Care for Older People in Australia", *Journal of the American Medical Directors Association*, Vol. 9, No. 2, 2008.

Future Fund Board of Guardians, *Future Fund Annual Report 2018–2019*, 2019, Future Fund Board of Guardians, https://www.futurefund.gov.au/about-us/annual-reports, Pdf accessed on Nov. 23.

G. Jason Goddard & Bill Marcum, *Real Estate Investment Trusts (REITs)*, Berlin: Springer-Verlag, 2012.

Ian D. Cameron & Owen Davies, "Transition Care: What is it and what are its Outcomes?" *The Medical Journal of Australia*, Vol. 187, No. 3, 2007.

Jack VanDerhei, et al., "401 (k) Plan Asset Allocation, Account Balances, and Loan Activity in 2016", EBRI (Sep 10, 2018), https://www.ebri.org/content/401 (k) -plan-asset-allocation-account-balances-and-loan-activity-in-2016.

Jeffrey Brown, "What Paul Ryan Got Right: Medicaid's Effect on Long-term Care Insurance", Forbes (Mar. 10, 2014), https://www.forbes.com/sites/jeffreybrown/2014/03/10/what-paul-ryan-got-right/#e7c813c218aa.

Jeffrey R. Brown & Amy Finkelstein, "Insuring Long-Term Care in the United States", *Journal of Economic Perspectives*, Vol. 25, No. 4, 2011.

Jeffrey R. Brown & Amy Finkelstein, "The Private Market for Long-term Care Insurance in the United States: A Review of the Evidence", *Journal of Risk and Insurance*, Vol. 76, No. 1, 2009.

J. Feder, H. L. Komisar & M. Niefeld, "Long-term Care in The United States: An Overview", *Health Affairs*, Vol. 19, No. 3, 2000.

John Woolham, et al., "Do Direct Payments Improve Outcomes for Older People who Receive Social Care? Differences in Outcome between People Aged 75+ who have a Managed Personal Budget or a Direct Payment", *Ageing & Society*, Vol. 37, No. 5, 2017.

Karen Buhler-Wilkerson, "Care of the Chronically Ill at Home: An Unresolved Dilemma in Health Policy for the United States", *The Milbank Quarterly*, Vol. 85, No. 4, 2007.

Klaus Wiener, "Stronger Growth in the German Insurance Industry", Die

Deutschen Versicherer (Oct. 31, 2018), http: //www. en. gdv. de/en/issues/our-news/stronger-growth-in-the-german-insurance-industry-36482, accessed on March 25, 2020.

Kristina L. Guo & Richard J. Castillo, "The U. S. Long Term Care System: Development and Expansion of Naturally Occurring Retirement Communities as an Innovative Model for Aging in Place", *Ageing International*, Vol. 32, No. 7, 2012.

Larry Polivka & Lumarie Polivka-West, "The Changing Role of Non-profit Organizations in the U. S. Long Term Care System", *Journal of Aging & Social Policy*, Vol. 32, No. 2, 2020.

Lee-Fay Low, et al., "Community Care for the Elderly: Needs and Service Use Study (CENSUS): Who Receives Home Care Packages and What are the Outcomes?", *Australasian Journal on Ageing*, Vol. 34, No. 3, 2015.

Len C. Gray, et al., "Transition Care: Will It Deliver?" *The Medical Journal of Australia*, Vol. 188, No. 4, 2008.

Leonard C. Gray, et al. "How Effective are Programs at Managing Transition from Hospital to Home? A Case Study of the Australian Transition Care Program", *BMC Geriatrics*, Vol. 12, No. 1, 2012.

Liam Foster, "Active Ageing, Pensions and Retirement in the UK", *Journal of Population Ageing*, Vol. 11, No. 2, 2018.

Lynne C. Giles, et al., "The Distribution of Health Services for Older People in Australia: Where does Transition Care Fit", *Australian Health Review*, Vol. 33, No. 4, 2009.

Max Geraedts, Geoffrey V. Heller & Charlene A. Harrington, "Germany's Long-term Care Insurance: Putting a Social Insurance Model into Practice", *The Milbank Quarterly*, Vol. 78, No. 3, 2000.

Nancye May Peel, Kah Wai Chan & Ruth Eleanor Hubbard, "Outcomes of Cognitively Impaired Older People in Transition Care", *Australasian Journal on Ageing*, Vol. 34, No. 1, 2015.

Philip G. Berger & Eli Ofek, "Diversification's Effect on Firm Value", *Journal of Financial Economics*, Vol. 37, No. 1, 1995.

Raphael Kaplinsky, "Globalisation and Unequalisation: What Can Be

Learned from Value Chain Analysis?" *Journal of Development Studies*, Vol. 37, No. 2, 2000.

Richard W. Johnson & Janice S. Park, "Who Purchases Long-Term Care Insurance?", The Urban Institute (Apr. 6, 2011), https://www.urban.org/research/publication/who-purchases-long-term-care-insurance.

Stacey Masters, "Development and Testing of a Questionnaire to Measure Older People's Experience of the Transition Care Program in Australia", *Australasian Journal on Ageing*, Vol. 29, No. 4, 2010.

Xenia Scheil-Adlung, *Long-term Care Protection for Older Persons: A Review of Coverage Deficits in 46 Countries*, International Labour Organization Working Paper, No. 50, 2015.

后　　记

与世界各国类似，中国面临着如何应对老龄社会的难题。在基本社会保障制度已经建立但尚处于逐步完善的背景下，各种类型的商业化养老机构成为解决养老问题的重要力量。不同形式的商业模式满足了各类人群的养老需求，并与社会保障共同构建起我国的养老制度体系。本书以养老机构运营中的核心问题——医养费用支付模式为研究对象，分析各类支付模式的实际效果及利弊得失，并由此提出相关完善建议。本书作者均为武汉大学大健康法制研究中心研究人员。本书由杨巍负责整体构思、修订和统稿，具体章节分工如下：杨巍（第一章、第二章第一节、第六章）；文婧（第二章第二、三、四节）；孙文麒（第三章第一节）；赵桃（第三章第二节）；杨滢（第四章）；翟煜斌（第五章）。

感谢武汉大学大健康法制研究中心对本书研究和出版的资金支持，感谢中国社会科学出版社的同志在本书出版过程中付出的辛勤劳动。